Aletaan ja jatketaan!

SALLI-MARJA BESSONOFF • EILA HÄMÄLÄINEN

Aletaan ja jatketaan!

Suomen kielen oppikirja

ISBN 978-952-10-7101-0

Kuvat   Irma Ahlgrén-Nissinen

Ulkoasu, taitto ja kansi Kaisa Ranta

Paino   Hakapaino Oy, Helsinki

Julkaisija   Suomen kielen, suomalais-ugrilaisten ja
                          pohjoismaisten kielten ja kirjallisuuksien laitos
                          PL 3 (Fabianinkatu 33)
                          00014 Helsingin yliopisto

2011

To the student

Some Finns have the silly habit of telling people who come here to learn Finnish that it is an impossibly difficult language. Don´t let that put you off! Every language has its own difficulties, but every language has been learnt and will be learnt. Studying Finnish requires no mystical skills, just hard work and patience, like studying in general.

If you have never studied foreign languages before, it would be good to think in advance what studying may be like and what kind of student you are. The writers of this textbook have chosen and organized some kind of key for you from the elements of the language, and you will be able to use it to advance in the world of the language and in the community of those who speak it. The teachers will help you to assimilate new things, but they cannot push a readymade key into your pocket. You have to take it actively into use.

You will quickly learn to understand what your teacher says to you during the course, but you will have difficulties for some time outside the course. Gradually you will, however, learn to notice what is common to different styles of speech. The book focuses on standard written Finnish, but the most common elements of the spoken language are also introduced. You should remember, of course, that not all Finns speak in the same way. There are wide varieties in accent and style across the country. Begin by using the standard literary language, which is known to all Finns. If you are living in Finland, you will gradually pick up some of the features of the spoken language you hear around you.

Although in the initial phases you will feel helplessly childish and simple, nevertheless use the language you have studied as much as possible. The more contact you have with the language, the sooner the feeling of helplessness will disappear. Don´t despair if at first

Opiskelijalle

Joillakin suomalaisilla on hassu tapa väittää suomea oppimaan tuleville, että suomi on mahdottoman vaikea kieli. Älä pelästy! Kaikissa kielissä on joitakin vaikeuksia, mutta kaikkia kieliä on opittu ja opitaan. Suomen kielen oppiminen ei vaadi mitään mystisiä kykyjä, vain työtä ja kärsivällisyyttä, kuten opiskelu yleensä.

Jos et ole koskaan ennen opiskellut vieraita kieliä, sinun on hyvä etukäteen ajatella, miltä opiskelu saattaa tuntua ja millainen opiskelija sinä olet. Me oppikirjan tekijät olemme valinneet ja järjestäneet kielen aineksista sinua varten eräänlaisen avaimen, jonka avulla pääset eteenpäin kielen maailmassa ja sitä puhuvien ihmisten yhteisössä. Opettajat auttavat sinua omaksumaan asioita, mutta he eivät voi työntää valmista avainta taskuusi, vaan sinun on itse aktiivisesti otettava se omaksesi.

Kurssilla opit nopeasti ymmärtämään, mitä opettajasi sanoo, mutta sinulla on jonkin aikaa vaikeuksia kurssin ulkopuolella. Vähitellen opit kuitenkin huomaamaan sen, mikä erilaisissa puhetavoissa on yhteistä. Kirjassa opetetaan ns. kirjakieltä, kirjoitettua standardikieltä, mutta rinnalla esitellään muutamia yleisimpiä puhekielen piirteitä. Kannattaa kuitenkin muistaa, että kaikki suomalaiset eivät puhu samalla tavalla vaan eri puolilla maata on erilaisia puhekielen muotoja. Aluksi voit itse rauhassa puhua kirjakieltä, joka on kaikille suomalaisille yhteinen kielimuoto; jos asut Suomessa, opit vähitellen mukauttamaan puheesi ympäristön puhetavan mukaiseksi.

Vaikka kielen opiskelun alkuvaiheissa tunnet itsesi avuttoman lapselliseksi ja yksinkertaiseksi, käytä kuitenkin opiskeltavaa kieltä niin paljon kuin mahdollista. Mitä enemmän olet kosketuksissa kielen kanssa, sitä pikemmin avuttomuuden tunne katoaa. Älä masennu, jos aluksi käy niin, että kysyt jotakin suomeksi ja saat vastauksen englanniksi! Ihmiset haluavat

when you ask something in Finnish the answer comes in English. People just want to be polite and helpful. Persevere with your Finnish!

This book has been planned for use in the classroom, in group teaching. You will at any rate need the help of the teacher, because the book is written totally in Finnish. The principal aim is to present the structure of the Finnish language relatively rapidly and to encourage you to start speaking Finnish right from the beginning. With even a small fund of expressions, you can achieve a lot. You can learn everyday phrases by heart as you hear them in ordinary communication. The grammar is not explained very precisely to begin with; it is enough that you learn to distinguish word forms and see in what kinds of contexts they occur. Later you will learn exact rules, too.

There is a word list in the book where you can add the equivalents in your own language when you come across the words in the texts. It is well worthwhile to learn to use good dictionaries right from the start.

Welcome on board this fascinating cruise around the Finnish language. The scenery will seem strange at first, but you will soon learn to recognise the relevant landmarks and will not feel so lost.

Translation by Joan and Henrik Nordlund

vain olla kohteliaita ja avuliaita. Jatka vain sitkeästi suomeksi!

Tämä kirja on suunniteltu käytettäväksi luokassa, ryhmän opetuksessa. Tarvitset ainakin opettajan avuksesi, koska kirja on kirjoitettu kokonaan suomeksi. Kirjan päätavoitteet ovat esitellä suomen kielen rakenne suhteellisen nopeasti ja rohkaista sinua heti alusta lähtien puhumaan suomea. Pienelläkin ilmausvarastolla voit saada paljon aikaan. Voit opetella ulkoa tavallisia fraaseja, niin kuin kuulisit ne tavallisessa kommunikaatiossa. Kielioppia ei aluksi selitetä kovin tarkasti. Ensin riittää, että opit erottamaan sanojen muotoja ja näkemään, millaisissa yhteyksissä ne esiintyvät. Myöhemmin opit tarkat säännötkin.

Kirjassa on sanaluettelo, johon voit itse kirjoittaa omakieliset vastineet sitä mukaa kuin sanat tulevat teksteissä vastaan. Sinun kannattaa alusta asti opetella käyttämään hyviä sanakirjoja.

Toivotamme sinut tervetulleeksi mielenkiintoiselle matkalle suomen kieleen. Maisema näyttää ehkä aluksi oudolta, mutta pian tunnistat kaikki tarpeelliset maamerkit etkä enää eksy.

Opettajalle

Tämä oppikirja on syntynyt kauan käytössä olleiden Eila Hämäläisen laatimien kirjojen Aletaan! ja Jatketaan! pohjalta. Halusimme sekä säilyttää sen, mikä niissä on osoittautunut toimivaksi, että tehdä tarpeelliset korjaukset ja uudistukset.

Entisten kirjojen rakenne on säilytetty: kappaleita on saman verran kuin niissä yhteensä, ja asiat käsitellään samassa järjestyksessä. Tämä auttaa niitä, jotka mahdollisesti siirtyvät vanhoista kirjoista käyttämään tätä uutta laitosta. Suurin muutos on harjoitusten jättäminen pois. Tarkoituksenamme on laatia myöhemmin harjoituskokoelma erikseen, ehkä verkkoon. Siihen asti harjoituksia voi löytää kirjoista Harjoitellaan! ja Jatketaan harjoituksia! (Eila Hämäläinen ja Salli-Marja Bessonoff).

Kirja on suunniteltu suomen kielellä tapahtuvaan ryhmäopetukseen – yksin opiskeleva tarvitsee ainakin aluksi suomen kieltä osaavan ohjaajan. Taustalla ovat vaikuttaneet omat kokemuksemme opettajan osuudesta oppituntien kulkuun ja ennen kaikkea opiskelijaryhmän yhteistyöstä. Erilaiset ryhmät etenevät tietenkin eri vauhtia, ja toivomme, että opettaja annostelee kirjan aineiston oman ryhmänsä tarpeiden mukaan. Kielen rakenteen esittelyn järjestys ei sekään välttämättä sovi kaikkien opiskelijoitten tarpeisiin. Opettaja pystyy korjaamaan tilanteen selittämällä asioita haluamassaan järjestyksessä.

Laatiessamme kirjaa olemme pitäneet edelleen tavoitteenamme sitä, että opiskelijoiden suullisen kommunikoinnin taitoa kehitetään alusta lähtien. Siksi olemme kirjoittaneet runsaasti uusia dialogeja, jotka voivat toimia puhumisen harjoituksina ja mallina erilaisia tilanteita varten.

Kielen morfologian ja syntaksin piirteisiin tutustutaan melko nopeasti ja kevyesti. Kieliopin kategorioita ei ole tarkoitus hallita teoreettisesti. Eräät morfologian seikat (esimerkiksi omistusliitteet, monikon muotoja ja konditionaalin) voi aluksi oppia irrallisina, tekstiyhteyksistä, ja erilaisia lausetyyppejä voi käyttää analysoimatta lauseenjäsenten funktioita. Kielioppitermit olemme kuitenkin maininneet, jotta oppijat voivat halutessaan etsiä lisätietoja kielioppikirjallisuudesta.

- Kappaleet 1–4 ovat johdattelujakso, jossa kielen ilmauksia käytetään selittämättä niiden rakennetta. Tarkoituksena on antaa oppijoille aineistoa, josta he voivat tehdä havaintoja ja päätelmiä. Jaksossa esiintyy mm. genetiivi- ja partitiivimuotoja sekä paikallissijoja; nominin muodon muuttumista perustellaan vain korostamalla sen riippumista verbistä. Tämän jakson aikana oppija oppii esittäytymään ja kertomaan joitakin tietoja itsestään sekä kysymään samoja asioita toisilta.
- Kappaleessa 5 voidaan perehtyä opettajan mallia kuunnellen suomen ääntämiseen. Johdattelujakson aikana oppijat ovat jo tehneet siitä havaintoja, ja nyt opetellaan ensin toistamaan kokonaisia lauseita ja harjoittelemaan siten oikeaa intonaatiota ja rytmiä. Opettajan kannattaa heti alussa lukea dialogin repliikit ja ääntämisharjoitusten irralliset lauseetkin niin, että opiskelijat voivat eläytyä erilaisten tunteiden ilmaisemiseen. Vasta näiden harjoitusten jälkeen kiinnitetään huomiota yksittäisiin äänteisiin ja niiden kestoon sekä vokaaliharmoniaan.
- Kieliopin esittely alkaa nominin ja verbin morfeemianalyysiin totuttelulla (kappaleet 6–9) sekä konsonanttivaihtelun kuvaamisella (kappale 10). Tässä vaiheessa on tullut siis tutuksi sanan perusmuodon (sanakirjamuodon) ja vartalon ero. Erityisesti painotetaan verbien opiskelua; kappaleessa 8 ryhmitellään verbit totuttuihin tyyppeihin.
- Paikallissijat käsitellään lokaalisessa merkityksessään yhtenä kokonaisuutena (kappaleet 11 ja 12), joten niitä voidaan sen jälkeen vapaasti käyttää teksteissä.

- Kappaleet 13 ja 14 käsittelevät matkustamista, kellonaikoja ja tien kysymistä.
- Kappaleissa 15 ja 16 tulevat esille omistusrakenne ja eksistentiaalilause ja niiden yhteiset rakennepiirteet.
- Tässä vaiheessa syvennytään partitiivin opettelemiseen. Yksikön partitiivi esitellään ensin lukusanojen yhteydessä (kappale 16), sitten muotona, joka esiintyy juuri esitellyissä kahdessa lausetyypissä (kappale 17). Seuraavaksi se on esillä summittaista (epämääräistä) määrää ilmaisevana kappaleessa 18, ja samalla tulee mukaan vastaava monikon partitiivin käyttö. – Monikon partitiivin muodostussääntöjen yhteydessä neuvotaan, miten voidaan muodostaa monikon vartalo.
- Kappaleissa 19 ja 20 käsitellään paikallissijoja eräiden verbien rektiosijoina. Esimerkeissä ja teksteissä käytetään tällöin myös monikkomuotoja.
- Kappaleissa 21 ja 22 esitellään passiivin preesens ja sen käyttötavat.
- Menneen ajan muodoista käsitellään ensin "i-tempus" eli imperfekti (aktiivi kappaleissa 23 ja 24, passiivi kappaleessa 25)
- Kappaleessa 26 esitellään objektin käsite ja aletaan tarkastella objektin sijan vaihtelua. Tarkastelu jatkuu kappaleessa 27. Apuna käytetään termejä "tulosobjekti", "prosessiobjekti", "osaobjekti" ja "kielteisen lauseen objekti".
- Kappaleissa 28 ja 29 palataan menneen ajan muotojen käsittelyyn esittelemällä perfektin käyttöä (ensin aktiivi, sitten passiivi). Pluskvamperfekti on jätetty tässä vaiheessa syrjään haittaamasta imperfektin ja perfektin käytön omaksumista.
- Kappaleissa 30 ja 31 tutustutaan translatiiviin ja essiiviin. Kappaleen 31 lopussa on lisäksi kaksi irrallista lukutekstiä.
- Kappaleessa 32 esitellään mielipiteen ilmaisemista predikatiivilauseen avulla. Samaan yhteyteen sopii komparatiivin ja superlatiivin esittely.
- Kappale 33 on kansansatu, jota voi käyttää esimerkiksi pienen näytelmän pohjana. Rooleja riittää monelle.
- Verbin finiittimuodoista käsitellään konditionaalia (kappaleet 34, 35 ja 37) ja passiivin käyttöä monikon 1. persoonan sijasta (kappale 38). Kappaleessa 38 on myös lisää objektisääntöjä.
- Välissä on kappale 36, jossa opetellaan numeroilmauksia.
- Sitten alkaa tutustuminen verbin nominaalimuotoihin. Ensimmäisenä on ma/mä-infinitiivi (illatiivi kappaleissa 39 ja 40, muut paikallissijat kappaleessa 41).
- Kappaleessa 42 on katsaus -minen-substantiiveihin ja muihin verbikantaisiin nomineihin.
- Johdannoksi temporaalirakenteisiin kerrataan menneen ajan muodot (kappale 43). Perfektin ja pluskvamperfektin muoto on pohjana partisiipin sisältävän tehtyä-rakenteen hahmottamiselle (kappale 44). Sen jälkeen perehdytään samanaikaista toimintaa ilmaisevaan rakenteeseen (tehdessä, kappale 45).
- Kappaleessa 46 esitellään e-infinitiivin instruktiivi (tehden) ja a/ä-infinitiivin translatiivi (tehdäkseen).
- Partisiippien käsittelyssä on valittu seuraava järjestys: ensin tarkastellaan objektina olevia partisiippirakenteita, referatiivisia lauseenvastikkeita (kappaleet 47 ja 48) ja vasta niiden jälkeen partisiippien käyttöä adjektiiviattribuuttina (kappaleet 49–52). Syynä menettelyyn on se, että partisiipit ovat lauseenvastikkeissa aina samassa muodossa, attribuuttirakenteissa taas on hallittava runsaasti erilaisia muotoja ja lisäksi hankalat sanajärjestysseikat.
- Kappaleessa 52 esitellään myös ma/mä-infinitiivin abessiivi ja -ton/-tön-adjektiivit.

- Instruktiivi esiintyy kappaleessa 53 vakiintuneissa sanontatavoissa, ja komitatiivista esitetään muutamia esimerkkejä.
- Kappaleessa 54 käsitellään epävarmuuden ja todennäköisyyden ilmauksia, siinä yhteydessä myös potentiaalia.
- Possessiivisuffikseja on käytetty teksteissä satunnaisesti koko kirjan ajan, ja lauseenvastikkeiden esittelyssä niiden tehtävä rakenteen subjektina on selitetty kunkin rakenteen yhteydessä. Kappaleessa 55 on varsinainen perusteellinen omistusliitteiden käytön esittely niitä varten, jotka haluavat perehtyä asiaan tarkemmin.
- Viimeinen kappale (56) sisältää esimerkkejä parista pronominista (toiset+nsa ja ei kukaan) sekä harvinaisessa käytössä olevista imperatiivimuodoista.
- Kirjan lopussa on lyhyt kielioppikooste.

Kirjan dialogit on kirjoitettu suurimmaksi osaksi yleiskielellä, "kirjakielellä", mutta osassa on rinnalla puhekielinen variantti ja muutamat keskustelut käydään pelkästään puhekielellä. Lisäksi esitämme alusta asti eräiden taivutusmuotojen ja ilmausten puhekieliset vastineet kirjakielisten rinnalla. Puhekieliset jaksot on painettu *kursiivilla*. Puhekieli tarkoittaa tässä ns. yleispuhekieltä, jonka piirteet ovat suhteellisen laajassa käytössä. Toivomme puhekielen mukana olon auttavan oppijaa alkuun suomenpuhujien ymmärtämisessä. On kuitenkin tärkeää tehdä selväksi, että kielen alueellinen ja tilanteinen vaihtelu on hyvin moninaista ja että kirjan pikku näytteet kertovat siitä vain pienen osan. Opettajat varmasti valaisevat oppilailleen kulloisenkin kurssipaikkakunnan puhetapaa.

Kirjassa on tekstejä suhteellisen runsaasti. Opettaja voi päättää, mitkä tekstit luetaan sanavaraston tai kieliopin takia tarkasti ja mitkä jäävät lisälukemiseksi.

Kirjan dialogeissa ja muissa teksteissä on muotoja ja ilmauksia, jotka tulevat kielioppiesityksissä vasta myöhemmin tai joita ei voi sijoittaa sanastoon. Tällaisia ovat esimerkiksi eräät verbinmuodot ja erilaiset liitteet (possessiivisuffiksit ja -kin, -han/-hän, -pas/-päs jne.). Ne selitetään tekstin yhteydessä. Samoin selitetään puhekielisten dialogien kirjakielestä poikkeavat muodot.

Kirjan lopussa on suomenkielinen aakkosellinen sanalista, johon oppijat voivat koota omankieliset käännökset sitä mukaa kuin lukevat tekstejä. On hyvä totutella alusta asti käyttämään hyviä sanakirjoja. Sanalistasta olemme erottaneet omiksi luetteloikseen kieliopin termit ja erisnimet.

Kirjan kuvat on piirtänyt Irma Ahlgrén-Nissinen.

Helsingissä toukokuussa 2011

Salli-Marja Bessonoff   Eila Hämäläinen

Sisällys

Päivää, minä olen...

Minä olen Pekka Punttila.
Olen suomalainen.
Puhun suomea.

Minun nimeni on Pekka Punttila.

Hei, mä olen...

Mä olen Pekka Punttila.
Mä olen suomalainen.
Mä puhun suomee.

Mun nimi on Pekka Punttila.

Nimi: _____
Maa: _____
Kieli: _____

Mikä sinun nimesi on?   Minun nimeni on _____
Mikä Teidän nimenne on?   Minun nimeni on _____

Mikä sun nimi on?   *Mun nimi on* _____

Minä olen Arjen.
Olen hollantilainen.
Puhun hollantia.
Opiskelen suomea.
Puhun jo hyvin suomea.

En puhu suomea.
Puhun vähän suomea.
Puhun melko hyvin suomea.
Puhun hyvin suomea.
Puhun oikein hyvin suomea.

Puhun ruotsia, tanskaa, norjaa, viroa, venäjää, saksaa, ranskaa, espanjaa, italiaa, englantia, japania, kiinaa, turkkia, arabiaa, suahilia, _____

Puhutko suomea?

Puhutko suomea?   *Puhut sä suomee?*
Kyllä, vähän.   *Joo, vähän.*
Ei, en puhu.   *Ei, en puhu.*

Oletko suomalainen?   *Oot sä suomalainen?*
Kyllä, olen.   *Joo, olen. / Joo, oon.*
Ei, en ole.   *Ei, en ole. / Ei, en oo.*

Olen ruotsalainen, tanskalainen, norjalainen, virolainen, venäläinen, saksalainen, ranskalainen, espanjalainen, italialainen, englantilainen, amerikkalainen, japanilainen, kiinalainen, turkkilainen, egyptiläinen, afrikkalainen, _____

Minä, sinä

Kyllä	Ei	Kysymys
(minä) olen	(minä) en ole	olenko (minä)?
(sinä) olet	(sinä) et ole	oletko (sinä)?
(minä) puhun	(minä) en puhu	puhunko (minä)?
(sinä) puhut	(sinä) et puhu	puhutko (sinä)?

Te (yksi)

Kyllä	Ei	Kysymys
(Te) olette	(Te) ette ole	oletteko (Te)?
(Te) puhutte	(Te) ette puhu	puhutteko (Te)?

Hän

Kyllä	Ei	Kysymys
hän on	hän ei ole	onko hän?
hän puhuu	hän ei puhu	puhuuko hän?

Minä, sinä, hän

		Mä, sä, hän/se	
minä olen	minä puhun	*mä oon*	*mä puhun*
sinä olet	sinä puhut	*sä oot*	*sä puhut*
hän on	hän puhuu	*hän on / se on*	*hän puhuu / se puhuu*
minä en ole		*mä en oo*	
sinä et ole		*sä et oo*	
hän ei ole		*hän ei oo / se ei oo*	
puhutko sinä?		*puhut sä?*	

Kuka?

Kuka hän on?   Hän on _____

Mikä hänen nimensä on?   Hänen nimensä on _____

Me olemme Suomessa, me opiskelemme suomea

– Puhutteko te suomea?
– Emme puhu. Mutta me opiskelemme suomea.

– Puhutteko te suomea?
– Kyllä, me puhumme suomea.

Me, te

Kyllä	Ei	Kysymys
(me) olemme	(me) emme ole	olemmeko (me)?
(te) olette	(te) ette ole	oletteko (te)?
(me) puhumme	(me) emme puhu	puhummeko (me)?
(te) puhutte	(te) ette puhu	puhutteko (te)?

Puhutteko te suomea?
Emme. Me emme puhu suomea.

Puhutteko Te suomea?
En. Minä en puhu suomea.

me olemme
me puhumme
oletteko te?
puhutteko te?

Opiskeletteko te suomea?
Kyllä. Opiskelemme suomea.

Opiskeletteko Te suomea?
Kyllä. Opiskelen suomea.

me ollaan
me puhutaan
ootteks te?
puhutteks te?

He ovat kurssilla. He opiskelevat suomea.

Suomen kurssi

Tämä on suomen kurssi. Opettaja ja opiskelijat puhuvat suomea.
Opettaja opettaa. Hän seisoo.
Opiskelijat opiskelevat. He istuvat.
Opettaja kirjoittaa.
Opiskelijat kirjoittavat ja lukevat.

Verbit **olla, puhua, istua, seisoa**

minä olen, sinä olet, hän on, me olemme, te olette, he ovat
minä puhun, sinä puhut, hän puhuu, me puhumme, te puhutte, he puhuvat
minä istun, sinä istut, hän istuu, me istumme, te istutte, he istuvat
minä seison, sinä seisot, hän seisoo, me seisomme, te seisotte, he seisovat

Verbit **kirjoittaa, lukea**

minä kirjoitan, sinä kirjoitat, hän kirjoittaa, me kirjoitamme, te kirjoitatte, he kirjoittavat
minä luen, sinä luet, hän lukee, me luemme, te luette, he lukevat

He

Kyllä	Ei	Kysymys
he ovat	he eivät ole	ovatko he?
he puhuvat	he eivät puhu	puhuvatko he?

Yksikkö	Monikko
minä	me
sinä	te
hän	he
opiskelija	opiskelijat
opettaja	opettajat

Opiskelija opiskelee.	Opiskelijat opiskelevat.
Opettaja opettaa.	Opettajat opettavat.
Hän kirjoittaa.	He kirjoittavat.
Hän lukee.	He lukevat.

Missä?
(Monta tapaa vastata tähän kysymykseen)

Missä? Missä he ovat?

Tämä on huone.	Yksikkö	Monikko
Nämä ihmiset ovat huoneessa.	ihminen	ihmiset
He ovat sisällä.	tämä	nämä

Tämä on kauppa. Nämä ihmiset ovat kaupassa. He ovat sisällä.

Tämä on bussi. Nämä ihmiset ovat bussissa. He ovat sisällä.

Tämä on puisto.
Nämä ihmiset ovat puistossa.
He ovat ulkona.

Tämä on tie.
Nämä ihmiset ovat tiellä.
He ovat ulkona.

Kysymys	Vastaus
Missä?	**Nomini + -ssa, -ssä**
Missä te olette?	Olemme Helsingissä.
Missä se on?	Helsinki on Suomessa.
Missä Suomi on?	Suomi on Pohjois-Euroopassa.
Missä äiti on?	Hän on kaupassa.
	Nomini + -lla, -llä
Missä sinä asut?	Asun Vantaalla, Koivutiellä.
Missä te opiskelette suomea?	Opiskelemme kurssilla.
	Adverbi
Missä Pekka on?	Hän on ulkona.
Missä sinä olet?	Olen kotona.
	Nomini + postpositio
Missä posti on?	Se on aseman lähellä.
Missä opiskelijat istuvat?	He istuvat pöydän ääressä.
Missä opettaja seisoo?	Hän seisoo taulun luona.

Missä maassa? Missä kaupungissa? Millä kadulla?

Kysymys	Vastaus
Missä maassa sinä asut?	Asun Suomessa.
Missä kaupungissa asut?	Asun Järvenpäässä.
Missä opiskelet?	Opiskelen aikuisopistossa.
Missä Nina opiskelee?	Hän opiskelee Helsingin yliopistossa.
Millä kadulla asut?	Asun Koivutiellä.
Millä kurssilla sinä opiskelet?	Opiskelen suomen kurssilla.
Helsingin yliopisto	Helsingin yliopisto**ssa**
suome**n** kurssi	suome**n** kurssi**lla**

Kysymys	Vastaus
Mikä maa tämä on?	Suomi.
Missä maassa olemme nyt?	Suomessa.
Mikä katu tämä on?	Rantakatu.
Millä kadulla sinä asut?	Rantakadulla.
Mikä kurssi tämä on?	Tämä on suomen kurssi.
Millä kurssilla opiskelet?	Opiskelen suomen kurssilla.

Missä ja milloin?

Opiskelen suomea. Olen suomen kielen kurssilla.
Kurssi alkaa syyskuussa ja päättyy joulukuussa. Se jatkuu tammikuussa.

Olen kurssilla maanantaina, tiistaina, keskiviikkona, torstaina ja perjantaina.
Maanantai, tiistai, keskiviikko, torstai ja perjantai ovat työpäivät.
Lauantai ja sunnuntai ovat vapaapäivät.

Minä en ole kurssilla joka päivä, vaan vain tiistaina ja torstaina.
Mä en ole kurssilla joka päivä, vaan vaan tiistaina ja torstaina.

Minä olen koulussa joka arkipäivä. Lauantaina ja sunnuntaina olen kotona.
Mä oon koulussa joka arkipäivä. Lauantaina ja sunnuntaina mä oon kotona.

Minä olen työssä joka arkipäivä. Lauantai ja sunnuntai ovat vapaapäivät.
Mä oon töissä joka arkipäivä. Lauantai ja sunnuntai on vapaapäivät.

Minä olen työssä myös lauantaina. Kauppa on auki lauantainakin.
Mä oon töissä myös lauantaina. Kauppa on auki lauantainaki.

Minä olen työssä joskus sunnuntainakin.
Mä oon töissä joskus sunnuntainaki.

Olen lomalla heinäkuussa.
Mä oon lomalla heinäkuussa.

Numero	Viikonpäivä	Kuukausi
1 yksi *yks*	maanantai	tammikuu
2 kaksi *kaks*	tiistai	helmikuu
3 kolme *kolme*	keskiviikko	maaliskuu
4 neljä *neljä*	torstai	huhtikuu
5 viisi *viis*	perjantai	toukokuu
6 kuusi *kuus*	lauantai	kesäkuu
7 seitsemän *seittemän*	sunnuntai	heinäkuu
8 kahdeksan *kaheksan*		elokuu
9 yhdeksän *yheksän*		syyskuu
10 kymmenen *kymmenen*		lokakuu
11 yksitoista *ykstoist*		marraskuu
12 kaksitoista *kakstoist*		joulukuu

Mikä päivä nyt on?	Nyt on maanantai.
Mikä kuukausi nyt on?	Nyt on syyskuu.
Mikä vuodenaika nyt on?	Nyt on syksy.

– Hei Mari! Missä kuussa sun syntymäpäivä on?
– Se on syyskuussa. Entä sinun?
– Mun syntymäpäivä on kesällä, kesäkuussa.

Mikä päivä?	Milloin?
maanantai	maananta**ina**
tiistai	tiistaina
Jne.	

Mikä kuukausi?	Milloin?
tammikuu	tammikuu**ssa**
helmikuu	helmikuussa
Jne.	

Mikä vuodenaika?	Milloin?
syksy	syksy**llä**
talvi	talve**lla**
kevät	keväällä
kesä	kesällä

Minä osaan laskea

– Äiti, minä osaan laskea. Kysy!
– No, minä kysyn. Mitä on yksi plus seitsemän?
– Kahdeksan.
– Oikein. Kaksi plus kolme?
– Viisi.
– Viisi plus neljä?
– Kahdeksan.
– Se meni väärin. Se on yhdeksän.
– Ai. Kuusi, seitsemän, kahdeksan, yhdeksän. Joo.
– No, mitä on neljä miinus yksi?
– Tietysti kolme.
– Oikein. Neljä miinus kolme?
– Neljä miinus kolme? Yksi.
– Kymmenen miinus kaksi?
– Ööö... Oota!   oota = odota
– Kaikki sormet, se on kymmenen. Sitten peukalot piiloon. Kuinka monta nyt on?
– Tässä on neljä ja tässä on neljä. Se on kahdeksan.
– Niin. Kymmenen miinus kaksi on kahdeksan. Kyllä sinä osaat laskea.

Äänteet ja kirjaimet

Lyhyt vokaali
a e i o u y ä ö
Pitkä vokaali
aa ee ii oo uu yy ää öö
Lyhyt konsonantti
d h j k l m n ŋ p r s t v
b f g
Pitkä konsonantti
kk ll mm nn ŋŋ pp rr ss tt

Kirjaimet (aakkoset)

a b c d e f g h i j k l m n o p q r s t u v w x y z å ä ö

Luemme kirjaimet näin:

aa bee see dee ee äf gee hoo ii jii koo äl äm än oo pee kuu är äs tee uu vee kaksois-vee äks yy tset ruotsalainen oo ää öö

Kuuntele ja toista

OPETTAJA LUKEE DIALOGIT. KUUNTELE JA TOISTA. (KUUNTELE JA TOISTA ENSIN JOKAINEN REPLIIKKI ERIKSEEN. LOPUKSI ESITTÄKÄÄ KOKO DIALOGI.)

– Päivää pitkästä aikaa!
– Päivää! Mitä sinulle kuuluu?
– Kiitos hyvää! Entä sinulle?
– Ihan hyvää, ei mitään erikoista.
– Missä sinä nykyään asut?
– Tampereella.
– Tampereella! Ihanko totta?
– Kyllä kyllä. Se on kiva kaupunki, ja minulla on hyvä työpaikka.
– Missä olet työssä?
– Kaupunginorkesterissa.
– Vai niin! Se on hyvä uutinen!
– Niin, olen kyllä tyytyväinen. Mutta hei, nyt minulla on kiire.
– Oli kiva nähdä. Hyvää jatkoa!
– Samoin! Hei hei!
– Moi moi!

– Mikä sun nimi on?
– Mamtmmmkkmmnen.
– Anteeksi?
– Matti Makkonen.
– Aha.

OPETTAJA LUKEE LAUSEET. KUUNTELE JA TOISTA.

Tänään on ihana ilma.
Niin on.
Aurinko paistaa.
On lämmin.

Ulkona on kylmä.
Tuulee ja sataa.
Mennään kuitenkin ulos!
Mennään vaan!

Kesä on mennyt.
Syksy on tullut.
Nyt on syyskuun kylmin yö.

Kuukausi kuluu nopeasti.
Talvi saapuu.
Alkaa sataa lunta.

Joku tulee. Kuuletko?
Kuka tuli?
En tunne.
Kysy nimi!

Tulkaa syömään!
Mitä ruokaa?
Keittoa ja leipää.

Mitä kello on?
Kello on neljä.
Ei, kello löi jo viisi.

Minne sinä menet? Älä mene vielä.
Kyllä minä menen, minun täytyy mennä.
Voi voi, se on ikävää.

Onnea nimipäivänä!
Onnea syntymäpäivänä!
Hyvää viikonloppua!
Kiitos samoin!

OPETTAJA LUKEE VOKAALIT JA SANAT. KUUNTELE JA TOISTA.

a aa   sama maa
e ee   se menee
i ii   miten niin?
o oo   osta moottori!
u uu   kuka puhuu?
y yy   hyvä syy
ä ää   älä jää!
ö öö   pöllö eläköön!

KUUNTELE JA TOISTA:
aamu   maanantaiaamu   maanantaiaamu tammikuussa   sataa   taas sataa
sataako maaliskuussa paljon?
Helena ja Leena   veljeni nimi on Esko   mitä hän tekee?
nyt on tiistai   niin on   onko kiire?   hyvä kysymys
tule tänne   tulkaa tänne   kuka tulee?   kuka haluaa tulla?
pää on kipeä   jäätelö on hyvää   jäätelötötterö ja jäätelötuutti

OPETTAJA LUKEE DIFTONGIT JA SANAT. KUUNTELE JA TOISTA.
ai ei oi ui yi äi öi
au ou eu iu
äy öy ey iy
ie uo yö
aika eilen oikein uin lyijy äiti öisin
takaisin kevein sanoin puhuin kysyin keväisin pöllöillä
auto Oulu Eurooppa viulu
käydä pöytä leveys villiytyy
tie nuori työ

OPETTAJA LUKEE KONSONANTIT JA SANAT. KUUNTELE JA TOISTA.
d sade sydän kadut syödä dialogi adjektiivi draama
h hei hyvä hissi raha tahto vihko
j jono juna jäätelö raja pojat sohjo kalja ketju
v vain avain vuosi vähän tavu kahvi latva
k kuka kesä kala takana laki vuokra koska yksi jalka matka
kk kukka piikki palkka pankki kurkku
t talo tuoli täti vetää tahto parta silta patja pestä metsä
tt katto tuttava saattaa torttu kynttilä
p puu pala papu lapanen saapas kylpy pumpuli kipsi
pp pappi kaappi saappaat limppu harppi

m maa me tämä kumi tyhmä kampa kylmä kerma

mm kummi amme rommi tammi

n nuo nenä jono sanon ääni lahna herne

nn penni minne tuonne äänne

ŋk (nk) Helsinki aurinko sänky kenkä

ŋŋ (ng) Helsingissä auringon sängyssä kengät

r rata ruusu saari meri väärä ohra vuokra sorsa parka litra

rr marraskuu terrieri tarra

l latu lelu tuli ala klinikka planeetta vihloa kaisla

ll alla malli velli tilli tulli hella

s sana sinä iso kuusi seisoa kaisla kansi sorsa pestä lapsi

ss kissa tässä tassu noussut kurssi kanssa pulssi

b banaani brittiläinen probleema

f filmi frangi flunssa sfinksi

g geologi glögi gramma

KUUNTELE JA TOISTA:

Lyhyt	Pitkä
taka	takaa
takka	taakkaa
tuli	tuuli
tuli	tulli
kana	kanna
uni	uuni
saunan	saunaan

Vokaaliharmonia

Asun kaupungi**ssa**.   Asun Helsingi**ssä**.

Haluan sano**a** jotakin.   Haluan kysy**ä** jotakin.

Sanot**ko** jotakin?   Kysyt**kö** jotakin?

He istu**vat** ulkona.   He lähte**vät** ulos.

-ssa ja **-ssä** ovat sama pääte (missä?).

-a ja **-ä** ovat sama pääte (infinitiivi).

-ko ja **-kö** ovat sama pääte (kysymys).

-vat ja **-vät** ovat sama pääte (verbin monikon 3. persoona).

kaupungi**ssa**   Helsingi**ssä**

sano**a**, sanot**ko**   kysy**ä**, kysyt**kö**

istu**vat**   lähte**vät**

Vokaalit

Takavokaalit	Etuvokaalit
a o u	ä ö y e i

Takavokaalisana:	Takavokaalipääte:
kaupunki	kaupungissa
sanon	sanoa
istun	istuvat

Etuvokaalisana:	Etuvokaalipääte:
Helsinki	Helsingissä
kysyn	kysyä
lähtee	lähtevät

Takavokaalisanassa voi olla e tai i. Esimerkiksi:
kaupunki, huone, sali, kahvi, kissa, istua

Muuten sanassa ei voi olla sekaisin etuvokaaleja ja takavokaaleja.

Poikkeus:
Yhdyssanat
kirjahylly (kirja + hylly)
syyskuu (syys + kuu)
jääkaappi (jää + kaappi)
Jne.
Lainasanat
olympialaiset
analyysi
symboli
Jne.

Yhdyssanan toinen osa näyttää, mikä pääte sanassa on:
kirjahylly   kirjahyllyllä
syyskuu   syyskuussa
jääkaappi   jääkaapissa

Kenen ja minkä?
Vartalo ja pääte
Monikon nominatiivi

Kappale kuusi

Kenen?

– Kenen tämä kirja on? Onko se sinun?
– On. Se on minun.

– Kenen tää kirja on? Onks se sun?
– On. Se on mun.

– Kenen kirja tämä on?
– Se on opettajan kirja.

– Kenen kuva tämä on?
– Se on Pekan kuva.

Kuka?	Kenen?	
minä	minun	*mun*
sinä	sinun	*sun*
hän	hänen	*hänen / sen*
me	meidän	*meidän / meiän*
te	teidän	*teidän / teiän*
he	heidän	*heidän / niiden*

opettaja	opettaja**n**		
opiskelija	opiskelija**n**		
Pekka	Peka**n**	kk	k
presidentti	presidenti**n**	tt	t

Minkä?

– Minkä maan pääkaupunki on Pariisi?
– Ranskan.

Suomen pääkaupunki on Helsinki.

– Mikä Ruotsin pääkaupunki on?
– Tukholma.
– Eikö se ole Stockholm?
– On, mutta Tukholma on Ruotsin pääkaupungin suomalainen nimi.

– Mikä tuon puiston nimi on?
– Rantapuisto.

Mikä?	Minkä?		
mikä maa	minkä maan		
puisto	puiston		
Suomi	Suomen		
kaupunki	kaupungin	nk	ng
Helsinki	Helsingin		
rakennus	rakennuksen	s	ks
katu	kadun	t	d

Nominatiivi   **Genetiivi**
Kuka? Mikä?   Kenen? Minkä?

opiskelija   opiskelijan
                                              ↑   ↑
                                       Vartalo Pääte

kaupunki   kaupungin
                                              ↑   ↑
                                       Vartalo Pääte

- Yksikön nominatiivi ja sanan vartalo ovat usein samanlaiset:

opiskelija	**opiskelija**n
puisto	**puisto**n
maa	**maa**n

- Mutta usein nominatiivi ja vartalo ovat erilaiset:

kaupunki	**kaupungi**n
Helsinki	**Helsingi**n
Pekka	**Peka**n
presidentti	**presidenti**n
katu	**kadu**n
Suomi	**Suome**n
rakennus	**rakennukse**n

Huomaa:

Sivulla 15 on Pekan kuva.
Se on Pekka Punttilan kuva.
Se on opiskelija Pekka Punttilan kuva.

Mikä tämän suuren järven nimi on?
Mikä tämän pienen maan pääkaupunki on?

suomen kieli
suomen kielen kurssi
suomen kielen kurssin opiskelijat
Suomen lippu
Suomen lipun värit

Persoonapronominin genetiivi + substantiivi

minun + nimi → minun nime**ni**   *mun nimeni / mun nimi*
sinun + nimi → sinun nime**si**   *sun nimes / sun nimi*
hän + nimi → hänen nime**nsä**   *hänen nimi / sen nimi*
me + nimi → meidän nime**mme**   *meidän nimi*
te + nimi → teidän nime**nne**   *teidän nimi*
he + nimi → heidän nime**nsä**   *heidän nimi / niiden nimi*

Samoin: minun osoitteeni, sinun syntymäpäiväsi, hänen kuvansa,
meidän puhelinnumeromme jne.

• Myös monikon nominatiivin pääte tulee genetiivin vartalon jälkeen:

Yksikön nominatiivi	Vartalo	Yksikön genetiivi
maa	maa-	maan
kaupunki	kaupungi-	kaupungin
rakennus	rakennukse-	rakennuksen

Monikon nominatiivi
maat
kaupungit
rakennukset

• Samoin päätteet **ssa/ssä** ja **lla/llä**:

Missä?
maassa
kaupungissa
Helsingissä
rakennuksessa
kadulla

Lipun värit

– Tiedätkö sinä, mitkä ovat Suomen lipun värit?
– Tiedän. Ne ovat sininen ja valkoinen. Mutta tiedätkö sinä minun maani lipun värit?
– Ikävä kyllä, en tiedä. Mitkä ne ovat?
– Vihreä, keltainen, musta ja sininen.
– Niin monta!
– Joo, niin monta.

Pääkaupungit

– Äiti, minä tiedän kaikki Euroopan pääkaupungit.
– Ihanko totta?
– Joo, kysy jotakin!
– No, mikä on Ranskan pääkaupunki?
– Tietysti Pariisi.
– Entä Unkarin pääkaupunki?
– Budapest.
– Minkä maan pääkaupunki on Bukarest?
– Romanian.
– Entä Lissabon?
– Se on Portugalin pääkaupunki.
– Tiedätkö Thaimaan pääkaupungin?
– Äiti! Thaimaa ei ole Euroopassa.
– Ai niin!

Opiskelijan päivä
Verbin infinitiivi ja persoonamuoto

Kappale seitsemän

Mitä haluaisit tehdä?

– Mitä haluaisit tehdä tänään?
– Haluaisin mennä ulos, kävellä, puhua ystäväni kanssa puhelimessa, kuunnella musiikkia, syödä ravintolassa, pelata jalkapalloa, käydä saunassa ...
– Hyvä on, hyvä on. Riittää, kiitos. Ja mitä teet tänään? Menetkö ulos?
– En. Opiskelen. Luen, kirjoitan, kuuntelen mitä opettaja puhuu, kysyn, vastaan, istun sisällä, juttelen, juon kahvia, opiskelen taas ... Joka päivä on sama ohjelma. Eilenkin olin sisällä ja opiskelin.
– Voi raukka!

ystäväni = ystävän+ni = minun ystävän
eilenkin = myös eilen

Verbi
• Sanakirjassa on verbin **infinitiivi**.
Infinitiivin osat ovat infinitiivin vartalo + infinitiivin tunnus.

Vartalo	Tunnus
teh	dä
men	nä
kävel	lä
puhu	a
kuunnel	la
syö	dä
pela	ta
käy	dä

Infinitiivin tunnus voi olla
-a/-ä -da/-dä -la/-lä -na/-nä -ra/-rä -ta/-tä

• Tekstissä voi olla verbin infinitiivi tai verbin **persoonamuoto**.

Persoonamuodon osat:

Vartalo	Modustunnus/ Tempustunnus	Persoonapääte	Liitepartikkeli
halua	isi	n	
mene		t	kö
opiskele		n	
opiskel	i	n	
kysy		n	

Persoonamuodon vartalo on usein erilainen kuin infinitiivin vartalo.

Liian vähän ulkona?

– Sinä istut liian paljon sisällä. Mitä sinä oikein teet?
– Lasken.
– Taas matematiikkaa! Joka päivä istut sisällä. Missä kaikki kaverisi ovat? Ettekö te enää pelaa jalkapalloa?
– No joskus, mutta ei niin paljon kuin ennen. Mä en oikeastaan enää halua pelata jalkapalloa. Ei se ole mun laji.
– Vai niin. Mutta nyt lähdet minun kanssa ulos.
– Oota, yksi lasku vielä.
– Ja nyt kirja pois!

Missä kaikki kaverisi ovat? kaverisi (kaverit+si) = sinun kaverit
mun = minun
oota = odota (< odottaa)

Tiedustelu
Verbejä ja verbinmuotoja

Kappale kahdeksan

Pieni keskustelu ruotsin opettajan kanssa

– Päivää. Anteeksi, jos häiritsen. Haluaisin kysyä jotakin.
– Olkaa hyvä.
– Oletteko Te ruotsin opettaja?
– Olen. Minä opetan ruotsia.
– Minä haluaisin oppia ruotsia. Opiskelen nyt suomea, mutta jos haluan työskennellä Suomessa, minun täytyy osata myös ruotsia.
– Niin, ainakin jos asutte etelä- tai länsirannikolla.
– Haluaisin opiskella kurssilla. Milloin seuraava kurssi alkaa?
– Seuraava kurssi alkaa tammikuussa.
– Hyvä. Milloin minun täytyy ilmoittautua?
– Riittää, että ilmoittaudutte tammikuussa, kun lukukausi alkaa.
– Paljon kiitoksia.
– Ei kestä. Tervetuloa tammikuussa!
– Kiitos. Näkemiin.
– Näkemiin.

Verbi + toisen verbin infinitiivi

haluaisin	Haluaisin kysyä jotakin.
haluan	Haluan mennä ulos.
voin	Voinko kysyä jotakin?
	Voitteko sanoa, mitä kello on?
	Voitteko sanoa, missä on posti?
saan	Saanko häiritä?
	Täällä ei saa polttaa.
täytyy	Huomenna täytyy herätä aikaisin.
	Minun täytyy nyt mennä.
ei tarvitse	Huomenna ei tarvitse herätä aikaisin. Huomenna on sunnuntai.
	Sinun ei tarvitse vastata, jos et halua.
on hauska	On hauska opiskella suomea.
	On vaikea seisoa bussissa.

Verbityypit

I. Ensimmäinen tyyppi
minä puhun	puhu**a**
minä kysyn	kysy**ä**

II. Toinen tyyppi
minä voin	voi**da**
minä käyn	käy**dä**

III. Kolmas tyyppi
minä olen	ol**la**
minä menen	men**nä**

IV. Neljäs tyyppi
minä osaan	osa**ta**
minä herään	herä**tä**

V. Viides tyyppi
minä tarvitsen	tarvi**ta**
minä häiritsen	häiri**tä**

Verbin preesens

Myönteinen muoto: verbin vartalo + persoonapääte

I tyyppi: Vartalon lopussa lyhyt vokaali.
minä puhun, sinä puhut, hän puhuu
me puhumme, te puhutte, he puhuvat

II tyyppi: Vartalossa yksi tavu.
minä voin, sinä voit, hän voi
me voimme, te voitte, he voivat

III tyyppi: Vartalon lopussa **e**.
minä menen, sinä menet, hän menee
me menemme, te menette, he menevät

IV tyyppi: Vartalon lopussa kaksi vokaalia
(pitkä vokaali tai kaksi eri vokaalia).
minä osaan, sinä osaat, hän osaa
me osaamme, te osaatte, he osaavat

V tyyppi: Vartalon lopussa **itse**.
minä häiritsen, sinä häiritset, hän häiritsee
me häiritsemme, te häiritsette, he häiritsevät

Kielteinen muoto: kieltoverbi ja verbin vartalo

minä en puhu, sinä et puhu, hän ei puhu
me emme puhu, te ette puhu, he eivät puhu

minä en voi, sinä et voi, hän ei voi
me emme voi, te ette voi, he eivät voi

minä en mene, sinä et mene, hän ei mene
me emme mene, te ette mene, he eivät mene

minä en osaa, sinä et osaa, hän ei osaa
me emme osaa, te ette osaa, he eivät osaa

minä en häiritse, sinä et häiritse, hän ei häiritse
me emme häiritse, te ette häiritse, he eivät häiritse

En puhu suomea.
En ymmärrä.
En tiedä.
En muista.
En halua.

Myönteinen kysymys: verbin vartalo + persoonapääte + kysymysliite
puhunko? puhutko? puhuuko?
puhummeko? puhutteko? puhuvatko?

Kysymyksen sanajärjestys: verbi, subjekti
puhunko minä? puhutko sinä? puhuuko hän?
puhummeko me? puhutteko te? puhuvatko he?

Kielteinen kysymys: kieltoverbi + kysymysliite, verbin vartalo
enkö puhu? etkö puhu? eikö puhu?
emmekö puhu? ettekö puhu? eivätkö puhu?

Sanajärjestys: kieltoverbi, subjekti, verbin vartalo
enkö minä puhu? etkö sinä puhu? eikö hän puhu?
emmekö me puhu? ettekö te puhu? eivätkö he puhu?

Kysymys	Vastaus	Kysymys	Vastaus
Puhutteko suomea?	Puhun.	Puhuuko hän suomea?	Puhuu.
	Kyllä.		Kyllä.
	Kyllä puhun.		Kyllä puhuu.
	En puhu.		Ei puhu.
	En.		Ei.
Puhut sä suomee?	*Joo, puhun.*		
	En puhu.		

Huomaa:

opett**aa**
    minä opetan, sinä opetat   hän opettaa
    me opetamme, te opetatte   he opettavat

o**pp**ia
    minä opin, sinä opit   hän oppii
    me opimme, te opitte   he oppivat

ilmoittau**t**ua
    minä ilmoittaudun,   hän ilmoittautuu
    sinä ilmoittaudut,
    me ilmoittaudumme,   he ilmoittautuvat
    te ilmoittaudutte

al**k**aa
    minä alan, sinä alat   hän alkaa
    me alamme, te alatte   he alkavat

Huomaa myös:
työske**nn**ellä
    minä työskentelen, sinä työskentelet, hän työskentelee
    me työskentelemme, te työskentelette, he työskentelevät

Sano jotakin!

– Osaatko puhua italiaa?
– Osaan. Olen italialainen.
– Sano jotakin italiaksi!
– No, hyvä on. Odota vähän. "Il mio nome e Pietro. Tu come ti chiami?"
– Mitä se tarkoittaa?
– "Minun nimeni on Pietro. Mikä sinun nimesi on?"
– Miten minun täytyy vastata?
– Sano "mi chiamo" ja oma nimesi.
– "Mi chiamo Marja."
– Hyvä.

– Kenen vuoro?
– Minun.
– Voitteko odottaa vähän?
– Kyllä voin.
– Istukaa, olkaa hyvä. Tulen aivan pian.
– Kiitos.

Imperatiivi (neuvo, ohje, pyyntö, käsky)

Ole hyvä!	Olkaa hyvä!
Tule sisään!	Tulkaa sisään!
Istu, ole hyvä!	Istukaa, olkaa hyvä!

Myönteinen muoto:
I tyyppi

minä puhun	puhu!	puhua	puhu**kaa**
minä kysyn	kysy!	kysy**ä**	kysy**kää**!

II tyyppi

minä juon	juo!	juo**da**	juo**kaa**!
minä syön	syö!	syö**dä**	syö**kää**!

III tyyppi

minä tulen	tule!	tul**la**	tul**kaa**!
minä menen	mene!	men**nä**	men**kää**!

IV tyyppi

minä vastaan	vastaa!	vasta**ta**	vasta**tkaa**!
minä herään	herää!	herä**tä**	herä**tkää**!

V tyyppi

minä valitsen	valitse!	vali**ta**	vali**tkaa**!
minä häiritsen	häiritse!	häiri**tä**	häiri**tkää**!

Kuuntele!	Kuunnelkaa!
Kirjoita sanat!	Kirjoittakaa sanat!
Kysy!	Kysykää!
Vastaa!	Vastatkaa!
Opiskele sanat kotona!	Opiskelkaa sanat kotona!

Kielteinen muoto:
I tyyppi
älä puhu! älä kysy!   älkää puhu**ko**! älkää kysy**kö**!
II tyyppi
älä juo! älä syö!   älkää juoko! älkää syökö!
III tyyppi
älä tule! älä mene!   älkää tulko! älkää menkö!
IV tyyppi
älä vastaa! älä herää!   älkää vasta**tko**! älkää herä**tkö**!
V tyyppi
älä valitse! älä häiritse!   älkää valitko! älkää häiritkö!

!

Huomaa:
Imperatiivi ei aina ole kohtelias muoto.
Esimerkiksi kysymys on kohtelias:
> Voitteko sanoa ...?
> Voisitteko tulla tänne?
> Voisitteko kirjoittaa nimenne?

Vertaa:

Voinko kysyä jotakin?	*Voinks mä kysyy jotakin?* (Sano: *Voinks mä kysyyj jotakin?*)
Osaatko puhua italiaa?	*Osaat sä puhuu italiaa?*
Mitä se tarkoittaa?	*Mitä se tarkottaa?*
Voitko kirjoittaa sen?	*Voit sä kirjottaa sen?* (Sano: *Voit sä kirjottaas sen?*)
Voitko odottaa vähän?	*Voit sä oottaa vähän?* (Sano: *Voit sä oottaav vähän?*)
Odota, minä tulen heti.	*Oota, mä tuun heti.*
Tule tänne!	*Tuu tänne!* (Sano: *Tuut tänne!*)
Tule sisään!	*Tuu sisään!* (Sano: *Tuus sisään!*)
Mene ulos!	*Mee ulos!*
Sinun ei tarvitse vastata.	*Sun ei tartte vastata.* (Sano: *Sun ei tarttev vastata.*)
Katso!	*Kato!*
Katsokaa!	*Kattokaa!*

Keskustelu tuttavan kanssa
Postikortti ystäville
Sanan osat

Kappale yhdeksän

Mitä Timolle kuuluu?

Timo ja Kirsi tapaavat kadulla. Kirsi oli Timon luokkatoveri koulussa.

– Hei, Kirsi! Odota!

– Timo! Hei!

– Mitä kuuluu?

– Kiitos, ei mitään erikoista. Entä sinulle? Asutko täällä?

– Asun. Tulin tänne syyskuussa.

– Mitä sinä teet?

– Opiskelen yliopistossa historiaa.

– Vai niin. Koulussa sinä sanoit aina, että haluat opiskella englantia.

– No joo, silloin ajattelin niin. Mutta nyt historia kiinnostaa minua.

– Missä sinä asut?

– Puistokadulla, äidin siskon luona.

– Ahaa. Mitä äidillesi kuuluu?

– Kiitos, ihan hyvää.

– Entä Tiinalle? (Tiina on Timon sisko.)

– Tiina on Ruotsissa.

– Älä nyt! Onko hän työssä siellä?

– On, hän on työssä Tukholmassa, eräässä sairaalassa.

– Vai niin.

– Hän haluaa oppia ruotsia. Ja sitä paitsi Tiinan poikaystävä asuu Tukholmassa.

– Onko hän ruotsalainen?

– Ei, hän on kreikkalainen.

– Vai niin.

– Kuule, anteeksi nyt, mutta nyt minun täytyy mennä. Luento alkaa viiden minuutin kuluttua.

– No hei. Oli hauska tavata. Sano terveisiä äidillesi ja Tiinalle!

– Sanon, kiitos. Hei vaan!

Nyt me tiedämme, mitä Timolle kuuluu, mutta emme tiedä, mitä Kirsille kuuluu.

Erään opiskelijan postikortti ystäville

Hyvät ystävät!

Terveiset Helsingistä! Tulin tänne elokuun lopussa, ja yliopiston suomen kurssi alkoi syyskuussa. Opiskelen kurssilla, kirjastossa ja kielistudiossa. Ihan totta, olen hirveän ahkera. Minun täytyy oppia suomea nopeasti.
  Asun melko suuressa opiskelija-asuntolassa keskustan ulkopuolella. Syön yliopiston ruokalassa. Käyn kerran viikossa saunassa! Juoksen, pyöräilen, käyn elokuvissa, soitan kitaraa... Kaikki on hyvin.
  Voikaa hyvin! Kirjoittakaa!
    Erik

Menen bussilla. Ystävänikin tulee.
(Mitä nominin muoto tarkoittaa?)

Sanakirjassa on esimerkiksi sana **bussi**. Sinä tiedät, mitä se tarkoittaa.
Kun ihmiset puhuvat, voit kuulla esimerkiksi lauseet
  Nousen bussiin.
  Istun bussissa.
  Nousen pois bussista.
  Menen bussilla.
  Bussin numero on 18.

Tiedät, mitä sana **ystävä** tarkoittaa.
Voit kuulla esimerkiksi lauseet
  Hän on minun ystäväni.
  Ystävänikin tulee tänne.
  Soitan ystävälleni.
  Soitan ystävilleni.

• Sanakirjassa on sanan nominatiivi. Tekstissä voi olla nominatiivi tai muu sijamuoto.

• Voit huomata sanan osat:
Vartalo + monikon tunnus + sijapääte + omistusliite + liitepartikkeli

Vartalo	monikon tunnus	sijapääte	omistusliite	liitepartikkeli
bussi		in		
bussi		ssa		
bussi		sta		
bussi		lla		
bussi		n		
ystävä			ni	
ystävä			ni	kin
ystävä		lle	ni	
ystäv	i	lle	ni	

•Usein sanan vartalo on samanlainen kuin sanan nominatiivi. Mutta usein se on erilainen kuin nominatiivi.

Esimerkiksi:

Nominatiivi	Vartalo	Sijamuoto
bussi	bussi-	bussissa
ystävä	ystävä-	ystävälle
yliopisto	yliopisto-	yliopistossa
kaupunki	kaupungi-	kaupungissa
katu	kadu-	kadulla
tyttö	tytö-	tytön
poika	poja-	pojan
mies	miehe-	miehen
nainen	naise-	naisen
perhe	perhee-	perheessä

• On hyvä opiskella sanan nominatiivi **ja** vartalo.

Vähitellen opit sanatyypit.
Esimerkiksi:

nai**nen**	nai**se**-
suomalainen	suomalaise-
helsinkiläinen	helsinkiläise-
uu**si**	uu**de**-
suuri	suure-
pieni	piene-
ty**tt**ö	ty**t**ö-
hattu	hatu-
kirkko	kirko-
lamppu	lampu-
perh**e**	perh**ee**-
kirje	kirjee-
lause	lausee-
rakennu**s**	rakennu**kse**-
puhel**in**	puhel**ime**-
avain	avaime-

Arkipäivän tilanteita

– Hyvää yötä. Nuku hyvin.
– Sinä myös. Hyvää yötä.

– Hyvää yötä. Nukkukaa hyvin!
– Te myös. Hyvää yötä.

– Hsss, hiljaa.
– Miksi?
– Lapset nukkuvat.

– Voitko odottaa vähän?
– Mitä sinä teet?
– Soitan Pekalle. Minun täytyy soittaa hänelle.

– Mitä sinä teet?
– Istun ja odotan.
– Mitä sinä odotat?
– Odotan, että kakku kypsyy.

– Mitä sinä luet? Mikä lehti se on?
– Tämä on ruotsalainen sanomalehti.
– Osaatko sinä ruotsia?
– Osaan vähän.

– Mitä sinä katsot? Mikä se on?
– Tämä on Suomen kartta. Tiedätkö sinä, missä Jyväskylä on?
– Tiedän. Anna minä näytän. Se on tuossa.
– Ahaa. Kiitos.
– Ei kestä.

– Sammuta lamppu!
– Haluaisin vielä lukea.
– En voi nukkua, jos lampussa on valo.

K P T vaihtelee

Sanassa on joskus **k** ja joskus **kk**: nukkua, nukun, nuku, nukkukaa, nukkuvat; Pekka, Pekalle.
Samoin joskus on **t** ja joskus **tt**: odottaa, odotan; soittaa, soitan; näyttää, näytän; sammuttaa, sammutan, sammuta; kartta, kartat.
Samoin vaihtelevat **p** ja **pp**: lamppu, lamput, lampussa.
Huomaa myös nämä sanat: tietää, lehti, lukea, tehdä.

• Jos sanan vartalon viimeisessä tavussa on **k**, **p** tai **t**, sanan vartalo on erilainen kuin nominatiivi.
Sanassa tapahtuu systemaattinen konsonanttivaihtelu.

Verbin infinitiivi (I)	hän, he	minä, sinä, me, te
nu**kk**ua	nukkuu	nukun, nukut
	nukkuvat	nukumme, nukutte
o**pp**ia	oppii	opin, opit
	oppivat	opimme, opitte
kirjoi**tt**aa	kirjoittaa	kirjoitan, kirjoitat
	kirjoittavat	kirjoitamme, kirjoitatte
lu**k**ea	lukee	luen, luet
	lukevat	luemme, luette
saa**p**ua	saapuu	saavun, saavut
	saapuvat	saavumme, saavutte
tie**t**ää	tietää	tiedän, tiedät
	tietävät	tiedämme, tiedätte

• Ensimmäisen (I) verbityypin infinitiivissä ja 3. persoonan muodossa on **vahva konsonantti**,
mutta 1. ja 2. persoonan muodossa on **heikko konsonantti** (vahvan konsonantin heikko pari).

Vahva	Heikko
kk	k
pp	p
tt	t
k	–
p	v
t	d

• II ja V verbityypissä konsonantti ei vaihtele.

• III verbityyppi on erilainen: infinitiivissä on heikko konsonantti, kaikissa persoonamuodoissa on vahva konsonantti.

ajatella   ajattelen, ajattelet, ajattelee
                 ajattelemme, ajattelette, ajattelevat

• Samoin IV verbityyppi on erilainen: infinitiivissä on heikko konsonantti, kaikissa persoonamuodoissa on vahva konsonantti.

tavata   tapaan, tapaat, tapaa
                 tapaamme, tapaatte, tapaavat

Nominit

Yks. nom.	Mon. nom.	Yks. gen.	-ssa, -ssä	-lla, -llä
viikko	viikot	viikon	viikossa	viikolla
loppu	loput	lopun	lopussa	lopulla
katto	katot	katon	katossa	katolla
tyttö	tytöt	tytön		tytöllä
Turku		Turun	Turussa	
tapa	tavat	tavan	tavassa	tavalla
katu	kadut	kadun	kadussa	kadulla

• Tavallisesti yksikön nominatiivissa on vahva konsonantti.
Jos sanassa on pääte ja päätteessä on yksi konsonantti (-t, -n) tai kaksi konsonanttia + vokaali (-ssa, -ssä, -lla, -llä), vartalossa on heikko konsonantti. – Myöhemmin opit, milloin vartalossa voi olla vahva konsonantti.

• Sanatyyppi **osoite** on erilainen: nominatiivissa on heikko konsonantti ja vartalossa on vahva konsonantti.

osoite   osoitteet   osoitteen   osoitteessa osoitteella

• Konsonanttivaihtelu tapahtuu myös, jos sanassa on **nk, nt, rt, lt** tai **mp**.

Vahva	Heikko
nk	ng
nt	nn
rt	rr
lt	ll
mp	mm

Esimerkiksi:

Helsinki	Helsingin yliopisto, Helsingissä
kaupunki	kaupungin, kaupungissa
aurinko	auringon, auringossa
kenkä	kengät

Englanti	Englannin, Englannissa
ranta	rannan, rannalla
tunti	tunnin, tunnissa
sekunti	sekunnin, sekunnissa
parta	parran, parrassa
ilta	illan, illalla
silta	sillan, sillalla
kampa	kammat, kammassa

antaa	hän antaa	annan, annat
	he antavat	annamme, annatte
ymmärtää	hän ymmärtää	ymmärrän, ymmärrät
	he ymmärtävät	ymmärrämme, ymmärrätte
kieltää	hän kieltää	kiellän, kiellät
	he kieltävät	kiellämme, kiellätte

Missä olet työssä?
Mistä olet kotoisin?
Anteeksi, missä on posti?

Kappale yksitoista

Kysymyksiä ja vastauksia

– Missä sinä olet työssä?
– Koulussa. Entä sinä?
– Minä olen työssä sairaalassa.
– Oletko sinä lääkäri?
– En. Olen työssä sairaalan laboratoriossa. Oletko sinä opettaja?
– Olen.

– Missä Te olette työssä?
– En ole enää työssä. Olen eläkeläinen. Olin työssä paperitehtaassa.
– Entä vaimonne? Onko hän työssä?
– On. Hän on vielä työssä. Hän työskentelee kaupassa. Hän on myyjä.
– Mitä poikanne tekee?
– Hän on insinööri.

– Missä Teidän poikanne on työssä?
– Hän ei ole työssä. Hän on työtön.

– Mistä sinä olet kotoisin?
– Olen kotoisin Savosta. Tiedätkö sinä, missä Savo on?
– Tiedän. Siellä on esimerkiksi Kuopio. Puhutko sinä
   Savon murretta?
– Puhun kotona, mutta en täällä Helsingissä.

– Oletko sinä ruotsalainen?
– Puhun ruotsia, mutta en tule Ruotsista. Olen kotoisin
   Länsi-Suomesta, Pohjanmaalta. Kotikieleni on ruotsi.
   Olen suomenruotsalainen.
– Osaat hyvin suomea. Opiskelitko suomea koulussa?
– Opiskelin. Opin suomea myös työssä.

Missä? Mistä?

Nyt me olemme Suomessa, mutta me emme ole kotoisin Suomesta.

Peter tulee Ruotsista.	Peter on ruotsalainen.
Muriel tulee Ranskasta.	Muriel on ranskalainen.
Kati tulee Unkarista.	Kati on unkarilainen.
Kathy tulee Amerikasta (Yhdysvalloista).	Kathy on amerikkalainen.
Tanja tulee Venäjä**ltä**.	Tanja on venäläinen.
Julia tulee Kanadasta.	Julia on kanadalainen.
Masako tulee Japanista.	Masako on japanilainen.
Ahmed tulee Egyptistä.	Ahmed on egyptiläinen.
Kumar tulee Bangladeshista.	Kumar on bangladeshilainen.

Mistä maasta sinä tulet? = Mistä maasta sinä olet kotoisin?

Oletko sinä kotoisin maalta vai kaupungista?
Mistä kaupungista olet kotoisin?
Tuletko Oslosta, Lontoosta, Bonnista, New Yorkista, Pietarista, Bangkokista, Delhistä ...?

Missä asut?	**Mistä olet kotoisin?**
Helsingi**ssä**	Helsingi**stä**
Suome**ssa**	Suome**sta**
Missä olet?	**Mistä tulet?**
koulussa	koulusta
kaupassa	kaupasta
pankissa	pankista
postissa	postista
Missä asut?	**Mistä olet kotoisin?**
Venäjä**llä**	Venäjä**ltä**
Vantaa**lla**	Vantaa**lta**
Tampereella	Tampereelta
maalla	maalta
Missä olet?	**Mistä tulet?**
Mannerheimintiellä	Mannerheimintieltä
asemalla	asemalta
torilla	torilta

Missä?
• Vartalo + **-ssa, -ssä** tai **-lla, -llä**.
-ssa, -ssä Tämän sijamuodon nimi on kieliopissa inessiivi.
-lla, -llä Tämän sijamuodon nimi on kieliopissa adessiivi.

Mistä?
• Vartalo + **-sta, -stä** tai **-lta, -ltä**
-sta, -stä Tämän sijamuodon nimi on kieliopissa elatiivi.
-lta, -ltä Tämän sijamuodon nimi on kieliopissa ablatiivi.

Mihin sinä menet?

– Hei! Mihin sinä menet?
– Menen postiin, pankkiin, kauppaan ja sitten kouluun.
– Kouluun? Miksi?
– Menen suomen kurssille.

– Mihin sinä menet?
– Menen torille. Entä sinä?
– Minä menen asemalle.
– Matkustatko johonkin?
– Matkustan Tampereelle ja Poriin.
– Milloin tulet takaisin?
– Huomenna.
– Hyvää matkaa!
– Kiitos!

– Mitä teette sunnuntaina?
– Menemme maalle.

– Meneekö tämä bussi Jyväskylään?
– Ei mene. Tämä menee Lahteen. Tuo bussi menee Jyväskylään.
– Kiitos.
– Ei kestä.

Missä?	**Mistä?**	**Mihin?**
Helsingissä	Helsingistä	Helsink**iin**
Suomessa	Suomesta	Suome**en**
Lahdessa	Lahdesta	Lahte**en**
koulussa	koulusta	koulu**un**
kaupassa	kaupasta	kauppa**an**
pankissa	pankista	pankk**iin**
postissa	postista	post**iin**
Vantaalla	Vantaalta	Vantaa**lle**
maalla	maalta	maa**lle**
kadulla	kadulta	kadu**lle**
tiellä	tieltä	tie**lle**
asemalla	asemalta	asema**lle**
torilla	torilta	tori**lle**

Mihin?

• Vartalo + vartalon viimeinen vokaali + **n**.
Jos sanassa on konsonanttivaihtelu: **vahva** konsonantti!

Tai:
• Vartalo + **lle**.

Vokaali + n	Tämän sijamuodon nimi on kieliopissa illatiivi.
-lle	Tämän sijamuodon nimi on kieliopissa allatiivi.

Huomaa:
Jos ei-suomalaisen nimen lopussa on konsonantti, vartalon vokaali on **i**:
Wien
Wienissä   Wienistä   Wieniin
Bryssel
Brysselissä   Brysselistä   Brysseliin

Vielä kerran: Mihin?

– Mihin sinä menet?
– Työhön.

– Naapurini muuttaa pois Suomesta.   naapurini = naapuri+ni =
– Mihin maahan?   minun naapuri
– Ruotsiin.

– Ystäväni matkustaa Englantiin.   ystäväni = ystävä+ni =
– Meneekö hän Lontooseen?   minun ystävä
– Menee.

– Mihin tämä bussi menee?
– Porvooseen.

Missä?	Mistä?	Mihin?
työssä	työstä	työhön
maassa	maasta	maahan

• Jos sanan vartalossa on vain yksi tavu, illatiivin pääte on **h** + vartalon viimeinen vokaali + **n**.

Missä?	Mistä	Mihin?
Lontoossa	Lontoosta	Lontooseen
Porvoossa	Porvoosta	Porvooseen

• Jos sanan vartalon lopussa on pitkä vokaali (ja sana ei ole yksitavuinen), illatiivin pääte on **-seen**.

Pyydä, että joku suomalainen lukee seuraavat dialogit. Tarkkaile, mikä on erilaista kuin kirjakielessä.

– *Meneeks tää bussi Jyväskylää?*
– *Ei mee. Tää menee Lahtee. Toi bussi menee Jyväskylää.*
– *Kiitti.*
– *Eipä kestä.*

– *Mihis sä meet?*
– *Mä meen torille. Entäs sä?*
– *Mä meen asemalle.*
– *Matkustat sä johonki?*
– *Joo, Tampereelle ja Poriin.*
– *Millon sä tuut takasi?*
– *Huomenna.*
– *No, hyvää matkaa!*
– *Kiitti!*

– *Mun ystävä matkustaa Englantii.*
– *Meneeks se Lontoosee?*
– *Joo, menee.*

mennä-verbin persoonamuodot voivat puhekielessä olla tällaiset:
mä meen, sä meet, se menee, me mennään, te meette, ne menee

! Huomaa:
Kaikki suomalaiset eivät puhu samanlaista puhekieltä. Jos asut Suomessa, kuuntele, kuinka ympäristön ihmiset puhuvat. – Esimerkiksi **minä** voi olla *mä, mää, mie* tai *minä* ja **sinä** voi olla *sä, sää, sie* tai *sinä*.

Työ- ja lomamatkat
Kulkuneuvot

Kappale kolmetoista

Junalla ja bussilla

Anni Virtanen on opettaja. Hän asuu Helsingissä mutta on työssä Vantaalla. Koulu, jossa hän on työssä, on Vantaalla. Anni matkustaa Helsingistä Vantaalle bussilla tai junalla.

Annin mies on työssä Helsingissä. Hän menee työhön metrolla. Annin poika on koulussa Helsingissä. Hän kävelee kouluun, koska koulu on lähellä.

Annin isä ja äiti asuvat Vaasassa. Anni ei matkusta usein Vaasaan, koska Vaasa on kaukana Helsingistä. Mutta kesälomalla Anni käy Vaasassa. Hän matkustaa Vaasaan junalla tai joskus lentokoneella.

Annin veli asuu Ruotsissa, Sundsvallissa. Annin isä ja äiti matkustavat joskus laivalla Vaasasta Sundsvalliin.

Matkustan, menen, tulen juna**lla**
                      bussilla
                      autolla
                      laivalla
                      lentokoneella
                      jne.   jne. = ja niin edelleen

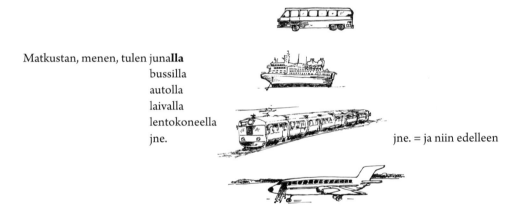

Vaasa on **kaukana** Helsing**istä**. Vaasa ei ole **kaukana** Tamperee**lta**.

Anni **käy** Vaasa**ssa**. Anni käy Vantaa**lla**.

Neljä postikorttia

Erik matkustaa Suomessa ja kirjoittaa postikortteja ystäville, jotka ovat samalla suomen kurssilla kuin hän.
Tässä on Erikin ensimmäinen kortti:

Hei kaverit!
Olen matkalla Itä-Suomessa. Tänään olen Lappeenrannassa. Se on Saimaan rannalla. Saimaa on Suomen suurin järvi. Katsokaa kartasta, kuinka suuri se on!

Lappeenrannasta voi matkustaa laivalla merelle, Suomenlahdelle. Saimaan ja Suomenlahden välissä on 43 kilometriä pitkä Saimaan kanava. Ensimmäinen Saimaan kanava valmistui vuonna 1856 ja uusi kanava vuonna 1968.

Terveiset kaikille!
Erik

Erikin toinen kortti Itä-Suomesta:

Hei!
Nyt olen Savonlinnassa. Matkustin Lappeenrannasta Savonlinnaan kauniilla vanhalla laivalla. Se oli pitkä ja hauska matka.

Savonlinnassa on pienellä saarella Olavinlinna, yli 500 vuotta vanha linna. Siellä on kesällä oopperajuhlat.

Savonlinnan lähellä on kaunis Punkaharju, 7 km pitkä, kapea harju kahden järven välissä. Lähellä on myös Kerimäki, jossa on maailman suurin puukirkko. Haluan nähdä sen.
Erik

Erikin kolmas kortti:

Tänään matkustan ystäväni autolla Joensuuhun ja sieltä parin päivän kuluttua bussilla Kuopioon. Joensuun nimi tulee siitä, että kaupunki sijaitsee joen suussa; Pielisjoki laskee täällä Pyhäselkä-nimiseen järveen.

Kirjoitan lisää Kuopiosta.
Erik

Neljäs kortti:

Terveiset Kuopiosta! Olen nyt Savossa. Ihmiset puhuvat täällä erilaista suomea kuin eteläsuomalaiset.

Seison nyt Puijon mäen näkötornissa, 306 metriä merenpinnan yläpuolella. Upeat maisemat!

Kuopiosta matkustan Jyväskylään ja sieltä Lahden kautta Helsinkiin.
Nähdään ensi tiistaina!
Erik

Työpäivä, työmatka
Kellonaika

Kappale neljätoista

Annin työpäivä ja työmatka

Tänään Annin työpäivä koulussa alkaa kello yhdeksän. Anni menee kouluun jo puoli yhdeksän. Tänään hän matkustaa Vantaalle junalla.

Annin juna lähtee Helsingistä 8.00 (kahdeksan nolla nolla). Anni matkustaa Tikkurilaan. Juna saapuu Tikkurilan asemalle 8.18 (kahdeksan kahdeksantoista). Asemalta Anni kävelee kouluun.

Annin työpäivä päättyy kello viisitoista. Juna Tikkurilasta Helsinkiin lähtee 15.28 (viisitoista kaksikymmentäkahdeksan). Se on perillä Helsingissä 15.41 (viisitoista neljäkymmentäyksi). Matka kestää kolmetoista minuuttia.

Asemalta Anni kävelee kotiin viidessätoista minuutissa. Hän on kotona noin kello neljä.

Huomenna Anni lähtee kotoa puoli kahdeksan ja palaa kotiin neljältä. Kuinka pitkä Annin työpäivä on? Kuinka monta tuntia Anni on poissa kotoa?

Missä?	Mistä?	Mihin?
koulussa	koulusta	kouluun
työssä	työstä	työhön
kotona	**kotoa**	**kotiin**

Mitä kello on? Paljonko kello on? Kuinka paljon kello on?

Kello on puoli yhdeksän.

Kello on viisitoista vaille yhdeksän.

Kello on yhdeksän.

Kello on viisitoista yli yhdeksän.

Mihin aikaan?

– Mihin aikaan heräät?
– Herään puoli kuusi.
– Niin aikaisin!
– Niin. Minun täytyy lähteä jo puoli seitsemän.
– Menetkö työhön niin aikaisin?
– Menen. Työni alkaa kello seitsemän.   työni = työ+ni = minun työ

– *Mihi aikaa sä heräät?*
– *Mä herään puol kuus.*
– *Niin aikasi!*
– *Nii. Mun täytyy lähtee jo puol seittemän.*
– *Meet sä työhön niin aikasi?*
– *Meen. Mun työ alkaa kello seittemän.*

– Anteeksi, että olen myöhässä. Lähdin liian myöhään kotoa. Herään aina liian
  myöhään.
– Mihin aikaan heräät?
– Herätyskello soi puoli kahdeksan, mutta minä en nouse heti. Nukun
  uudestaan.

– *Anteeks et mä oon myöhässä. Mä lähin liian myöhään kotoo. Mä herään aina liian myöhää.*
– *Mihi aikaa sä heräät?*
– *Herätyskello soi puol kaheksan mut mä en nouse heti. Mä nukun uudestaa.*

Kuinka kauan?

– Kuinka kauan matka kestää?
– Kaksikymmentä minuuttia.

– Kuinka kauan kestää matka Helsingistä Tampereelle?
– Noin kaksi tuntia junalla.

Kuinka monta tunti**a**? Kuinka monta minuut**tia**?
kaksi, kolme, neljä viisi ... tuntia / minuuttia

– Kuinka kauan kestää matka Helsingistä Lahteen junalla?
– Noin tunnin.

Miten löydän perille?

– Pääseekö tällä bussilla uimahallin lähelle?
– Kyllä pääsee.
– Missähän minun pitää jäädä pois bussista? Millä pysäkillä?
– Se on viides pysäkki tästä, heti sellaisen suuren risteyksen jälkeen.

– Kiitos. Mitä lippu maksaa?
– Kolme euroa.
– Olkaa hyvä.
– Kiitos.

Missähän = Missä+hän [Liite –**hän** antaa kysymykselle sävyn: "Voitteko sanoa, missä".]

– Anteeksi, voitteko sanoa, missä päin on Koivurannantie?
– Koivurannantie? Hetkinen... Se on tuolla vasemmalla, tuon ison rakennuksen
   takana. Menkää ensin suoraan eteenpäin ja sitten vasemmalle.
– Kiitos.
– Ei kestä.

– *Hei, anteeks, pojat! Missähän täällä on posti?*
– *Se on aika kaukana. Mee tosta torin poikki ja käänny sitte oikeelle. Siitä alkaa
   Kauppakatu.*
– *Siis tonne päin?*
– *Joo. Siinä on ensin huoltoasema ja sitte sellanen iso rakennus.*
– *Aha.*
– *Sä näät sitte R-kioskin. Posti on siinä vieressä.*
– *Kiitoksia kovasti! Kyllä se posti nyt löytyy, kun sain noin hyvät neuvot. Hei vaan!*
– *Moi moi.*

[Sinin kännykkä soi. Soittajan nimi näkyy.]
Sini: *Hei Mirja! Missä sä olet? Sun piti tulla kuudelta.*
Mirja: *Joo, anteeks että mä olen myöhässä. Mä ajoin teidän pysäkin ohi, ja nyt mä kävelen
takasin päin.*
Sini: *No voi raukka! Oletko sä vielä kaukana?*
Mirja: *En mä tiedä. On niin pimeetä. Ootas, tossa lukee Kuusitie. Ja oikeella on Koivutie.*
Sini: *No nyt sä olet jo lähellä. Jatka sitä Kuusitietä pitkin vielä vähän matkaa. Ihan
kohta tulet Mäntytielle, ja meidän talo on siinä heti ensimmäinen.*
Mirja: *Okei. Nähdään!*

anteeks = anteeksi	mee = mene
tosta = tuosta	sitte = sitten
oikeelle = oikealle	tonne = tuonne
sellanen = sellainen	sä näät = sinä näet
sun piti tulla = sinun piti tulla	takasin = takaisin
pimeetä = pimeää	ootas = odotas = odota
tossa = tuossa	oikeella = oikealla

Perhe
Kenellä on?   Kappale viisitoista

Jorma ja Jorman perhe

Tänään matkustamme maalle, erääseen pieneen kylään. Siellä asuu eräs tuttavani, Jorma Virtanen.

Jorma asuu pienessä, vanhassa talossa. Jormalla on vaimo ja kolme lasta: yksi tyttö ja kaksi poikaa. Jorman äiti asuu samassa talossa. Hänellä on oma asunto talon yläkerrassa.

Perheen pojat ovat Jari ja Mika. Tytön nimi on Sari. Jorman vaimon nimi on Tuula.

Jorma on työssä kaupassa; hän on myyjä. Tuula on työssä postissa. Jorman äiti oli työssä pankissa, mutta nyt hän on eläkeläinen. Jorman isä ei elä enää.

Tuulan äiti ja isä asuvat Lappeenrannassa. He ovat molemmat työssä paperitehtaassa.

tuttavani = tuttava+ni = minun tuttava

Adjektiivi + substantiivi

pieni kylä	Matkustamme **pieneen kylään.**
eräs pieni kylä	Matkustamme **erääseen pieneen kylään.**
pieni, vanha talo	Jorma asuu **pienessä, vanhassa talossa.**

• Substantiivi on pääsana ja adjektiivi on attribuutti.
Adjektiiviattribuutti on samassa muodossa kuin pääsana.

Jormalla ja Tuulalla on kolme lasta.

Jorma on isä.	**Jormalla on** kolme lasta.
Tuula on äiti.	**Tuulalla on** kolme lasta.

• Kenellä on: **-lla, -llä + on**

Minulla on vanha isoäiti.	minulla on	*mulla on*
Sinulla on pieni lapsi.	sinulla on	*sulla on*
Hänellä on perhe.	hänellä on	*hänellä on / sillä on*
Meillä on talo maalla.	meillä on	*meillä on*
Teillä on auto.	teillä on	*teillä on*
Heillä on poika ja tyttö.	heillä on	*heillä on / niillä on*

Kysymys: Onko sinulla auto?   *Onks sulla auto?*
Onko Teillä auto?

Kysymys	Myönteinen vastaus	Kielteinen vastaus
Onko sinulla auto?	On.	Ei ole.

Huomaa sanatyypit:

lapsi – lapsen – lapsella – lapset
pieni lapsi – pienen lapsen – pienellä lapsella – pienet lapset

Hänellä on yksi lapsi.
Hänellä on kaksi **lasta**.
Onko sinulla **lapsia**? Onko teillä **lapsia**?

eräs – erään – eräässä – erää**seen** – eräät
eräs kylä – erään kylän – eräässä kylässä – erääseen kylään – eräät kylät

tehdas – tehtaan – tehtaassa – tehtaa**seen** – tehtaat

perhe – perheen – perheessä – perhee**seen** – perheet
pieni perhe – pienen perheen – pienessä perheessä – pieneen perheeseen – pienet perheet

huone – huoneen – huoneessa – huonee**seen** – huoneet

Iltapäivällä ja illalla kotona

Sari tulee kotiin koulusta. Pojat ovat vielä koulussa, ja isä ja äiti ovat työssä. Sari menee ylä-
kertaan mummon luokse.
– Hei mummo!
– No hei, Sari! Oliko kiva päivä koulussa?
– Oli. Matematiikan tunti oli kiva.
– Jaha. Sinä osaatkin jo hyvin laskea.
– Joo, ja lukea.
– Niin, minä tiedän. Mutta ota nyt takki päältä ja reppu pois selästä. Onko sinulla nälkä?

– Ei, mutta jano.

– Mitä ruokaa teillä oli koulussa?

– Makaronilaatikkoa. Se on mun mieliruoka. Mikä sun mieliruoka on?

– Jaa-a, ehkä se on kaalilaatikko.

– Ai, minä en tykkää kaalista.

– Ehkä sinä myöhemmin alat tykätä siitä. Mutta mitäs sinä nyt haluaisit juoda? Minulla on appelsiinimehua ja puolukkamehua.

– Puolukkamehua.

– Ole hyvä.

– Kiitos. Pelaatko sitten mun kanssa jotain?

– Pelaanhan minä.

Sinä osaatkin jo hyvin laskea. = Ja on niin, että sinä osaat jo hyvin laskea. [osaatkin = osaat+kin]
mitäs = mitä+s [Tuttavallinen kysymys]
Pelaanhan minä. = Kyllä minä pelaan. [pelaanhan = pelaan+han]

Jari ja Mika tulevat koulusta. Äiti on jo kotona ja laittaa ruokaa. Isä on vielä työssä. Hänellä on tänään iltavuoro.
Mika: Moi äiti! Mitä ruokaa?
Tuula: Perunamuussia ja uunimakkaraa.
Mika: Ai, kiva. Milloin syödään?
Tuula: Ihan kohta. Voit laittaa lautaset pöytään.
Mika: Joo.
Jari: Hei! Mun pitää mennä Martille. Meillä on projektityö historiasta. Sen pitää olla valmis huomenna.
Tuula: Hyvä on. Syö nyt ensin meidän kanssa.
Jari: Syön syön.

Aterian jälkeen Jari lähtee. Pihalla tulee vastaan Mikan kaveri Arto.
Arto: Moi, onks Mika kotona?
Jari: On se. Se katsoo telkkaria. Mene sisään vaan!
Arto: Joo. Moi!
Jari: Terve!

Arto koputtaa keittiön oveen.
Tuula: Sisään!
Arto: Moi.
Tuula: No hei! Mitäs Arto?
Arto: Mitäs tässä. Ei mitään erikoista. Tota, mulla olis asiaa Mikalle.
Tuula: Mika on tuolla olohuoneessa. Mene vaan sinne.

Mitäs Arto? = Mitä sinulle kuuluu, Arto?
Mitäs tässä. = Ei tässä mitään erikoista.
tota = tuota
mulla olis = minulla olisi

mene vaan = mene vain (= voit mennä)

Mika: Äiti, mä lähen Arton kanssa ulos.
Tuula: Entäs läksyt?
Mika: Mä teen ne sitten. Mä tulen ihan kohta takasin.
Tuula: No hyvä on.

mä lähen = minä lähden

Kello on puoli kymmenen. Jorma tulee töistä.
Tuula: Oliko kova päivä?
Jorma: No ei, ihan tavallinen. Ilta oli aika hiljainen.
Tuula: Otatko ruokaa? Keitin pinaattikeittoa.
Jorma: Kyllä se maistuu.
Tuula: Muistitko ostaa ruisleipää?
Jorma: Muistin. Tässä. – Joko Sari nukkuu?
Tuula: Jo, ja Mikakin meni jo sänkyyn, ihme kyllä. Se oli vähän aikaa ulkona Arton
kanssa. Jari on vielä Martin luona. Niillä on joku projektityö. Kyllä se varmaan
pian tulee kotiin.
Jorma: Minulla on huomennakin iltavuoro, ei tarvitse herätä aikaisin. Voisin katsoa
jonkun elokuvan. Entäs sinä?
Tuula: Joo, miksei. Laitanko teetä?
Jorma: Laita vaan. Ja kiitos ruoasta.

Joko Sari nukkuu? = Nukkuuko Sari jo?
Mikakin meni jo sänkyyn: Mikakin = Mika+kin = myös Mika
niillä = heillä; se = hän
Minulla on huomennakin iltavuoro: huomennakin = huomenna+kin = myös huomenna

Kunta ja kylä
Suomalaisia sukunimiä
Kuinka monta?
Yksikön partitiivi

Kappale kuusitoista

Kylä, jossa Virtasen perhe asuu

Kylä, jossa Virtasen perhe asuu, on keskikokoisessa maalaiskunnassa Etelä-Suomessa. Kunnassa on noin 8000 (kahdeksantuhatta) asukasta.

Kunnan keskus on rautatieaseman ympärillä. Siellä on monta kauppaa ja muuta liikettä, pankki, posti, terveysasema ja apteekki, päiväkoti, kaksi koulua, kirjasto, urheilukenttä ja uimahalli. Siellä on myös kunnantalo.

Kylässä on saha ja pari pientä tehdasta. Monilla ihmisillä on työpaikka omassa kunnassa, mutta monet käyvät työssä läheisessä kaupungissa.

Virtaset asuvat aseman lähellä. Jorma on työssä eräässä kaupassa ja Tuula postissa.

Perheen lapset ovat koulussa: Jari on lukiossa, Mika ja Sari peruskoulussa. Heillä on lyhyt koulumatka.

Kuinka monta?

Jormalla ja Tuulalla on **kolme lasta**. Heillä on **kaksi poikaa** ja yksi tyttö.

Tässä kunnassa on noin **8000 asukasta**.

Jorman ja Tuulan kotikylässä on **monta kauppaa ja muuta liikettä** ja **pari pientä tehdasta**.

Suomessa on melkein **24 000 Virtasta**.

Matka kestää **20–30 minuuttia**.

- Numero 1 + sana nominatiivissa:
  Heillä on yksi tyttö ja yksi poika.
- Muut numerot (2–) + sana yksikön partitiivissa:
  Heillä on kaksi poika**a**. Naapurilla on kaksi tyttö**ä**.

Virtanen

Virtanen on hyvin tavallinen sukunimi Suomessa. Suomessa on yli 23 000 Virtasta.

Tilasto 24.1.2011:

1. Korhonen	23 565
2. Virtanen	23 477
3. Nieminen	21 380
4. Mäkinen	21 335
5. Mäkelä	19 597
6. Hämäläinen	19 336
7. Laine	18 915
8. Koskinen	17 983
9. Heikkinen	17 950
10. Järvinen	17 108

Suomessa on hyvin monta Jaria, Mikaa ja Saria. Silloin kun Jari syntyi, Jari-nimi oli hyvin tavallinen, ja myös Mikan ja Sarin nimet olivat suosittuja.

Suomalaisella on tavallisesti kaksi tai kolme etunimeä. Esimerkiksi Jorma Virtasen koko nimi on Jorma Juhani Virtanen ja Tuulan toinen nimi on Marjatta. Lapset ovat Jari Petteri, Mika Antero ja Sari Elina.

Huomaa sanatyyppi **-nen**:
Virtanen – Virta**se**n – Virtasella – Virtaset – Virta**st**a
ihminen – ihmisen – ihmisellä – ihmiset – ihmistä
keskikokoinen – keskikokoisen – keskikokoisessa – keskikokoiset – keskikokoista

Huomaa lausetyypit:
    Jormalla on kolme lasta.
    Kylässä on kolme kauppaa.
Huomaa, että verbi on yksikössä (**on**).

Genetiivi + postpositio:
    rautatieaseman ympärillä
    aseman lähellä

Yksikön partitiivi

- Partitiivin pääte on **-a, -ä** tai **-ta, -tä** tai **-tta, -ttä**.

poika**a**	las**ta**
kauppa**a**	asukas**ta**
minuut**tia**	tehdas**ta**
tyttö**ä**	liike**ttä**

1) Jos sanassa on konsonanttivaihtelu ja genetiivissä on heikko konsonantti, partitiivissa on vartalossa vahva konsonantti.

poika	pojan	poikaa
kauppa	kaupan	kauppaa
tyttö	tytön	tyttöä

2) Jos nominatiivissa ja genetiivissä on eri vokaali, partitiivissa on vartalossa sama vokaali kuin genetiivissä.

järvi	järven	järveä
lehti	lehden	lehteä

3) Joskus sanalla on kaksi vartaloa: vokaalivartalo ja konsonanttivartalo. Silloin partitiivin pääte tulee konsonanttivartaloon; pääte on silloin **-ta, -tä**.

pieni	pienen	pientä
suuri	suuren	suurta
lapsi	lapsen	lasta

vesi	veden	vettä
vuosi	vuoden	vuotta

mies	miehen	miestä
nainen	naisen	naista
ihminen	ihmisen	ihmistä

tehdas	tehtaan	tehdasta
eräs	erään	erästä
asukas	asukkaan	asukasta
kaunis	kauniin	kaunista

4) Jos sanan lopussa on **e** ja genetiivin vartalossa on **ee**, partitiivimuodon lopussa on lyhyt **e** ja **tta, ttä**.

perhe	perheen	perhettä
huone	huoneen	huonetta
liike	liikkeen	liikettä

5) Jos nominatiivin lopussa on pitkä vokaali, diftongi tai kaksi vokaalia, partitiivin pääte on **-ta, -tä**.

maa	maan	maata
tie	tien	tietä
museo	museon	museota

Partitiivi voi olla erilainen puhekielessä ja kirjakielessä. Esimerkiksi:

postia	*postii*
maitoa	*maitoo*
koulua	*kouluu*
löylyä	*löylyy*
sähköä	*sähköö*

nopeaa	*nopeeta*
ilkeää	*ilkeetä*

Montako nimeä sinulla on?   *Montaks nimee sulla on?*

Eräät adjektiivit ovat erilaisia puhe- ja kirjakielessä. Esimerkiksi:

nopea	*nopee*
korkeassa talossa	*korkeessa talossa*
pirteä	*pirtee*
kaksi pirteää tyttöä	*kaks pirteetä tyttöö*

Mummon muistoja kylästä

Isoäiti kertoo Sarille ja pojille, millainen kylä oli ennen. Hän oli työssä pankissa, ja kylässä oli silloin kolme pankkia. Kunnantalo oli vanha, kaunis puurakennus. Sen lähellä oli mylly ja vähän matkan päässä tiilitehdas. Sahan alue oli pienempi kuin nyt. Aseman vastapäätä oli meijeri.

Isoäiti asui lapsena kirkonkylässä. Hän on kotoisin maalaistalosta. Talo on kirkon lähellä. Talossa asuu nyt isoäidin veljen poika perheensä kanssa. Isoäidin veli kuoli monta vuotta sitten. Veljen poika ei ole maanviljelijä, vaan käy työssä kaupungissa.

    Isoäidin vanhemmat viljelivät maata ja kasvattivat karjaa.

    Sari on kiinnostunut mummon kotitalosta, ja mummon täytyy usein kertoa hänelle siitä.

– Oliko teillä lehmä?

– Meillä oli kymmenen lehmää ja monta lammasta. Minulla oli oma lammas, kun olin saman ikäinen kuin sinä nyt.

– Mikä sen nimi oli?

– Kuule, sitä minä en enää muista! Mutta lehmillä oli kivat nimet. Meillä oli ainakin Omena ja Ruusu ja Tuisku. Ja tietysti Mansikki.

– Oliko teillä hevonen?

– Oli, yksi hevonen. Sen nimi oli Rusko.

– Saitko sinä ratsastaa sillä?

– Sain joskus, mutta se oli työhevonen, teki työtä pellolla ja metsässä.

Sarilla on vielä paljon kysymyksiä, mutta nyt mummo antaa hänelle valokuva-albumin ja sanoo:

– Katselepas tätä. Tässä on monta kivaa kuvaa. Tuossa on se talo, ja tuo pieni tyttö olen minä.

Talossa asuu nyt isoäidin veljen poika perheensä kanssa:

perheensä = perheen+nsä = hänen perheen.

Katselepas tätä: katselepas = katsele+pas [Liite -pas antaa kehotukselle ystävällisen sävyn.]

Koti, asunto, perhe
Mitä ei ole?
Komparatiivi

Kappale seitsemäntoista

Heillä on ja heillä ei ole

Jormalla ja Tuulalla ei ole autoa. He kävelevät työhön ja työstä kotiin tai ajavat polkupyörällä.

Jarilla ja Mikalla on polkupyörä, ja Jarilla on mopo, mutta ei moottoripyörää. Kun Mika täyttää viisitoista vuotta, hän saa Jarin mopon.

Virtasen perheellä ei ole koiraa, mutta heillä on kissa. Se on oikeastaan isoäidin kissa, mutta se on hyvin usein alakerrassa Sarin luona.

Virtasen perheen talossa on alakerta ja yläkerta. Alakerrassa on keittiö ja kaksi huonetta: olohuone ja Jorman ja Tuulan makuuhuone. Sari nukkuu olohuoneessa. Yläkerrassa on kaksi huonetta. Toisessa asuu isoäiti, toinen on Jarin ja Mikan yhteinen huone. Isoäidillä ei ole keittiötä, hänellä on vain pieni keittokomero.

Talossa ei ole kylpyhuonetta, mutta alakerrassa on pieni suihkuhuone WC:n vieressä.

Talon alla on kellari.

Talon vieressä on pienempi rakennus. Se on sauna.

Virtasen talo on vähän vanhanaikainen omakotitalo, mutta se on aika hyvässä kunnossa.

Mitä ei ole?
Jormalla **ei ole autoa.**
Jarilla **ei ole moottoripyörää.**
Perheellä **ei ole koiraa.**
Isoäidillä **ei ole keittiötä.**

Talossa **ei ole kylpyhuonetta.**
• Se, mitä jollakin tai jossakin ei ole, on partitiivissa.

Sarin leikkimökki

Sarilla on pihalla pieni leikkimökki. Kun hän oli pienempi, hän leikki kesällä mökissä melkein joka päivä. Mökissä on pöytä, kaksi tuolia ja kaappi mutta ei ole sänkyä. Pöytä on ikkunan vieressä. Ikkunassa on kauniit verhot, ja ikkunalla on kukkamaljakko. Kaapin yläpuolella seinällä on taulu. Lattialla on matto.

Sarilla on monta nukkea, jotka asuvat kesällä leikkimökissä. Ne istuvat suurella tyynyllä mökin nurkassa. Yöllä ne nukkuvat samalla tyynyllä, koska niillä ei ole sänkyä.

Ulkona leikkimökin edessä on pitkä penkki. Sillä on mukava istua, kun aurinko paistaa. Kissa tulee usein penkille Sarin viereen.

Sarista on hauska olla leikkimökissä, kun sataa. Silloin mökin katto ropisee mukavasti.

Yhteinen huone

Jarilla ja Mikalla on yhteinen huone. Joskus heille tulee riita.

Jari: Sinä häiritset! Mä en voi lukea rauhassa.
Mika: Mee mummon puolelle ja lue siellä!
Jari: Ei siellä voi lukea, kun mummo kuuntelee radiota tai katsoo telkkaria.
Mika: No, mä meen alakertaan.

Eräänä päivänä Jari ehdottaa Mikalle:
– Laitetaan meidän huonekalut uuteen järjestykseen!
– Ai miten?
– Laitetaan tää kirjahylly tähän sun pöydän ja mun pöydän väliin, niin meillä on sitten
  molemmilla niin kuin oma puoli. Sitten mä voin lukea myöhään eikä mun valo
  häiritse sua, jos sä haluat nukkua.
– Okei. Mut hei, näkeeks molemmat sitten ulos ikkunasta?
– Näkee. Sä voit antaa pöydän olla niin kuin se on, ja mä käännän mun pöydän näin
  kirjahyllyn viereen.
– Joo. Hyvä.

laitetaan < laittaa: laitetaan on ehdotus [kieliopissa monikon 1. persoonan imperatiivi]
tää = tämä
sun = sinun, mun = minun, sua = sinua [häiritä + partitiivi]
mut = mutta
näkeeks molemmat = näkeekö molemmat = näkevätkö molemmat

Alakerrassa

Tuula: Sarin pitäisi saada isompi sänky.
Jorma: Niin pitäisi. Kai se pitää hankkia.
Tuula: Täällä pitää sitten vähän muuttaa järjestystä. Sitä paitsi Sari tarvitsee omaa rauhaa.
Jorma: Niin varmaan. Onko sinulla idea?
Tuula: No, minä ajattelin, että tässä sängyn vieressä voisi olla nätti kirjahylly, sellainen,
jossa ei ole takaseinää. Kirjat olisivat sitten olohuoneen puolella, ja sängyn puolella

olisi verho, jotain iloisen väristä kangasta.
Jorma: Jaa, tuo voi olla hyvä ratkaisu. Mennään lauantaina kaupunkiin ja katsellaan,
mitä löytyy.

Verbinmuodot <u>pitäisi</u>, <u>voisi</u>, <u>olisivat</u>, <u>olisi</u> ilmaisevat suunnitelmaa. Tuula ja Jorma suunnittele-
vat, miten Sari voisi saada omaa tilaa. – Vertaa: <u>haluaisin</u> [kappaleet 7 ja 8].

sellainen, jossa: jossa < joka [relatiivipronomini; katso kappale 20]

Verbinmuodot <u>mennään</u> ja <u>katsellaan</u> ovat imperatiiveja [monikon 1. persoona]. Jorma tarkoit-
taa, että hän ja Tuula voivat mennä yhdessä kaupunkiin ja katsella, mitä löytyy.

Valokuvia

Mika lähettää isoäidille ja isoisälle Lappeenrantaan kaksi kuvaa. Toisessa kuvassa Jorma ja Jari nos-
tavat Suomen lippua salkoon, ja toisessa kuvassa Tuula, Kerttu-mummo ja Sari istuvat leikkimökin
edessä penkillä ja Mika tuo heille jäätelöä.
    Kun isoäiti ja isoisä – Kaarina ja Pentti – katsovat kuvia, Kaarina sanoo: Hyvä ihme, miten
isoja nuo lapset jo ovat! Jari on jo pitempi kuin Jorma. Saa nähdä, tuleeko Mikasta yhtä pitkä.
Pentti: Voi tulla, kun Jorman äitikin on pitkä. Muuten, paljonko sillä Kertulla on ikää?
Kaarina: Kerttu on viisi vuotta vanhempi kuin minä.
Pentti: Katsos tätä kuvaa. Sari on ihan samannäköinen kuin Tuula silloin, kun hän meni kouluun.
Kaarina: Niin on. Tukka vain on tummempi.
Pentti: Niin. Se tulee Jormalta. Jari on myös tummatukkainen, Mika on paljon vaaleampi.
Kaarina: Juu, niin on. Mutta muuten he kyllä ovat samannäköiset. Kyllä on mukava, että Mika aina
lähettää meille kuvia.
Pentti: Niin, kamera oli hyvä syntymäpäivälahja.
Kaarina: Niin oli.

Jorman äitikin = myös Jorman äiti
paljonko = kuinka paljon
katsos = katso + s [Liite -s antaa kehotukselle ystävällisen sävyn.]

Komparatiivi

Kumpi on **isompi?**
Talon vieressä on **pienempi** rakennus.
Sinä olet **nuorempi** kuin Kerttu.

• piene**mpi**, nuore**mpi**
-**mpi** on komparatiivin tunnus (nominatiivissa).

iso	iso-	isompi
suuri	suure-	suurempi
pieni	piene-	pienempi
uusi	uude-	uudempi
nuori	nuore-	nuorempi
vanha	vanha-	vanhempi
tumma	tumma-	tummempi
halpa	halva-	halvempi
kallis	kallii-	kalliimpi
vaalea	vaalea-	vaaleampi

Kumpi on kivempi?

Sari kysyy, isä vastaa.
– Kumpi sinusta on kivempi, kissa vai koira?
– Kissa, ehdottomasti.
– Kumpi on parempi, kesä vai talvi?
– Kesä, koska se on lämpimämpi. Mutta kyllä talvikin on hieno vuodenaika.
– Syksy vai kevät?
– Vaikea sanoa. Ehkä kevät. Tai en tiedä. Tykkään siitä, että on neljä erilaista vuodenaikaa.
– Kumpi väri on sinusta kauniimpi, sininen vai vihreä?
– Jaa-a, kyllä se varmaan on vihreä.
– Kumpi on parempi juoma, kahvi vai tee?
– Aamulla kahvi ja illalla tee.
– Kumpi on mukavampi, juna vai bussi?
– Se riippuu matkasta. Joskus on mukavampi matkustaa junalla, joskus bussilla.
 Mutta onko sinulla vielä monta kysymystä? Minun pitää kohta lähteä työhön.
– Aha. Minä kysyn sitten samat asiat mummolta.

Ilma on kylmempi kuin eilen

– Laita takki päälle! Ulkona on kylmä tuuli.
– Ai. Eilen oli ihan lämmin.
– Niin oli, mutta nyt tuulee kylmästi.
– Mitä mittari näyttää?
– Neljätoista astetta.
– Ohhoh. Eilen oli kahdeksantoista.

Vettä ja kaurahiutaleita
Monikon partitiivi

Kappale kahdeksantoista

Aamupuuro

Jari keittää aamulla kaurapuuroa. Se käy helposti. Hän tarvitsee vain vettä, kaurahiutaleita ja vähän suolaa. Puuro kiehuu noin kymmenen minuuttia.

Mika tykkää enemmän neljän viljan hiutaleista. Niissä on ruista, vehnää, ohraa ja kauraa.

Sarin mielipuuro on mannapuuro. Sitä on vähän vaikeampi valmistaa, sillä ensin pitää keittää maitoa. Mannaryynit ovat vehnää. – Sari kysyy, miksi mannaryynipaketissa lukee "mannasuurimoita". Äiti selittää, että se on virallinen tuotenimi, mutta tavallisessa puhekielessä puhumme ryyneistä. Ryyni-sana tulee ruotsin sanasta *gryn*.

Keittiössä

Tuula leipoo. Hänellä on pöydällä kaikki, mitä hän tarvitsee: taikinaa varten kananmuna, maitoa, hiivaa, suolaa, sokeria, vehnäjauhoja ja voita; täytettä varten rahkaa, kermaa, kananmunia, sokeria ja rusinoita. Mitä Tuula leipoo? Hän paistaa sen uunissa.

Jorma tekee ruokaa. Hänellä on jauhelihaa, suolaa, sipuli, vettä, korppujauhoja ja valkopippuria. Hän tarvitsee myös margariinia. Mitä hän valmistaa? Hän paistaa ne paistinpannussa hellalla.

Mitä?

Tuula tekee ruokaa. Mika tulee keittiöön ja katsoo, mitä äiti tekee.

– Mitä tämä on?   *Mitä tää on?*
– Se on rahkaa, maitorahkaa.
– Mihin sinä sitä laitat?   *Mihin sä sitä laitat?*
– Piirakkaan. Teen rahkapiirakkaa.
– Mitä nämä ovat?   *Mitä nää on?*
– Ne ovat oliiveja. Laitan niitä salaattiin.
– Ai jaa.

Mikä?

Sari tulee isoäidin luokse. Isoäidin pöydällä on paksu kirja. Sari katsoo sitä.
– Mummo, mikä tämä on?
– Se on päiväkirja.
– Mikä päiväkirja?
– Minun vanha päiväkirjani. Siinä on kaikenlaisia asioita minun elämästäni, muistiinpanoja.

– Saanko minä lukea niitä?
– Saat sitten joskus, kun olet isompi.

minun vanha päiväkirjani: päiväkirjani = päiväkirja + ni; minun elämästäni: elämästäni =
elämästä+ni [Liite -**ni** on sanoissa siksi, että edellä on sana <u>minun</u>.]

- **Nominatiivi:** Tarkka määrä; esimerkiksi yksi esine, ihminen tai eläin. Konkreettinen sana.
- **Partitiivi:** Epätarkka määrä (en sano, kuinka monta tai kuinka paljon on). Konkreettinen sana
monikossa, ainesana yksikössä.

Tarkka määrä
Tämä on kaunis purkki.
Pöydällä on pieni lasipurkki.

Epätarkka määrä; monikko
Nämä ovat oliiveja.
Purkissa on oliiveja.

Epätarkka määrä; yksikkö
Tämä on rahkaa.
Tölkissä on rahkaa.

- Huomaa, että verbi on yksikössä, kun lause on tällainen:
  Purkissa on oliiveja.
  Pöydällä on kananmunia.
  Paketissa on kaurahiutaleita.

!

Minulla on ruusu.

Minulla on ruusuja.

Maljakossa on ruusu.

Maljakossa on ruusuja.

Pöydällä on ruusu.

Pöydällä on ruusuja.

Mummolla on kissa.

Mummolla on kissoja.

Asemalla ja junassa

Tuula ja Sari ovat lähdössä junalla kaupunkiin ostoksille. Asemalla on paljon ihmisiä.
– Miksi täällä on näin paljon ihmisiä?
– No, ihmiset menevät töihin ja asioille ja ostoksille.
Juna tulee. Siinä on monta vaunua. Tuula ja Sari nousevat junaan.
– Tämä on ihan täynnä. Mennään seuraavaan vaunuun!
Melkein kaikki vaunut ovat täynnä, mutta viimeisessä vaunussa on vielä vapaita paikkoja.
    Seuraavalta asemalta vaunuun tulee paljon koululaisia ja kaksi opettajaa. He ovat menossa
retkelle. Kaikille ei ole istumapaikkaa, vaan heidän täytyy seisoa. Sari kuuntelee, mitä koululaiset
puhuvat. Hän kuiskaa äidille:
– Ne menee museoon ja teatteriin.
– Vai niin, sanoo Tuula. – Sehän on kiva koulupäivä.
– Mennään mekin museoon! Siihen, missä on niitä hienoja huoneita.
– Ai, kaupunginmuseoon. Joskus toiste sitten, nyt meillä ei ole paljon aikaa.
    Juna saapuu kaupunkiin. Tuulan ja Sarin ostospäivä alkaa.

mennään < mennä: mennään on ehdotus
ne menee = he menevät
Sehän on kiva koulupäivä. = No mutta se on kiva koulupäivä. [Liite -hän antaa lauseelle sävyn,
että äiti on kiinnostunut siitä, mitä Sari sanoo.]
mekin = myös me

Paljon ja monta

- Verbi on yksikössä!
  Asemalla **on** paljon ihmisiä.
  Vaunuun **tulee** paljon koululaisia ja kaksi opettajaa.

- Numero (2 –) + yksikön partitiivi: kaksi opettajaa.
monta + yksikön partitiivi: monta vaunua.
paljon – monikon partitiivi (konkreettinen sana): paljon ihmisiä.
paljon – yksikön partitiivi (ainesana): paljon aikaa.

Monikon partitiivi

- Sanan genetiivin vartalo + monikon tunnus + partitiivin pääte

Monikon tunnus on **i** tai **j**.
  lapse + i + a → lap**si**a, ystävä + i + ä → ystäv**i**ä
  sisko + i + a → sisko**j**a, kirja + i + a → kirjo**j**a

Yks. nom.	Yks. genet.	Mon. nom.	Mon. partitiivi
talo	talon	talot	taloja
koulu	koulun	koulut	kouluja
hylly	hyllyn	hyllyt	hyllyjä
pöllö	pöllön	pöllöt	pöllöjä
pankki	pankin	pankit	pankkeja
kissa	kissan	kissat	kissoja
koira	koiran	koirat	koiria
ystävä	ystävän	ystävät	ystäviä
lapsi	lapsen	lapset	lapsia
maa	maan	maat	maita
huone	huoneen	huoneet	huoneita
työ	työn	työt	töitä
suo	suon	suot	soita

1) Vartalon vokaalit **o, u, ö, y** säilyvät.

    Vartalon vokaalit **e, ä** katoavat.

    Vartalon vokaali **a** katoaa; joskus muuttuu **a → o**.

    a katoaa, jos sanan ensimmäinen vokaali on **o** tai **u**.

    a → o, jos sanan ensimmäinen vokaali on **a, e** tai **i**.

    Vartalon vokaali **i** muuttuu **i → e**.

    Vartalon pitkä vokaali lyhenee.

    Vartalon diftongeista **yö, uo, ie** katoaa ensimmäinen vokaali.

2) Jos vartalon vokaali säilyy tai muuttuu, monikon tunnus on **j**.

    Jos vartalon vokaali katoaa, monikon tunnus on **i**.

3) Jos yksikön vartalossa on pitkä vokaali tai kaksi vokaalia, on monikon partitiivin
    pääte **ta/tä**.

4) Jos sanassa on konsonanttivaihtelu, monikon partitiivissa on vahva konsonantti.

• Jos sana on pitkä (jos siinä on enemmän kuin kaksi tavua) ja sen vartalon lopussa on **a** tai **ä**,
monikon partitiivi voi olla erilainen kuin lyhyen sanan partitiivi.

a → o	**a katoaa**
opiskelija – opiskelijoita	opettaja – opettajia
lukija – lukijoita	soittaja – soittajia
ikkuna – ikkunoita	asema – asemia
tavara – tavaroita	seuraava – seuraavia
ravintola – ravintoloita	
mansikka – mansikoita	
	mukava – mukavia
	ihana – ihania
	kamala – kamalia
	vaikea – vaikeita
	nopea – nopeita

ä → ö	**ä katoaa**
tekijä – tekijöitä	mäkihyppääjä – mäkihyppääjiä
päärynä – päärynöitä	hedelmä – hedelmiä
	ystävä – ystäviä
kylpylä – kylpylöitä	
lihapyörykkä – lihapyöryköitä	
	ikävä – ikäviä
	emäntä – emäntiä
	isäntä – isäntiä
	pimeä – pimeitä
	hirveä – hirveitä

• Jos sana on pitkä ja sen vartalon lopussa on **i**, monikon partitiivin lopussa on eräissä sanoissa **eja/ejä**, eräissä **eita/eitä**.

kaupunki – kaupunkeja   naapuri – naapureita
apteekki – apteekkeja   lääkäri – lääkäreitä
turisti – turisteja   seteli – seteleitä

• Kun tiedät sanan monikon partitiivin, osaat sanoa myös muut monikon muodot. Partitiivista voit nähdä, millainen on monikon vartalo.

lapsi	lapsia	lapsi-
ystävä	ystäviä	ystävi-
kissa	kissoja	kissoi-
huone	huoneita	huonei-

Yks. sijamuoto	Mon. vartalo	Mon. sijamuoto
lapsella	lapsi-	lapsilla
ystävällä	ystävi-	ystävillä
kissalla	kissoi-	kissoilla
huoneessa	huonei-	huoneissa

Puhelinkeskustelu
Kenelle? Keneltä?   **Kappale yhdeksäntoista**

Tuulan äiti soittaa Tuulalle

Tuulan vanhemmat asuvat Lappeenrannassa. Tuula soittaa heille joka lauantai.
Tänään Tuulan äiti soittaa Tuulalle. Kun puhelin soi, Sari vastaa puhelimeen.

Sari: Virtasella. Sari puhelimessa.
Isoäiti: No hei, Sari! Mummo täällä. Mitä kuuluu?
Sari: Minä en ollut tänään koulussa.
Isoäiti: Minkä takia? Oletko sinä kipeä?
Sari: Joo, mulla oli aamulla kurkku kipeä. Nyt ei koske enää. Huomenna mä meen kouluun.
Isoäiti: No hyvä. Onko äiti kotona? Minulla on asiaa hänelle.
Sari: Äiti, puhelimeen! Siellä on mummo.

Tuula: Hei, äiti! Mitä sinulle kuuluu? Ja isälle?
Isoäiti: Hyvää meille kuuluu. Tänään tuli kiva paketti, kiitos hienosta puserosta. Muistit, että sininen sopii minulle.
Tuula: Kiva että tykkäät. Joko te muuten olette isän kanssa puhuneet siitä, milloin te tulette meille?
Isoäiti: Mitä sinä sanot, jos tulemme ensi viikonloppuna? Sopiiko se teille?
Tuula: Kyllä se sopii. Kaikki ovat silloin kotona. Jormallakin on lauantaina vapaapäivä. Perjantainako te tulette?
Isoäiti: Perjantaina, heti työn jälkeen. Juna lähtee kello viisi.
Tuula: Hyvä on. Pojat tulevat sitten asemalle vastaan.

He puhuvat vielä kauan, mutta sitten isoäiti sanoo: Nyt täytyy lopettaa. Jutellaan sitten viikonloppuna enemmän.

Tuula: Kiitos soitosta. Sano terveisiä isälle. Ja tervetuloa!
Isoäiti: Kiitos, kiitos. Terveisiä Jormalle ja pojille. Näkemiin sitten viikon kuluttua.

Minulla on asiaa hänelle. = Haluan sanoa hänelle jotakin. / Haluan kysyä häneltä jotakin.
Muistit [< muistaa] on menneen ajan muoto. [Katso kappale 23.]
Jutellaan: Verbinmuoto ilmaisee kehotusta. [Monikon 1. persoonan imperatiivi.]

Kenelle? Kene**lle** sinä puhut?
Keneltä? Kene**ltä** sinä kysyt?

• Informaatio kulkee henkilöltä henkilölle, ihmiseltä ihmiselle.

Puhun sinu**lle**.
Puhun opettaja**lle**.
Puhun opiskelija**lle**. Puhun opiskelijoi**lle**.

Puhun ystävälle. Puhun ystäville.
Kysyn sinulta.
Kysyn opettajalta.
Kysyn opiskelijalta. Kysyn opiskelijoilta.
Kysyn ystävältä. Kysyn ystäviltä.

Informaatioverbejä:
kertoa, kirjoittaa, näyttää, puhua, sanoa, soittaa, vastata + kenelle?
kuulla, kysyä, pyytää + keneltä?

Kenelle?		Keneltä?	
minulle	*mulle*	minulta	*multa*
sinulle	*sulle*	sinulta	*sulta*
hänelle	*hänelle / sille*	häneltä	*häneltä / siltä*
meille	*meille*	meiltä	*meiltä*
teille	*teille*	teiltä	*teiltä*
heille	*heille / niille*	heiltä	*heiltä / niiltä*

– Soitatko usein isällesi ja äidillesi?
– Soitan heille kerran viikossa.

– Voitko näyttää minulle, miten tämä kone toimii?
– Kyllä. Hetkinen vain.

– Älä kerro muille, mitä nyt sanon sinulle!
– Onko se salaisuus?
– On.

– Keneltä sinä kuulit, että täällä on suomen kurssi?
– Eräältä tuttavalta. Hän oli itse kurssilla viime vuonna.

Huomaa myös seuraavat verbit:

!

sopia + kenelle?
– Sopiiko teille, jos tulemme lauantaina?
– Meille sopii oikein hyvin.

kuulua + kenelle?
– Mitä sinulle kuuluu?   – *Mitäs sulle kuuluu?*
– Kiitos, hyvää. Entä sinulle? – *Kiitos, ihan hyvää. Entäs sulle?*
– Ei mitään erikoista.   – *Ei mitää erikoista.*

Kiitos! Onnea! Terveisiä!
Kiitos sinulle!
Onnea sinulle!
Terveisiä teille kaikille!

Kiitos kirjee**stä**!
Isoäiti kiittää Tuula**a** paketi**sta**.

Virtasella
Paikan adverbiaali

Missä?
Virtasella = Virtasen perheessä, Virtasen kotona
Mika on Artolla. = Mika on Arton kotona.
Sari on mummolla. = Sari on mummon luona, mummon kotona.
Hän on meillä. = Hän on meidän kotonamme, meidän luonamme.

kotonamme = kotona+mme; luonamme = luona+mme
[Liite -mme on sanoissa siksi, että edellä on sana <u>meidän</u>.]

Mihin?
Virtaselle = Virtasen perheeseen, Virtasen kotiin
Jari menee Martille. = Jari menee Martin kotiin.
Hän tulee meille. = Hän tulee meidän kotiimme, meidän luoksemme.
Tervetuloa meille!

kotiimme = kotiin+mme = meidän kotiin; luoksemme = luokse+mme = meidän luokse.

Huomaa:
<u>minulle, sinulle, hänelle</u> ovat informaatioverbin adverbiaaleja, eivät yleensä paikan
adverbiaaleja. Puhekielessä <u>mulle</u>, <u>sulle</u>, <u>sille</u> voivat tarkoittaa myös paikkaa.

Sanatyyppi -in:
puhelin – puhelime-
Puhelin soi. Sari vastaa puhelimeen. Sari ja isoäiti puhuvat puhelimessa. Meillä ei ole puhelinta.

Genetiivi ja postpositio:
työn jälkeen, kello neljän jälkeen
viikon kuluttua, kuukauden kuluttua, vuoden kuluttua

Milloin?
ensi viikolla
ensi viikonloppuna, seuraavana viikonloppuna
viikonloppuna
viime vuonna

-ko / -kö?
Kysymysliite voi olla myös nominissa: Perjantaina**ko** te tulette?

Vertaa kysymystä ja vastausta:

– Perjantainako te tulette?   – Tuletteko te perjantaina?
– Niin. Perjantaina.   – Kyllä, tulemme.

Huomaa kysymys:

Joko te olette isän kanssa puhuneet siitä? = Oletteko te **jo** isän kanssa puhuneet siitä?

Oletteko te jo isän kanssa puhuneet siitä? = Oletteko te, isä ja sinä, jo puhuneet siitä?

Mistä ja kenestä puhut? Mistä ja kenestä pidät?
Relatiivilause   **Kappale kaksikymmentä**

Television ääressä

Jari: Hei, nyt telkka auki! Sari, mene sanomaan Mikalle, että matsi alkaa.
Sari: Mikä matsi?
Jari: No jalkapallo-ottelu. Mene nyt!

Sari menee yläkertaan, ja pian Mika juoksee alas. Pojat istuvat television ääreen.
Sari: Minäkin haluan katsoa.   minäkin = myös minä
Jari: No istu siinä, mutta ole hiljaa, että me kuullaan selostus.

Tuula katsoo lehdestä, kuinka kauan peli kestää. Hän sanoo, että Sari ei voi valvoa niin kauan. Pojat eivät voi katsoa koko ottelua olohuoneessa, koska Sari nukkuu siellä. Pojat siirtyvät keittiöön ja katsovat loput keittiön pienestä televisiosta. Sari menee sänkyyn ja nukahtaa pian.
    Toisella kanavalla alkaa pian elokuva. Tuula menee yläkertaan Kerttu-mummon luokse. Hän tietää, että Kerttu pitää elokuvasta, ja he katsovat sen yhdessä. Elokuva on hauska, se kertoo lomamatkasta. Matkalla tapahtuu hassuja asioita.
    Jorma tulee kotiin. Hän oli työpäivän jälkeen englannin kurssilla aikuisopistossa. Pojat puhuvat pelistä ja Tuula kertoo elokuvasta. Sitten pojat menevät omaan huoneeseensa. Jorma ja Tuula katsovat vielä uutiset ja keskustelevat niistä ja päivän tapahtumista.
    Aamulla Virtasten televisio on kiinni, mutta radio on auki. Ennen kuin lapset lähtevät kouluun ja vanhemmat työhön, he kuuntelevat aamu-uutiset ja musiikkia.

pojat menevät omaan huoneeseensa: huoneeseensa = huoneeseen+nsa [Liite -nsa on sanassa siksi, että sana viittaa lauseen subjektiin pojat.]

Mistä? Mistä asiasta? Kenestä? Kenestä ihmisestä?

Verbi + aihe
jutella, kertoa, keskustella, kirjoittaa, puhua jne. + mistä? kenestä?

minä – minulle – minusta	*mä – mulle – musta*
sinä – sinulle – sinusta	*sä – sulle – susta*
hän – hänelle – hänestä	*hän – hänelle – hänestä / se – sille – siitä*
me – meille – meistä	*me – meille – meistä*
te – teille – teistä	*te – teille – teistä*
he – heille – heistä	*he – heille – heistä / ne – niille – niistä*
tämä – tälle – tästä	*tää – tälle – tästä*
tuo – tuolle – tuosta	*toi – tolle – tosta*
se – sille – siitä	*se – sille – siitä*
kuka – kenelle – kenestä	*kuka – kelle/kenelle – kestä/kenestä*

Ihmiset juttelevat usein säästä.
Tämä kirja kertoo nuoresta miehestä.
Keskustelemme politiikasta.
Lehdet kirjoittavat presidentistä.
Minun täytyy puhua tästä asiasta jonkun kanssa.

Substantiivi + aihe
artikkeli, elokuva, kirjoitus, kuva, ohjelma jne. + mistä? kenestä?

Lehdessä on artikkeli ulkopolitiikasta.
Televisiossa on elokuva Tšaikovskista.
Lehdessä on kuvia ja kirjoituksia urheilusta.
Kirjassa on kuva Finlandiatalosta.
Radiossa on ohjelma Lapista ja saamelaisista.

Mistä sinä pidät? Kenestä sinä pidät?

pitää + -sta /-stä
Minkälaisesta musiikista sinä pidät?
Pidän klassisesta musiikista. Pidän modernista musiikista. Pidän kevyestä musiikista. Pidän
pianomusiikista.
Minkälaisista elokuvista sinä pidät?
Pidän jännittävistä elokuvista. Pidän hauskoista elokuvista. Pidän romanttisista elokuvista.
Mistä kukasta pidät? Mistä kukista pidät?
Pidän ruususta. Pidän ruusuista. Pidän tulppaanista. Pidän tulppaaneista. Pidän luonnonkukista.

Kysymys	Vastaus
Pidätkö rockmusiikista?	Pidän. / En pidä.
Tykkäätkö rockmusiikista?	*Tykkään. / En tykkää.*

Pidän sinusta. Pidän Teistä.
Pidän hänestä.
Pidän teistä.
Pidän tästä. Pidän tuosta.
Pidän siitä.

pitää	*tykätä*
minä pidän, sinä pidät	*mä tykkään, sä tykkäät*
hän pitää	*hän / se tykkää*
me pidämme	*me tykätään*
te pidätte	*te tykkäätte*
he pitävät	*he tykkäävät / ne tykkää*

| Pidän sinusta. | *Tykkään sinusta / susta.* |
| Pidätkö siitä? | *Tykkäätkö siitä? / Tykkäät sä siitä?* |

Huomaa myös:
  Tuula katsoo lehde**stä**, kuinka kauan peli kestää.
  Pojat katsovat ottelun keittiön piene**stä** televisio**sta**.

!

Mistä te puhutte?

Kerttu-mummo ja Tuula istuvat keittiön pöydän ääressä. Pöydällä on sanomalehti. Mika tulee ja
kysyy: – Mistä te puhutte?
– Eräästä tuttavasta. Tässä lehdessä on kirjoitus eräästä meidän tuttavasta.
– Miksi? kysyy Mika. – Mitä se on tehnyt?
– Hän osallistui valokuvakilpailuun ja voitti. Katso, lehdessä on se paras kuva. Eikös olekin
  hieno kuva uimarannasta?
– Joo, on. Onks siinä lehdessä muita kuvia?
– Kyllä. Tässä on kuva kesäaamusta, se oli toiseksi paras. Ja tässä on kolmas… niin,
  sanopas, mitä kukkia tässä on.
– Ne on kissankäpäliä. Niitä kasvaa meidän koulun takana.
– Ai, niinkö? Se oli minulle yllätys.
– Joo, siellä mäellä, missä on paljon kallioita ja mäntyjä. Siellä on muitakin hienoja kasveja.
– Vai niin. Sinähän voit osallistua seuraavaan kilpailuun kasvikuvilla.
– Joo joo.

on tehnyt [< tehdä] on menneen ajan muoto, perfekti. [Katso kappale 28.]
osallistui, voitti ovat menneen ajan muotoja. [Katso kappale 23.]
sanopas = sano + pas [Liite -pas antaa kehotukselle ystävällisen sävyn.]
sinähän = sinä + hän [Liite -hän antaa lauseelle kehotuksen sävyn.]

Puheenaiheita

Tuulalla ja Kertulla on paljon puheenaiheita. Nyt he puhuvat tuttavasta, joka voitti valokuvakil-
pailun ja jonka kuva on lehdessä. He keskustelevat myös elokuvasta, josta Kerttu pitää kovasti.
Sitten he juttelevat kahdesta naapurista, jotka aikovat muuttaa pois kylästä. He puhuvat myös
kuntosalista, jossa he käyvät kerran viikossa, ja hyvistä ohjeista, joita he siellä saavat.
  Pojat puhuvat jalkapallosta ja joukkueesta, joka voitti ottelun. Jorma kertoo englannin kurs-
sista, jolla hän käy, ja kotitehtävistä, jotka hänen pitää tehdä. Sari haluaa näyttää, että hänelläkin
on läksyjä, ottaa koulukirjat repusta ja lukee aapisesta kaksi lyhyttä juttua.

• Voimme yhdistää kaksi lausetta niin, että toisessa lauseessa on relatiivipronomini **joka**. Se
lause, jossa on relatiivipronomini, on relatiivilause. Relatiivilause on substantiivin tai pronomi-
nin jäljessä.

Relatiivipronominilla on kaikki tavalliset sijamuodot.
Esim.: (yksikössä) joka, jonka, jota, jossa, josta, jolla, jolta, jolle;
(monikossa) jotka, joita, joissa, joista, joilla, joilta, joille.

– Ole kiltti, anna minulle tuo sanakirja.
– Mikä sanakirja?
– Tuo iso. Tuo, joka on hyllyllä.

– Voinko saada nuo kaksi lehteä?
– Mitkä lehdet?
– Nuo, jotka ovat hyllyllä.

– Tiedätkö sinä, kuka tuo poika on?
– Kuka?
– Tuo poika, jolla on sininen lakki.
– En tiedä. Mutta tuo poika, jolla on sininen pusero, on Jari.

– Tiedätkö sinä, keitä nuo tytöt ovat?
– En tiedä kaikkia, mutta nuo, joilla on samanlaiset takit, ovat kunnanjohtajan
  kaksoset. Ja tuo, joka istuu keinussa, on joku meidän naapurin sukulainen.

Maatila
Tuntematon tekijä (passiivin preesens)   Kappale kaksikymmentäyksi

Erik tutustuu maatilaan

Erik, joka kirjoittaa mielellään kortteja ja kirjeitä kurssitovereille, on nyt maalla ja tutustuu maan-viljelijäperheen elämään. Hän kirjoittaa, että hän oppii joka päivä jotakin uutta siitä, miten Suomessa maalla eletään.

Näin Erik kirjoittaa:

Tällä tilalla kasvatetaan vihanneksia ja marjoja. Ne myydään kauppaan tai tehtaaseen. Naapurissa on maitotila, siellä hoidetaan lehmiä ja kasvatetaan heinää. Toisessa naapurissa tuotetaan kananmunia. Kolmas naapuri viljelee viljaa.

Monet tilat tarjoavat matkailupalvelua, ja niissä käy sekä kesällä että talvella paljon vieraita, jotka haluavat viettää lomaa maalla. Lapsiperheet pitävät lomapaikoista, joissa on kotieläimiä. Minä ajattelen, että pyrin ensi kesänä sellaiselle tilalle kesätöihin. Jos matkailijoita tulee paljon, talon oma väki ei ehkä riitä, vaan tarvitaan kesäapulaisia.

Tälläkin tilalla, jossa nyt olen, voin auttaa töissä. Nyt on marja-aika. Talon puutarhassa on paljon viinimarjapensaita, ja marjoja kerätään aamusta iltaan. Lisäksi metsästä poimitaan mustikoita.

Arvaa mitä! Minä osaan nyt tehdä suomalaista leipää. Tässä talossa leivotaan leivät ja pullat kotona, niitä ei osteta kaupasta.

Terveisin Erik

Vertaa:

Erik oppii joka päivä jotakin uutta siitä, miten Suomessa maalla eletään. = Erik oppii joka päivä jotakin uutta siitä, millaista elämä Suomessa maalla on.

Tällä tilalla kasvatetaan vihanneksia ja marjoja. Ne myydään kauppaan tai tehtaaseen. = Tämän tilan asukkaat kasvattavat vihanneksia ja marjoja ja myyvät ne kauppaan tai tehtaaseen.

Naapurissa on maitotila, siellä hoidetaan lehmiä ja kasvatetaan heinää. Toisessa naapurissa tuotetaan kananmunia. = Naapuri hoitaa lehmiä ja kasvattaa heinää. Toinen naapuri tuottaa kananmunia.

Jos matkailijoita tulee paljon, talon oma väki ei ehkä riitä, vaan tarvitaan kesäapulaisia. = Jos matkailijoita tulee paljon, talon oma väki ei ehkä riitä, vaan he tarvitsevat kesäapulaisia.

Talon puutarhassa on paljon viinimarjapensaita, ja marjoja kerätään aamusta iltaan. Lisäksi metsästä poimitaan mustikoita. = Talon puutarhassa on paljon viinimarjapensaita, ja ihmiset keräävät marjoja aamusta iltaan. Lisäksi he poimivat metsästä mustikoita.

Tässä talossa leivotaan leivät ja pullat kotona, niitä ei osteta kaupasta. = Tämän talon väki leipoo leivät ja pullat kotona, he eivät osta niitä kaupasta.

Tekstin uudet verbinmuodot	Infinitiivi
eletään	elää
kasvatetaan	kasvattaa
myydään	myydä
hoidetaan	hoitaa
tuotetaan	tuottaa
tarvitaan	tarvita
kerätään	kerätä
poimitaan	poimia
leivotaan	leipoa
ei osteta	ostaa

• Kun lauseessa on subjekti, predikaattiverbi on tavallisessa persoonamuodossa:
    Heinäkuussa minä kerään marjoja.
    Heinäkuussa sinä keräät marjoja.
    Jne.

• Aina emme tiedä tai emme sano, kuka tekee jotakin, vaan tärkeää on se, mitä tapahtuu. Silloin meillä on erityinen verbinmuoto, joka ilmaisee, että **tekijä on tuntematon: joku ihminen tai jotkut ihmiset**.
    Heinäkuussa kerätään marjoja.

Kun lauseessa on tämä verbinmuoto, lauseessa ei ole subjektisanaa.

Lauseen rakenne on silloin tavallisesti tämä:

Adverbiaali	Verbi	Objekti
Heinäkuussa	kerätään	marjoja.

Tai:

Adverbiaali	Verbi	Adverbiaali
Puutarhassa	työskennellään	ahkerasti.

Tai:

Objekti	Verbi	Adverbiaali
Marjat	myydään	kauppaan.

Kysymyslauseen rakenne:

Kysymyssana	Adv:li / Obj.	Verbi	Adv:li / Obj.
Milloin	metsästä	kerätään	marjoja?
Miksi	leivät	leivotaan	kotona?
Milloin	kaupat	avataan?	

Tai:

Verbi + -ko/-kö	Adv:li / Obj.	Adv:li / Obj.
Avataanko	kaupat	kello seitsemän?
Tuotetaanko	tilalla	maitoa?

• Kuinka tämä verbinmuoto tehdään?

I. puhua	puhun	puhu-	puhu**taan**
kysyä	kysyn	kysy-	kysy**tään**
lukea	luen	lue-	lue**taan**
kertoa	kerron	kerro-	kerro**taan**
soittaa	soitan	soita-	soit**etaan**
pitää	pidän	pidä-	pid**etään**

II. voida			voida**an**
syödä			syödä**än**
III. olla			olla**an**
mennä			mennä**än**
IV. vastata			vastata**an**
herätä			herätä**än**
V. tarvita			tarvita**an**
häiritä			häiritä**än**

• II, III, IV ja V tyypissä muoto tehdään infinitiivistä.
• I tyypissä muoto tehdään preesensin vartalosta. Jos verbissä on konsonanttivaihtelu, muoto tehdään heikosta vartalosta.
Jos vartalon vokaali I tyypissä on a tai ä, se muuttuu: a → e, ä → e.

• Kielteinen muoto
Kielteinen muoto tehdään niin, että otetaan myönteisen muodon lopusta pois an/än.
Kieltosana on **ei**.

Myönteinen muoto	Kielteinen muoto
puhutaan	ei puhuta
kerrotaan	ei kerrota
soitetaan	ei soiteta
voidaan	ei voida
syödään	ei syödä
ollaan	ei olla
mennään	ei mennä
vastataan	ei vastata
herätään	ei herätä
tarvitaan	ei tarvita
häiritään	ei häiritä

Kieliopissa tämän muodon nimi on passiivi (passiivin preesens).

Miten nimesi äännetään ja kirjoitetaan?

– Kuinka tämä nimi sanotaan?
– Mikä nimi?
– Tämä, katso. [Näyttää nimeä Lönnrot.]
– Ai, se äännetään Lönruut. Se on ruotsinkielinen nimi.

– Mikä teidän nimenne on?
– Bessonoff.
– Kuinka se kirjoitetaan?
– Alussa on bee, keskellä on kaksi ässää ja lopussa on kaksi äffää. Siis bee-ee-äs-äs-oo-än-oo-äf-äf.

nimesi = nimi+si = sinun nimi
nimenne = nimi+nne = teidän nimi

Sari leikkii

Sari kysyy äidiltä ja isältä, osaavatko he tipoteerata. Isä ei tiedä, mitä "tipoteerata" tarkoittaa, mutta äiti muistaa, miten sitä leikkiä leikitään. Siinä yksi leikkijä menee pois huoneesta ja toiset miettivät yhden verbin, esimerkiksi sanan "kävellä". Sitten se leikkijä, joka on poissa huoneesta, kutsutaan sisään ja hänen täytyy yrittää arvata oikea verbi. Se menee niin, että hän käyttää sanaa "tipoteerata" ja kysyy jokaiselta vuorotellen jotakin, esimerkiksi tällaisia kysymyksiä: "Tipoteeraatko sinä usein?", "Osaavatko kaikki tipoteerata?", "Tarvitaanko kynä, kun tipoteerataan?", "Voiko kotona tipoteerata?" Jne. Leikkijät vastaavat vain joko "kyllä" tai "ei", tai he voivat sanoa esimerkiksi "joskus" tai "eivät kaikki" tai muuta sellaista.

Ehdotuksia, toivotuksia
Monikon genetiivi
Genetiivin käyttöä

Kappale kaksikymmentäkaksi

Leikitään!

Sarin kaverit ovat Sarin luona.
Sari: Leikitään jotain!
Tiina: Joo, aletaan vaikka *Mitä tiedät minun ystävästäni?*
Leena: Joo, aletaan vaan! Mä voin mennä ulos.

Leena menee pois huoneesta ja toiset sopivat, että he puhuvat Sarin mummon kissasta. Mummon kissa on siis se ystävä, joka Leenan pitää arvata.

Leena tulee takaisin huoneeseen ja alkaa kysellä.
Leena: Sari, mitä tiedät minun ystävästäni?
Sari: Hän on aika laiska.
Leena: Tiina, mitä tiedät minun ystävästäni?
Tiina: Hänellä on vihreät silmät.
Leena: Liisa, mitä tiedät minun ystävästäni?
Liisa: Hän ei tykkää meidän koirasta.

Leena kysyy kaikilta monta kertaa, kunnes hän arvaa, kuka "hänen ystävänsä" on. Sitten seuraava menee ulos ja toiset sopivat, kuka on seuraava "ystävä", ja leikki jatkuu.

Tehdään jotain muuta!

Sari: Tehdään nyt jotain muuta! Vaikka kim-leikki! Mä kysyn Jarilta, voiko se auttaa.
Sari Jarille: Voitko sä leikkiä vähän aikaa meidän kanssa?
Jari: Jaa, no, voinhan minä. Mitä te leikitte? Mitä mun pitää tehdä?
Sari: Laita tähän pöydälle pieniä esineitä, aika paljon.
Jari: Ahaa, tää on kim-leikki.

Jari laittaa pöydälle viisitoista pientä esinettä. Tytöt saavat katsella niitä vähän aikaa. Sitten ne peitetään. Nyt tytöillä on viisi minuuttia aikaa kirjoittaa paperille, mitä he muistavat. Sari muistaa kymmenen esinettä, hän kirjoittaa näin: kampa, peili, avain, lusikka, nappi, sakset, nenäliina, kivi, tikkuaski, karkki.

Leena muistaa myös kymmenen esinettä ja Tiina yhdeksän. Liisa on voittaja, hän muistaa kaksitoista esinettä.

Nähdään taas joskus!

– Menen tänä iltana elokuviin. Lähde mukaan!
– En taida nyt lähteä. Minun täytyy lukea tenttiin.
– No, joskus toiste sitten. Onnea tenttiin!
– Kiitos, kiitos. Hauskaa iltaa!
– Kiitos.

– Lähtekää nyt ulos! On kaunis ilma.
– Niin on, mutta meidän täytyy lukea tenttiin.
– Tulkaa nyt vain! Raitis ilma tekee hyvää teille.
– Olisi kyllä hauska olla välillä vähän ulkona. Mennäänkö?
– Mennään! Mutta ei olla kauan.
– Mihin mennään?
– Tehdään pieni lenkki metsässä.

– Nyt väsyttää. En jaksa enää lukea.
– En minäkään. Jatketaan huomenna!   en minäkään = en myöskään minä

– Kello on jo paljon. Nyt minun kyllä pitää lähteä. Kiitos kahvista. Oli hauska tavata.
– Niin oli. Oli kiva jutella.
– Nähdään taas joskus!
– Nähdään! Hyvää jatkoa!
– Samoin. Hei sitten!
– Hei hei.

Leikitään jotain! Aletaan vaan! Tehdään jotain muuta! Mennäänkö? Mennään! Mutta ei olla kauan! Mihin mennään? Tehdään pieni lenkki metsässä. Jatketaan huomenna! Nähdään taas joskus!

• Passiivin preesensiä käytetään myös silloin, kun ehdotetaan jotakin, mitä tehdään yhdessä.

– Miksi te ette tule ulos?	*– Miks te ette tuu ulos?*
–Me luetaan. Me ei nyt lähdetä mihinkään.	*– Me luetaan. Me ei nyt lähdetä mihinkää.*
– Mihin te olette menossa?	*– Mihin te oote menossa?*
– Me viedään nämä paketit postiin.	*– Me viedään nää paketit postiin.*
–Voidaanko me jo lähteä?	*– Voidaanks me jo lähtee?*
–Voitte. Lähtekää vain!	*– Voitte. Lähtekää vaan!*

Vertaa:

Luemme.	Me luetaan.	*Me luetaan.*
Emme lähde ulos.	Me ei lähdetä ulos.	*Me ei lähdetä ulos.*
Viemme paketit postiin.	Me viedään paketit postiin.	*Me viedään paketit postii.*
Voimmeko jo lähteä?	Voidaanko me jo lähteä?	*Voidaanks me jo lähtee?*

• Pronomini me + passiivi tarkoittaa puhekielessä samaa kuin tavallinen monikon ensimmäisen persoonan muoto.

täytyy ja pitää

minun täytyy, sinun täytyy, hänen täytyy, meidän täytyy, teidän täytyy, heidän täytyy + infinitiivi
minun pitää, sinun pitää, hänen pitää, meidän pitää, teidän pitää, heidän pitää + infinitiivi

• Tavallisesti lauseen subjekti on nominatiivissa:
    Opiskelija lukee paljon. Opiskelijat lukevat paljon.
    Minä lähden kotiin.
    Me matkustamme Helsinkiin.

• Eräissä lausetyypeissä subjekti on genetiivissä. Yksi sellainen lausetyyppi on tämä:
genetiivi + täytyy/pitää + infinitiivi
    Opiskelija**n** täytyy/pitää lukea paljon. Opiskelijoi**den** täytyy/pitää lukea paljon.
    Minu**n** täytyy/pitää lähteä kotiin.
    Mei**dän** täytyy/pitää matkustaa Helsinkiin.

• täytyy-verbillä ja pitää-verbillä on sama muoto kaikissa persoonissa.

• Kielteisessä lauseessa käytetään verbiä **ei tarvitse**:
    minun ei tarvitse, sinun ei tarvitse, hänen ei tarvitse, meidän ei tarvitse, teidän ei tarvitse,
    heidän ei tarvitse + infinitiivi.

Kysymys	Myönteinen vastaus	Kielteinen vastaus
Täytyykö minun mennä?	Täytyy.	Ei tarvitse.
Pitääkö minun mennä?	Pitää.	Ei tarvitse.
Täytyyks mun mennä?	*Täytyy.*	*Ei tartte. / Ei tarvii.*
Pitääks mun mennä?	*Pitää.*	*Ei tartte. / Ei tarvii.*

Suomi on tuhansien järvien maa

Suomessa on tuhansia järviä: noin 190 000 järveä. Siksi Suomea kutsutaan runollisesti nimellä "tuhansien järvien maa". Järvet täyttävät noin 10 % Suomen maapinta-alasta. Niin sanottuja suurjärviä, joiden koko on yli 200 neliökilometriä, on 19. Suurin niistä on Saimaa. Suomen järvet ovat melko matalia. Niiden keskisyvyys on noin 7 metriä, ja vain parissa järvessä on noin 100 metriä syviä kohtia. Suomen järvien rantaviiva mutkittelee, ja niin syntyy niemien ja lahtien sokkeloita.

Suomessa on myös paljon saaria, noin 180 000 saarta. Niitä on sekä järvissä että meressä. Ahvenanmaan ja Lounais-Suomen välissä on niin sanottu Saaristomeri, jonka alueella on yli 17 000 saarta.

Monikon genetiivi

Sanat **tuhansien järvien** ovat monikon genetiivimuotoja.
• Monikon genetiivi tehdään monikon vartalosta.
Pääte on -en tai -den tai -ten.
Jos muistat monikon partitiivimuodon, voit tehdä genetiivin näin: ota pois partitiivin pääte ja vaihda sen paikalle genetiivin pääte.

Monikon partitiivi	Monikon genetiivi
siskoja	siskojen
tyttöjä	tyttöjen
kissoja	kissojen
turisteja	**turistien**
lapsia	lapsien
veljiä	veljien
maita	maiden
perheitä	perheiden

• Eräiden sanatyyppien monikon genetiivi voidaan tehdä myös niin, että sanan konsonantti- vartaloon liitetään pääte -ten. Sanoilla on myös monikkovartalogenetiivi.

suomalainen	suomalais-	suomalaisten = suomalaisien
nainen	nais-	naisten = naisien
mies	mies-	miesten = miehien
lapsi	las-	lasten = lapsien
pieni	pien-	pienten = pienien
suuri	suur-	suurten = suurien
nuori	nuor-	nuorten = nuorien

Konsonanttivartalo saadaan yksikön partitiivista: suomalais-ta, las-ta, pien-tä jne.

• Pääte -den voidaan vaihtaa päätteeseen -tten:
   maiden = maitten
   perheiden = perheitten

Kuinka genetiiviä käytetään?

1) Genetiivi vastaa kysymykseen **kenen? minkä?**
   Tytön nimi on Sari. Poikien nimet ovat Jari ja Mika.
   Talon ovi on kiinni. Kaikkien huoneiden ikkunat ovat auki.

2) Genetiivi voi vastata kysymykseen **minkälainen?**
   Täällä on suomen kurssi. Suomi on tuhansien järvien maa.

3) Subjekti on genetiivissä, jos predikaatti on täytyy, pitää / ei tarvitse.
   Pienen lapsen täytyy nukkua paljon. Pienten lasten täytyy nukkua paljon.

4) Postposition pääsana on tavallisesti genetiivissä.
   Talon takana on metsä. Keskustelen naapurien kanssa.

Ihmeellinen muisti

Tuttavallani Sirkalla on ihmeellinen muisti. Hän muistaa kaikki asiat, jotka hän haluaa muistaa.

Sirkka on opettaja. Hän muistaa kaikkien opiskelijoiden nimet. Hän muistaa kaikkien niiden opettajien nimet, jotka ovat tai joskus olivat samassa koulussa.

Kun Sirkka on kesällä turistien opas, hän katsoo turistien nimet listasta, ja sitten hän muistaa ne.

Sirkalla ei ole koskaan myöskään ongelmia osoitteiden tai puhelinnumeroiden kanssa. Hän muistaa ne helposti.

Kun Sirkka matkustaa johonkin vieraaseen kaupunkiin, hän lukee opaskirjasta ja katsoo kartasta tärkeiden katujen ja rakennusten nimet, ja sitten hän muistaa ne.

Tietysti Sirkka muistaa myös talon asukkaiden nimet, sekä etu- että sukunimet, sekä lasten että aikuisten.

Sirkan ystävien ja sukulaisten ei tarvitse pelätä, että hän unohtaa heidän nimi- tai syntymäpäivänsä. Ei, Sirkka muistaa aina onnitella heitä.

Tietysti Sirkka oppii aina vaalien jälkeen nopeasti uusien kansanedustajien ja hallituksen ministerien nimet.

Sellaiset asiat kuin Suomen kaupunkien asukkaiden määrä ja järvien koko ja jokien pituus ovat Sirkalle pikkuseikkoja.

Sirkka tietää kaikkien tavallisten ja monien harvinaistenkin kukkien ja puiden nimet. Hän tuntee myös monien lintujen äänet.

Kun lauletaan, Sirkka muistaa laulujen sanat. Hän osaa ulkoa myös monia kuuluisien runoilijoiden runoja.

Historian henkilöiden syntymäajat ja kuolinvuodet voi aina kysyä Sirkalta.

En ymmärrä, miten kaikki tämä mahtuu Sirkan päähän. En myöskään tiedä, mitä Sirkka tekee, jos hän haluaa unohtaa jotakin. Ehkä hän kirjoittaa UNOHDA!-lappuja, kun me muut kirjoitamme muistilappuja, ostoslistoja ja osoitekirjoja.

Isovanhempien vierailu
Menneen ajan muoto (imperfekti / preteriti)　　　**Kappale kaksikymmentäkolme**

Mitä te teette ensi viikonloppuna?
Mitä te teitte viime viikonloppuna?

Muistat varmasti, että Tuula Virtasen äiti soitti Tuulalle eräänä lauantaina. Muistat, että hän puhui ensin Sarin kanssa. Muistatko, mitä Sari sanoi?
　Muistatko, miksi isoäiti soitti?

Seuraavana perjantaina isoäiti ja isoisä tulivat Tuulan perheen luokse. He matkustivat junalla. Pojat olivat asemalla vastassa.
Kotona Tuula kysyi:
– Miten matka meni? Oliko juna täynnä?
Sari kysyi:
– Mitä te toitte meille?
Tietysti isoäidillä ja -isällä oli laukussa jotakin jokaiselle lapselle. Kaikki saivat jotakin.

Mitä perhe teki viikonloppuna? He puhuivat paljon. He kävelivät ulkona. Isoisä ja pojat pelasivat šakkia. Sari näytti mummolle ja papalle kaikki koulukirjat. (Muistat, että hän on ensimmäisellä luokalla.) Jorma otti valokuvia. He kävivät saunassa. Jne.

Isoisä ja isoäiti nukkuivat olohuoneessa. He heräsivät aikaisin aamulla ja nousivat hiljaa sängystä. He istuivat ja katsoivat ulos ikkunasta ja odottivat, että kello tuli puoli kahdeksan. Silloin isoäiti meni keittiöön ja keitti kahvia. Vähitellen kaikki heräsivät.
　Sunnuntaina vieraat lähtivät takaisin Lappeenrantaan. Kun he saapuivat kotiin, he soittivat heti Tuulan perheelle. He sanoivat:
– Matka meni oikein hyvin. Kiitos teille kaikesta! Oli oikein hauska viikonloppu.

i-tempus (mennyt aika)

• Kun puhutaan ajasta, joka on jo mennyt, tarvitaan verbinmuoto, jossa on vartalon ja persoona-päätteen välissä tunnus **i**.

i liitetään preesensin vartaloon.

I.　Vartalovokaalit o, ö, u, y säilyvät.
　Vartalovokaalit e, ä, i katoavat.
　Vartalovokaali a katoaa tai muuttuu a → o.
　(a katoaa, jos verbin ensimmäinen vokaali on o tai u)
　sanon　　　　　sanoin
　puhun　　　　　puhuin
　kysyn　　　　　kysyin

luen	luin
pidän	pidin
etsin	etsin
otan	otin
annan	annoin

II. Pitkä vokaali lyhenee.

saan	sain

Diftongista oi katoaa i.

voin	voin

Diftongeista uo, yö, ie katoaa ensimmäinen vokaali.

juon	join
syön	söin
vien	vein

III. Vartalon e katoaa.

olen	olin
tulen	tulin
menen	menin

IV. Vartalon lopusta katoaa a/ä ja vartalon loppuun tulee s.

vastaan	vastasin
herään	heräsin

V. Vartalon e katoaa.

tarvitsen	tarvitsin

Huomaa verbi **käydä**:

käyn	kävin

• Konsonanttivaihtelu on i-muodossa samanlainen kuin preesensissä:

luen	luin	kirjoitan	kirjoitin
luet	luit	kirjoitat	kirjoitit
lukee	luki	kirjoittaa	kirjoitti
luemme	luimme	kirjoitamme	kirjoitimme
luette	luitte	kirjoitatte	kirjoititte
lukevat	lukivat	kirjoittavat	kirjoittivat

• Huomaa yksikön 3. persoonan muoto:
Preesensissä on persoonapääte, mutta i-muodossa ei ole.

hän lukee	hän luki
hän kirjoittaa	hän kirjoitti

Kieliopissa i-muodon nimi on imperfekti (tai preteriti).

Milloin?

viikonloppuna, viime viikonloppuna, sunnuntaina, seuraavana perjantaina
viime viikolla, viime kuussa, viime vuonna

Isoisä ja isoäiti juttelevat sunnuntaiaamuna

Kaarina: Huomenta. Nukuitko hyvin?

Pentti: Aika hyvin. Pari kertaa heräsin. Sinä et herännyt, vaikka minä kävin ulkona.

Kaarina: En. Minä nukuin kuin tukki. Kaikki toiset taitavat vielä nukkua. Ei kuulu mitään.

Pentti: Juu, ei kuulu. Kello on vasta vähän yli kuusi. Odotellaan nyt vähän aikaa, eiköhän sitten joku herää.

Kaarina: Niin, eihän meillä mitään kiirettä ole, kun juna lähtee vasta iltapäivällä.

Pentti: Huomasitko eilen, miten kohtelias nuori mies Jari on?

Kaarina: Kyllä huomasin, ja hyvin Mikakin käyttäytyy, vaikka hänellä on jo murrosiän ongelmia. Ja Sari on niin vilkas ja iloinen.

Pentti: Ja niin ylpeä siitä, että hän on koululainen!

Kaarina: Mukavat lapset on Tuulalla ja Jormalla. Siitä voi olla iloinen.

Pentti: Kyllä.

Kaarina: Muistatkos sinä, missä meidän Tuula tutustui Jormaan?

Pentti: Siellähän se tapahtui Lappeenrannan rantapuistossa, kun Tuula myi kioskissa jäätelöä.

Kaarina: Niin, Tuula oli vielä koululainen, ja Jorma oli jollain kurssilla Lappeenrannassa.

Pentti: Se on oikein romanttinen juttu. Jorma osti kerran jäätelöä Tuulalta ...

Kaarina: Ja sitten hän osti jäätelöä joka päivä. Jorma aina nauraa, kun hän muistelee, että kurssi kesti neljä viikkoa ja hän söi siis 28 jäätelöä.

Pentti: Rakkaus kesti, vaikka Jorma palasi kotikylään ja Tuula kouluun.

Kaarina: Niin, kirjeitä tuli ja lähti aika tiheästi! Ja hetihän he sitten menivät kihloihin, kun Tuulan koulu keväällä päättyi.

Pentti: Ja kesällä jo naimisiin.

Kaarina: Voi voi, oli ne ihanat häät. Ja hääkakku oli tietysti jäätelökakku!

Pentti: Totta kai!

Kaarina: Mutta kuule, kyllä minä nyt nousen. Alkaa tehdä niin kovasti mieli kahvia.

Pentti: No laita sinä kahvia. Minä petaan sängyn. Jaa, mutta nämä petivaatteet pitää ottaa pois.

Kaarina: Niin, ota lakanat ja tyynyliinat pois. Tuula panee ne pyykkiin.

eiköhän sitten joku herää = kyllä varmaan joku sitten herää [eiköhän = kyllä kai, kyllä varmaan]
eihän meillä mitään kiirettä ole = niin, ei meillä ole mitään kiirettä; eihän = ei + hän
[Liite -hän antaa lauseelle sävyn, että asia on tuttu molemmille keskustelijoille.]
muistatkos sinä: muistatko + s [Liite -s antaa kysymykselle ystävällisen sävyn.]
siellähän se tapahtui: siellähän = siellä + hän [Liite -hän ilmaisee, että asia on tuttu molemmille.]
hetihän he sitten menivät kihloihin: hetihän = heti + hän [Liite -hän ilmaisee, että asia on tuttu molemmille.]

Kesäloman vietto, vapaa-ajan vietto
Menneen ajan muoto (kielteinen)
Illatiivin käyttöä

Kappale kaksikymmentäneljä

Mitä teit kesälomalla?

Aila:
Olin maalla kesämökillä. Olin paljon ulkona: kävelin, uin, soudin, keräsin marjoja. Usein istuin rannalla ja katselin järvelle.

Lainasin kirjastoautosta monta kirjaa ja luin paljon. Kirjoitin monta kirjettä ja postikorttia ystäville. Opiskelin unkaria.

Ritva:
Kävin Lappeenrannassa. Minulla on siellä sukulaisia ja ystäviä. Olen sieltä kotoisin. Tapasin entisiä koulutovereita. Kävin museoissa ja taidenäyttelyissä ja Lappeenrannan ortodoksisessa kirkossa, jossa oli suuri juhla.

Jukka:
Olin ensin kotona Helsingissä. Minulla oli vieraita Itävallasta. Kävimme Suomenlinnassa, Seurasaaressa, Kansallismuseossa, Temppeliaukion kirkossa ja monessa muussa paikassa. Vieraat pitivät erikoisesti merestä. Matkustimme sitten yhdessä Länsi-Suomeen, Tampereelle, Turkuun ja Raumalle.

Anneli:
Minä olin ulkomailla. Kävin Kreikassa. Se oli tavallinen turistimatka. Osallistuin kiertoajeluihin ja retkiin, tutustuin nähtävyyksiin. Makasin rannalla auringossa ja uin paljon.

Erkki:
Minun lomani meni pilalle. Sairastuin ja jouduin sairaalaan. Makasin sairaalassa monta viikkoa.

Antti:
Opiskelin. Osallistuin yliopiston pääsykokeeseen ja pääsin yliopistoon.

Sini:
Minulla ei ollut lomaa. Olin työssä, koska tarvitsen rahaa opiskeluun. Myin torilla vihanneksia. Oli hauska olla torilla, mutta muuten olin vähän yksinäinen.

Timo:
En tehnyt mitään erikoista. Meillä ei ole varaa matkustella eikä meillä ole venettä tai mökkiä tai sukulaisia maalla. Ja vaimolla oli loma eri aikaan kuin minulla. Hän kävi töissä, ja minä laitoin ruokaa. Tässä olin, kotona, katselin televisiota. Kaljalla kävin joskus, kaverien kanssa.

Jukka ja Erkki keskustelevat

Jukka: Kuulin, että sinä jouduit sairaalaan loman alussa.

Erkki: Niin jouduin. Siinä meni kyllä loma pilalle. Minulla oli tarkoitus viettää pari viikkoa Lapissa, mutta en sitten päässyt sinne.

Jukka: Mikäs on kunto nyt?

Erkki: Vähän täytyy vielä olla varovainen ja levätä.

Jukka: Niin, älä nyt rehki liikaa.

Erkki: Miten sinun lomasi meni? Kävitkö taas ulkomailla?

Jukka: En käynyt. Tällä kertaa minulla oli vieraita Itävallasta ja olin vähän niin kuin turistiopas. Oli uusi kokemus katsoa Suomen nähtävyyksiä ulkomaalaisten kanssa.

Erkki: Niin varmasti. Osaatko sinä saksaa, vai englantiako te puhuitte?

Jukka: Sekä että. Halusin puhua saksaa, mutta kun en aina muistanut sanoja, piti välillä käyttää englantia.

Erkki: Tiedätkö sinä muuten mitään Timosta?

Jukka: Joo, näin hänet äskettäin. Hän sanoi, että hän ei tehnyt lomalla mitään erikoista. Vaimo ei saanut lomaa samaan aikaan, ja niin he eivät käyneet missään. Minusta näytti, että hän oli vähän masentunut.

Erkki: Paha juttu.

Jukka: Niin on, mutta onneksi hänellä on kavereita, jotka pitävät yhteyttä.

Erkki: Se on hyvä. Minäkin voin soittaa Timolle. Mutta nyt taitaa kello olla niin paljon, että pitää kiirehtiä junaan. Terve vaan ja hyvää jatkoa!

Jukka: Samoin! Terve!

Mikäs = mikä + s [Liite -s antaa kysymykselle tuttavallisen sävyn, niin että se ei ole liian virallinen.]

Minulla ei ollut lomaa.
Minä en tehnyt mitään erikoista.

Minä olin lomalla.	Minä en ollut lomalla.
Minulla oli hauska kesäloma.	Minulla ei ollut lomaa.
Minä kävin ulkomailla.	Minä en käynyt missään.
Tapasin paljon ystäviä.	En tavannut ketään.

!

• i-tempuksen kielteinen muoto
i-tempuksen kielteinen muoto tehdään aivan eri tavalla kuin myönteinen muoto. Siinä on kaksi osaa:
kieltoverbi (en, et, ei, emme, ette, eivät) ja verbin partisiippi, jonka lopussa on **-nut/-nyt**, monikossa **-neet**.

Mitä sanoit?	En sanonut mitään.
Kysyitkö jotakin?	En kysynyt.
Kysyittekö jotakin?	Emme kysyneet.

en sanonut, et sanonut, ei sanonut
emme sanoneet, ette sanoneet, eivät sanoneet

• Partisiippi tehdään infinitiivin vartalosta.

I.	sanoa	sano-	sanonut	sanoneet
	pitää	pitä-	pitänyt	pitäneet

II.	saada	saa-	saanut	saaneet
	syödä	syö-	syönyt	syöneet

III.	olla	ol-	ol**lut**	ol**leet**
	kävellä	kävel-	kävel**lyt**	kävel**leet**

(l:n jälkeen nut/nyt, neet → lut/lyt, leet)

IV.	vastata	vasta-	vasta**nnut**	vasta**nneet**
	herätä	herä-	herä**nnyt**	herä**nneet**

V.	tarvita	tarvi-	tarvi**nnut**	tarvi**nneet**
	häiritä	häiri-	häiri**nnyt**	häiri**nneet**

IV ja V tyypissä vartaloon lisätään **n**. Partisiipissa on siis **nn**.

Mihin? Kehen?

• Muoto, joka vastaa kysymyksiin mihin? ja kehen?, on kieliopissa illatiivi.

Illatiivia käytetään

1) sellaisten verbien kanssa kuin **mennä, tulla, saapua, lähteä; panna, lähettää** jne.
   Menen tänä iltana teatteriin.
   Tulin Suomeen kesällä.
   Juna saapuu Helsinkiin kello 17.
   Lähdemme lomalla Lappiin.
   Panetko kahviin sokeria ja kermaa?
   Lähetän nämä kirjeet Ruotsiin.

2) sellaisten verbien kanssa kuin **tutustua, osallistua, rakastua, tottua** jne.
   Tutustuin häneen lomalla.
   Osallistuin kielikurssiin.
   Jorma rakastui Tuulaan.
   Totuin nopeasti Suomen kylmään ilmaan.

3) **vastata**-verbin kanssa.
   Vastaan puhelimeen.
   Vastaan kirjeeseen.
   Vastatkaa kysymykseen!
   (Mutta: Vastaan hänelle.)

4) **päästä**- ja **joutua**-verbien kanssa.
   Hän sai viisumin ja pääsi maahan.
   Hän joutui sairaalaan.

5) **jäädä**- ja **jättää**-verbien kanssa.
   En matkusta pois Helsingistä. Jään Helsinkiin.
   En mene sisään kengät jalassa. Jätän kengät eteiseen.

Yksikön illatiivin päätteet:

vokaali + n	-seen	h + vokaali + n
taloon	kirjeeseen	maahan
järveen	Lontooseen	työhön

Monikon illatiivin päätteet:

-in	-siin	-hin
metsiin	kirjeisiin	taloihin
järviin	tehtaisiin	pankkeihin
		maihin
		töihin

• Monikossa illatiivin pääte liitetään monikon vartaloon. Jos monikon vartalon lopussa on konsonantti + i, pääte on **-in**. Jos monikon vartalossa on vokaali + i, pääte on **-hin**. Jos yksikön illatiivin pääte on **-seen**, on monikon illatiivin pääte **-siin**.

päästä + mihin?

– Käykö äitisi vielä työssä?   äitisi = äiti+si = sinun äiti
– Ei. Hän pääsi eläkkeelle viime vuonna.

Naapurin pikkupoika: – Pääseekö Anssi ulos?
Anssin äiti: – Ei enää näin myöhään. Kello on jo paljon.

Matkustaja bussissa tai ratikassa toiselle matkustajalle, joka seisoo käytävällä tai oven edessä:
– Anteeksi, pääsenkö ohi?

päästä + mistä?

– Pääsitkö tentistä?
– Pääsin. Entä sinä?
– En päässyt.
– No voi!

– Mihin aikaan sinä pääset työstä tänään?
– Neljältä. Entä sinä?
– Minä pääsen tänään jo puoli neljä. Voin käydä kaupassa.
– Hyvä! Minä menen sitten suoraan kotiin.

Kesäleirillä
Museossa
Menneen ajan muoto (passiivin imperfekti)   **Kappale kaksikymmentäviisi**

Mitä leirillä tehtiin?

Mika haluaa lähteä kesällä leirille. Jari oli muutama vuosi sitten samalla leirillä, ja siksi Mika kysyy häneltä, mitä siellä tehtiin.

Jari: Siellä oli tosi paljon ohjelmaa. Mä kerron tavallisesta leiripäivästä.
Mika: Joo.
Jari: Meidät herätettiin kahdeksalta. Sitten mentiin pesulle ja pantiin vaatteet päälle. Aamupala oli puoli yhdeksältä. Yhdeksältä nostettiin lippu salkoon. Sitten siivottiin teltat ja piha, tai siis ne siivosivat, joilla oli siivousvuoro. Aamupäivällä oli sitten jotain ohjelmaa: pelattiin jotain tai tehtiin luontoretki tai uitiin, eri juttuja eri päivinä. Ne, joilla oli keittiövuoro, auttoivat keittiössä. Kahdeltatoista oli ruoka. Sitten oli hiljainen tunti.
Mika: Mitä se tarkoittaa?
Jari: Silloin me saatiin tehdä, mitä me haluttiin, mutta piti olla hiljaa.
Mika: Mitä sä silloin teit?
Jari: Tavallisesti luin jotain. Tai menin rantaan. Hiljaisen tunnin jälkeen saatiin mehua ja pullaa. Iltapäivällä liikuttiin aika paljon, leikittiin tai pelattiin tai oli vaikka joku kilpailu. Viideltä syötiin.
Mika: Oliks illallakin vielä jotain ohjelmaa?
Jari: Oli, totta kai. Me saatiin valita, mihin ryhmään me haluttiin osallistua. Ja kyllä siellä harrastettiinkin vaikka mitä! Maalattiin, piirrettiin, laulettiin, kirjoitettiin, tutkittiin kasveja. Joka toinen ilta saunottiin. Kerran yksi ryhmä esitti näytelmän, ja silloin kun oli iltanuotio, yksi poika soitti kitaraa ja me laulettiin.
Mika: Mihin aikaan siellä piti mennä nukkumaan?
Jari: Kymmeneltä, paitsi nuotioiltana puoli yksitoista. No, mitäs sanot? Luuletko että viihdyt?
Mika: Joo, varmaan. Mä en kyllä tiedä, tuleeko sinne ketään mun tuttuja.
Jari: No, siellä tutustut sitten uusiin kavereihin.
Mika: Joo.

Ja kyllä siellä harrastettiinkin vaikka mitä! = Ja kyllä siellä todella harrastettiin monia asioita:
harrastettiinkin = harrastettiin + kin [Liite **-kin** vahvistaa lauseen sisältöä.]
vaikka mitä = kaikenlaista
mennä nukkumaan: mennä + nukkua. Vertaa: mennä + Mihin? (mennä kauppaan, postiin jne.)

Tekstin uudet verbinmuodot	Infinitiivi
tehtiin	tehdä
herätettiin	herättää
nostettiin	nostaa
siivottiin	siivota
pelattiin	pelata
uitiin	uida
me saatiin	saada

me haluttiin	haluta
liikuttiin	liikkua
leikittiin	leikkiä
syötiin	syödä
harrastettiin	harrastaa
maalattiin	maalata
piirrettiin	piirtää
laulettiin	laulaa
kirjoitettiin	kirjoittaa
tutkittiin	tutkia
saunottiin	saunoa
me laulettiin	laulaa

• Passiivin i-tempus
(Kieliopissa passiivin imperfekti)

Preesens	Mennyt aika
I. puhutaan	puhuttiin
kysytään	kysyttiin
IV. vastataan	vastattiin
herätään	herättiin
V. tarvitaan	tarvittiin
häiritään	häirittiin
II. voidaan	voitiin
syödään	syötiin
III. ollaan	oltiin
mennään	mentiin

Jos preesensissä on t (-taan/-tään), i-tempuksessa on tt (-ttiin).
Jos preesensissä on jokin muu konsonantti, i-tempuksessa on t (-tiin).

• Kielteinen muoto:
Kieltosana + partisiippi. – Partisiippi tehdään samasta vartalosta kuin myönteinen muoto, ja sen tunnus on -ttu/-tty tai -tu/-ty.

Preesens	Mennyt aika, myönteinen	Mennyt aika, kielteinen
puhutaan	puhuttiin	ei puhuttu
kysytään	kysyttiin	ei kysytty
vastataan	vastattiin	ei vastattu
herätään	herättiin	ei herätty
tarvitaan	tarvittiin	ei tarvittu

häiritään	häirittiin	ei häiritty
voidaan	voitiin	ei voitu
syödään	syötiin	ei syöty
ollaan	oltiin	ei oltu
mennään	mentiin	ei menty

Jos myönteisessä muodossa on **-ttiin**, kielteisessä muodossa on **-ttu/-tty**.
Jos myönteisessä muodossa on **-tiin**, kielteisessä muodossa on **-tu/-ty**.

• Puhekielessä nämäkin muodot voivat olla me-pronominin kanssa ja tarkoittaa samaa kuin tavallinen monikon 1. persoona:
Silloin me saatiin tehdä, mitä me haluttiin. = Silloin me saimme tehdä, mitä halusimme.
Me saatiin valita, mihin ryhmään me haluttiin osallistua. = Me saimme valita, mihin ryhmään halusimme osallistua.
Me laulettiin. = Me lauloimme.

Sari käy museossa

Eräällä kaupunkimatkalla Sari halusi mennä museoon, mutta silloin Tuulalla ei ollut aikaa viedä häntä sinne. Mutta myöhemmin Sari pääsi isoäidin kanssa museoon. Hän oli hyvin kiinnostunut esineistä ja myös vanhoista valokuvista. Isoäiti selitti hänelle, mitä esineillä ennen tehtiin, ja Sarilla oli paljon kysymyksiä.

Sari katsoi erityisen tarkasti huoneita, jotka näyttivät, miten kaupungissa ennen asuttiin, minkälaisia huonekaluja ja koriste-esineitä kodeissa oli ja millaisia astioita käytettiin. Museossa oli myös huone, jossa oli vanha kauppa. Isoäiti kertoi, että ennen ei otettu itse tavaroita hyllyiltä, vaan asiakkaat sanoivat myyjälle, mitä he halusivat ostaa, ja myyjä antoi tavarat.

Sari viipyi kauan myös vanhassa koululuokassa. – Katso, mummo, minkälaiset pulpetit! hän ihmetteli. Jokaisessa pulpetissa istui kaksi koululaista vierekkäin. Isoäiti kertoi, että koululaisten piti nousta seisomaan, kun he vastasivat opettajan kysymykseen. Myös silloin noustiin, kun opettaja tuli luokkaan.

Kun Saria alkoi väsyttää, isoäiti sanoi: – Lähdetään nyt kotiin ja tullaan tänne joskus uudestaan! Kotimatkalla junassa Sari istui hiljaa ja ajatteli museon ihmeitä.

nousta seisomaan: nousta + seisoa. Vertaa: nousta + Mihin? (nousta bussiin jne.)

Suunnitelmia
Objekti

Kappale kaksikymmentäkuusi

Perhe tarvitsee isomman talon

Jorma ja Tuula keskustelivat usein siitä, että heidän talonsa oli liian pieni. Lopulta he päättivät rakentaa taloon lisäosan ja tilasivat sitä varten arkkitehdiltä piirustukset. Sitten he tarvitsivat rakennusluvan. He ottivat selvää, mitkä asiakirjat he tarvitsivat hakemusta varten, ja hankkivat ne. Siihen kului paljon aikaa. Neuvoja he saivat kunnan viranomaisilta. He täyttivät hakemuslomakkeen ja lähettivät sen ja liitteet viranomaisille.

Kahden kuukauden kuluttua Virtaset saivat vastauksen: rakennuslupa myönnettiin. Seuraava kesä ja syksy kuluivat rakennustöissä. Jorma ja Tuula tekivät paljon itse, mutta heillä oli myös ulkopuolisia työntekijöitä: kirvesmies, sähköasentaja ja putkimies. Uuteen osaan tehtiin sauna ja pesutilat ja kaksi huonetta Jaria ja Mikaa varten. Uuteen osaan vie ovi vanhan talon kuistilta, ja saunan pukuhuoneesta pääsee myös ulos uudelle terassille.

Syksyllä pojat muuttivat uusiin huoneisiinsa. Sari sai Jarin ja Mikan vanhan huoneen, eikä hänen enää tarvinnut nukkua olohuoneessa. Kaikki olivat tyytyväisiä.

pojat muuttivat uusiin huoneisiinsa: huoneisiinsa = huoneisiin+nsa [Liite -**nsa** on sanassa siksi, että sana viittaa lauseen subjektiin pojat.]

Pikku remontti

Kun Virtasen talon uusi osa oli valmis, Tuula ja Jorma päättivät tehdä vielä keittiössä pienen remontin.
Jorma: Onneksi täällä ei tarvitse tehdä kovin paljon. Riittää, jos seinät ja katto maalataan.
Tuula: Minä voin maalata seinät, jos sinä maalaat katon.
Jorma: Se sopii. Tehdään niin.
Jari: Kyllä minäkin voisin maalata.
Tuula: Voisitko sinä auttaa yläkerrassa? Siellä pitää maalata keittokomeron kaapit, ja se on iso työ, kun ensin pitää poistaa vanha maali.
Jari: Jaa, no joo, mikäs siinä. Kai mä osaan?
Jorma: Kyllä minä neuvon.

Remontti tehtiin viikonloppuna. Tuula ja Jorma maalasivat keittiön seinät ja katon. Jari poisti vanhan maalin keittokomeron kaapeista ja maalasi kaapit.

Remontin jälkeen isoäiti osti uuden pöydän. Vanhan pöydän hän antoi naapureille. Naapurit hakivat sen isoäidin huoneesta.

Verbin seuralaiset lauseessa

• Predikaattiverbi määrää, missä muodossa lauseen nominit ovat.
Esimerkiksi:

Missä asut?	Asun kaupungi**ssa**.
Missä käyt?	Käyn kaupa**ssa**.
Mihin menet?	Menen kauppa**an**.
Mistä pidät?	Pidän kuki**sta**.
Kenelle soitat?	Soitan ystävä**lle**.

Monet verbit tarvitsevat lauseessa nominin, joka vastaa kysymykseen **mitä?** Esimerkiksi:

Mitä opiskelet?	Opiskelen suomea.
Mitä ostat?	Ostan suklaata.
Mitä kysyit?	Kysyin puhelinnumeroa.

• Nomini, joka vastaa kysymykseen mitä?, on **objekti**.

• Suomen kielessä objektin sijamuoto vaihtelee.

Kysymys	Vastaus
Mitä söit aamulla?	Söin leipää ja juustoa.
	Söin omenan.
Mitä ostat?	Ostan lehden.
	Ostan lehtiä.
Mitä teet illalla?	Katson televisiota.
	Siivoan keittiön.
Mitä unohdit?	Unohdin silmälasit kotiin.

Kappaleissa 26 ja 27 selitetään, mistä objektin muoto riippuu.

Objekti
Objekti I, "tulos-objekti"

Pääte yksikössä **-n**, monikossa **-t**

Jorma ja Tuula tekevät/tekivät remonti**n**.
Jorma maalaa/maalasi kato**n**.
Isoäiti ostaa/osti uude**n** pöydä**n**.
Hän antaa/antoi vanha**n** pöydä**n** naapureille.
Naapurit hakivat se**n** mummon huoneesta.

Jorma maalaa/maalasi seinä**t**.
Jari maalaa/maalasi kaapi**t**.

• Kun toiminnalla on lopputulos ja objekti tarkoittaa tiettyä määrää, kokonaisuutta, käytetään "tulos-objektia" (päätteitä **-n** ja **-t**).

"Tulos-objekti" on yksikössä samannäköinen kuin genetiivi ja monikossa sama kuin nominatiivi (**t** on monikon tunnus).

! •

Huomaa:
Jorma ja Tuula tekevät remontin.
    Tässä <u>tekevät</u> on futuuri: he suunnittelevat työn.
Jorma ja Tuula tekivät remontin.
    Remontti oli sen jälkeen valmis.

• Mitä tarkoittaa, että toiminnalla on lopputulos ja että objekti tarkoittaa tiettyä määrää, kokonaisuutta?

Aion syödä tuon omenan.
    Määrä: yksi omena.
    Tulos: Sen jälkeen koko omena on poissa.

Syön joka päivä yhden omenan.
    Määrä: yksi omena.
    Tulos: Joka päivä yksi omena katoaa.

Söin aamulla ison, punaisen omenan.
    Määrä: yksi omena.
    Tulos: Nyt minulla ei enää ole sitä omenaa.

Ostan huomenna sanakirjan.
    Määrä: yksi sanakirja.
    Tulos: Sitten minulla on sanakirja.

Haluan sulkea ikkunan.
    Määrä: yksi ikkuna.
    Tulos: Sitten ikkuna on kiinni.

Avaan aamulla ikkunan heti kun herään.
    Määrä: yksi ikkuna.
    Tulos: Sitten ikkuna on auki.

Avasin (kaikki) ikkunat.
    Määrä: kaikki ikkunat, jotka siinä paikassa ovat.
    Tulos: Jokainen ikkuna on nyt auki.

Panen uudet kirjat hyllylle.
> Määrä: tietty määrä (tiedämme, kuinka monta uutta kirjaa on;
> tiedämme, kuinka monesta kirjasta puhumme).
> Tulos: Sen jälkeen ne kirjat – kaikki uudet kirjat – ovat hyllyllä.
> Esimerkiksi pöydällä ei ole yhtään uutta kirjaa sen jälkeen.

Tapahtuu selvä muutos.

• Yksikön tulosobjektilla on myös sellainen muoto, jossa ei ole päätettä
(= nominatiivi).

Vertaa:

-n-pääte
Me teemme remontin.
Jorma maalasi katon.

Ei päätettä
Meidän täytyy tehdä remontti.
Me tehdään remontti.
Tehdään remontti!
Jorma, maalaa katto!
Maalatkaa tämä seinä ja katto!

Jos lauseessa on nominatiivisubjekti ja tavallinen verbin persoonamuoto, tulosobjektissa on
n-pääte.
Jos verbi on esim. täytyy tai passiivimuoto tai imperatiivi, tulosobjektissa ei tarvita päätettä.

• Monikossa tulosobjektissa on aina -t.
Me maalaamme seinät.
Meidän täytyy maalata seinät.
Maalatkaa seinät!

Jorma ja Tuula tekevät remonttia

On lauantaiaamu. Tuula ja Jorma tekevät remonttia keittiössä. Tuula maalaa seinää ja Jorma
maalaa kattoa.
Mika: Huh, miten kamala haju.
Jorma: Joo, maali haisee vähän aikaa. Sari meni mummon kanssa ulos kävelemään, mene
sinäkin.
Mika: Mä otan ensin teistä valokuvan, jooko?
Tuula: Ota vaan! Ota sitten kuva myös Jarista.
Mika: Missä Jari on?
Tuula: Jari maalaa yläkerrassa mummon kaappeja.
Mika: Ai jaa, siksi mummon ovessa on lappu: Pääsy kielletty.

jooko? = sopiiko?

Ota vaan! [vaan-sanaa käytetään imperatiivin yhteydessä, kun annetaan lupa tehdä jotakin.]

Pääsy kielletty. = Ei saa tulla. [kielletty < kieltää]

Tässä naapurit kantavat isoäidin vanhaa pöytää yläkerrasta alas.

Objekti II, "prosessi-objekti"

Prosessiobjektin muoto on partitiivi.

Jorma ja Tuula tekevät remonttia.

Jari maalaa kaappeja.

Naapurit kantavat vanhaa pöytää yläkerrasta alas.

• Jos emme puhu toiminnan tuloksesta, vaan puhumme toiminnasta, joka juuri tapahtuu, käytämme partitiivia.

Esimerkiksi:

Isoäiti ei voi nyt olla huoneessaan, koska Jari maalaa siellä kaappeja.

Kun menin eilen Virtaselle, Jorma ja Tuula tekivät juuri remonttia.

Jorma maalasi juuri silloin kattoa.

huoneessaan = huoneessa+an [Liite **–an** on sanassa siksi, että sana viittaa lauseen subjektiin isoäiti.]

Hei, mitä puistossa tapahtuu?

– Katso! Mitä tuo mies tekee?

– Se sahaa tuota koivua!

– Onkohan se kaupungin puutarhuri?

– Ei kai puutarhuri näin myöhään illalla ole työssä.

– Nyt se sahasi ison oksan irti puusta!

– Mitä se nyt aikoo?

– Se menee toisen puun luokse.

– No nyt se sahaa sitä! Kamala, jos se kaataa koko puun!
– Mennään sen luokse! Kysytään, mitä se oikein tekee.
– En minä uskalla.
– Se on nopea. Nyt se on puistonpenkin vieressä.
– Niin, ja sahaa sitä.
– Se sahasi penkistä jalat.
– Hei, kyllä meidän täytyy tehdä jotakin.
– Soitetaan poliisille!

• Suomen kielessä on paljon sellaisia verbejä, joiden objekti on aina (tai melkein aina) partitii-
vissa. Sellaiset verbit ilmaisevat toimintaa, jolla ei ole selvää tulosta. Ei tapahdu muutosta.
Esimerkiksi:

Odotin kauan bussia.
Saanko auttaa teitä?
Ajattelen sinua usein.
Rakastan sinua.
Pelkään ukkosta.

Pieni rakkauskirje

Rakas ystävä!
Minulla on ikävä sinua. Ajattelen sinua usein. Haluaisin tavata sinut pian. Milloin tulet tänne?
Odotan sinua. Rakastatko vielä minua?

minulla on ikävä + partitiiviobjekti
Minulla on ikävä sinua.
Lapsella on ikävä äitiä.

Haluaisin tavata sinut.

• Persoonapronominien tulosobjektin pääte on -t:
minut, sinut, hänet, meidät, teidät, heidät.

Verratkaa:
Tapaan ystävä**n**.   Tapaan häne**t**.

Persoonapronominien partitiivi:
minua, sinua, häntä, meitä, teitä, heitä.

Arkipäivän tilanteita
Objekti

Kappale kaksikymmentäseitsemän

Kaupungissa ostoksilla

Tuula ja Sari olivat kaupungissa ja kävivät uudessa tavaratalossa. Pohjakerroksessa oli ruoka-tavaroita. Tuula ja Sari eivät menneet sinne, vaan kävelivät kosmetiikkaosastolle, ja Tuula osti sampoota, kasvovettä ja käsivoidetta. Sitten he menivät paperiosastolle, ja Tuula osti kyniä, postikortteja ja kirjekuoria ja Sarille hauskoja tarroja.

Toisessa kerroksessa, vaateosastolla Tuula osti alusvaatteita ja sukkia ja kolme T-paitaa. Sarille hän osti farkut ja polvisukat. Hän halusi ostaa itselleen kengät, mutta ajatteli, että hän voi tulla myöhemmin uudestaan ostoksille ja sovittaa kenkiä kaikessa rauhassa.

Tuula ja Sari kävivät jokaisessa kerroksessa ja katselivat kaikkea: kodinkoneita, lakanoita, tyynyjä ja pyyheliinoja, lamppuja, mattoja ja verhoja, kuppeja ja lautasia, leluja ja pelejä. Tuula osti Sarille muistipelin ja Mikalle tuhannen palan palapelin. Jari tarvitsi muutamia uusia kirjoja, ja Tuulalla oli mukana lista niistä. Hän osti ne.

– Nyt minun tekee mieli kahvia, Tuula sanoi. He joivat kahvia ja söivät jäätelöä tavaratalon kahviossa. Sitten he lähtivät tavaratalosta kassit täynnä tavaroita. Matkalla asemalle he kävivät kukkakaupassa ja ostivat ruusuja.

Tuula osti sampoota, kasvovettä ja käsivoidetta.
• Emme tiedä, kuinka monta pulloa tai purkkia Tuula osti. Tiedämme vain, mitä tuotteita Tuula osti.

Tuula osti kyniä, postikortteja, kirjekuoria ja tarroja.
• Emme tiedä, kuinka monta kynää, postikorttia, kirjekuorta ja tarraa Tuula osti. Tiedämme, että niitä oli monta.

Tuula osti alusvaatteita ja sukkia.
• Emme tiedä, kuinka paljon alusvaatteita ja sukkia Tuula osti. Tiedämme, että niitä oli monta.

He joivat kahvia ja söivät jäätelöä.
• Emme tiedä, kuinka paljon he joivat ja söivät. Tiedämme vain, mitä he joivat ja söivät.

He kävivät kukkakaupassa ja ostivat ruusuja.
• Emme tiedä, kuinka monta ruusua he ostivat, mutta tiedämme, että niitä oli enemmän kuin yksi.

Tuula osti kolme T-paitaa.
• Lukusana kertoo, kuinka monta paitaa hän osti.

Tuula osti Sarille farkut ja polvisukat.
• Monikon nominatiivi ilmaisee, että Tuula osti yhdet farkut ja yhden parin polvisukkia.

Tuula halusi ostaa itselleen kengät.
• Monikon nominatiivi ilmaisee, että Tuula halusi ostaa <u>yhden kenkäparin</u>.

<u>Objekti III, "osa-objekti"</u>
Osaobjekti on partitiivissa.

• Kun emme tiedä tai emme sano, kuinka monta tai kuinka paljon jotakin objektiin kuuluu, käytämme partitiivia.

Tällainen objekti on
– ainesana
– abstraktisana
– monikkomuoto (joka tarkoittaa monia tai muutamia).

Vertaa:

<u>Epätarkka määrä</u>	<u>Tarkka määrä</u>
Tuula joi kahvia.	Tuula joi pienen kahvin. ["pieni kahvi" on annos]
Haluatko suklaata?	Haluatko suklaapatukan?
Vauva söi banaania.	Vauva söi banaanin. [= koko banaanin]
Ostan näitä ruusuja. [= muutamia näistä]	Ostan nämä ruusut. [= kaikki]
Ostan sukkia. [= muutamia pareja]	Ostan sukat. [= yhden parin]
Tapasin koulun opettajia.	Tapasin koulun opettajat.
Maksoin muutamia laskuja.	Maksoin kaikki laskut.
Tarvitsen rahaa.	Tarvitsen kolikon.
Kuuntelen musiikkia.	Kuuntelen musiikkiohjelman alusta loppuun.

Huomaa myös:
    Puhun suomea ja ruotsia.
    Opiskelen matematiikkaa ja fysiikkaa.

!

Kuka osti kukkia?

Hän osti kukan.

Hän osti kukkia. Hän osti kuusi kukkaa.

Hän osti kukat.

Huomaa:

Tuula ajatteli, että hän voi tulla myöhemmin uudestaan ostoksille ja sovittaa kenkiä kaikessa rauhassa.
He katselivat kaikkea: kodinkoneita, lakanoita, tyynyjä ja pyyheliinoja, lamppuja, mattoja ja verhoja, kuppeja ja lautasia, leluja ja pelejä.

• Verbeillä sovittaa ja katsella on partitiiviobjekti.

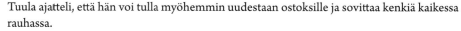

Kaikki ei aina onnistu

Erik oli lähdössä Helsingistä Poriin ja Turkuun. Hän aikoi lähteä aamun ensimmäisellä junalla mutta ei herännyt ajoissa ja myöhästyi junasta. Hän ei sitten saanut paikkaa seuraavaan junaan,

ja niin hänen täytyi odottaa kaksi tuntia.

Kun Erik lopulta pääsi junaan, hän oli niin väsynyt, että nukahti vähän ennen Hämeenlinnaa. Siksi hän ei nähnyt junan ikkunasta kaupungin tärkeintä nähtävyyttä, Hämeen linnaa. Hän heräsi vasta, kun juna oli jo kaukana siitä. Hänen teki mieli kahvia ja ruisleipää, ja hän odotti tarjoilukärryä. Siinä ei kuitenkaan ollut enää ruisleipää, eikä Erik halunnut viineriä eikä muuta pullaa.

Erikin täytyi vaihtaa Tampereella junaa. Hän ei heti löytänyt oikeaa laituria, mutta ehti kuitenkin Porin-junaan. Hän aikoi tavata Porissa erään kaverinsa, mutta kun hän soitti tämän numeroon, kukaan ei vastannut. – Jaaha, hän ajatteli, ilmeisesti kaveri ei saanut viestiä ajoissa.

Erik on kiinnostunut linnoista ja sellaisista kaupungeista, joiden keskustassa virtaa joki. Niinpä hän Porissa käveli Kokemäenjoen rantaan. Hän otti joesta valokuvia ja viipyi rantatiellä ja silloilla niin kauan, että hänelle lopulta tuli kiire, ja hänen täytyi juosta linja-autoasemalle.

Erik matkusti bussilla Turkuun. Kun hän tuli perille, oli jo ilta. Hän ei löytänyt keskustasta halpaa hotellihuonetta, mutta pääsi retkeilymajaan neljän hengen huoneeseen. Hän ei saanut illalla heti unta, mutta kun hän nukahti, hän nukkui sikeästi koko yön.

Seuraava päivä oli mukava. Erik vietti monta tuntia Turun linnassa ja sen museoissa. Iltapäivällä hän kierteli kaupungin keskustassa, kauppatorilla ja Aurajoen rantakaduilla ja silloilla. Hän kuunteli ihmisten puhetta, mutta ei ymmärtänyt turkulaisten murretta. Sen hän tiesi, että Turussa ollaan joko "täl puol jokke" tai "tois puol jokke" eli Aurajoen "tällä puolella" tai "toisella puolella". Illalla Erik matkusti takaisin Helsinkiin.

kaverinsa = kaveri+nsa [Liite **-nsa** on sanassa siksi, että sana viittaa lauseen subjektiin <u>hän</u>.]

Erik ei saanut paikkaa seuraavaan junaan.
Hän ei nähnyt junan ikkunasta kaupungin tärkeintä nähtävyyttä, Hämeen linnaa.
Erik ei halunnut viineriä eikä muuta pullaa.
Hän ei heti löytänyt oikeaa laituria.
Kaveri ei saanut ajoissa viestiä.
Erik ei löytänyt keskustasta halpaa hotellihuonetta.
Hän ei saanut illalla heti unta.
Hän ei ymmärtänyt turkulaisten murretta.

• Näissä lauseissa objektit ovat partitiivimuodossa.

Objekti IV, kielteisen lauseen objekti

Kielteisen lauseen objekti on partitiivissa.

Verratkaa:

Myönteinen lause	Kielteinen lause
(Objektin muoto vaihtelee)	(Objektin muoto aina partitiivi)
Ostan auton.	En osta autoa.
Syön koko appelsiinin.	En syö koko appelsiinia.
Tunnen hänet.	En tunne häntä.
Syön juustoa.	En syö juustoa.

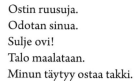

Ostin ruusuja.	En ostanut ruusuja.
Odotan sinua.	En odota sinua.
Sulje ovi!	Älä sulje ovea!
Talo maalataan.	Taloa ei maalata.
Minun täytyy ostaa takki.	Minun ei tarvitse ostaa takkia.

Huomaa myös seuraavien lauseiden partitiivi.

Partitiivi ilmaisee sen, mitä jossakin paikassa <u>ei ole</u>.
   Tarjoilukärryssä ei ollut enää ruisleipää.

Samoin partitiivi ilmaisee. mitä jollakin ihmisellä ei ole.
   Erikillä ei ole paikkalippua.
   Minulla ei ole kameraa.

Kokemuksia
Menneen ajan muoto (perfekti)   **Kappale kaksikymmentäkahdeksan**

Erikin kirje

Hei!

Arvaa, mitä olen tehnyt monta päivää! Olen opiskellut eläinten ja kasvien nimiä ja muita tärkeitä sanoja suomeksi. Huomenna teen nimittäin jotakin sellaista, mitä en ole koskaan ennen tehnyt. Eräs tuttavani, joka opettaa koulussa biologiaa ja maantiedettä, pyysi, että tulen koulun luonto-kerhon kokoukseen ja kerron jotakin oman maani luonnosta. Luontokerho kokoontuu kerran kuussa ja tekee kerran kuussa retken johonkin. Huomenna kokoonnutaan koulussa. Minulla on kuvia kotimaani maisemista, eläimistä ja kasveista. Aion näyttää ne ja kertoa niiden avulla jotakin.

Toivon, että kaikki sujuu hyvin ja että koululaiset ymmärtävät minua. Toivon myös, että he kysyvät minulta jotakin mutta eivät kysy liian vaikeita asioita. Luulen, että he kysyvät jotakin luonnonsuojelusta, ja olen ottanut selvää siitä, missä meillä on luonnonsuojelualueita, mitkä eläimet ja kasvit ovat rauhoitettuja, miten jätteet lajitellaan, mitä kierrätetään jne.

Kotimaani ja Suomen maisemat ovat hyvin erilaiset. Sen voi nähdä kartastakin. Toivon, että kuvat, jotka näytän, kiinnostavat koululaisia. Olen ottanut ne itse sellaisissa paikoissa, joista minä pidän ja joissa olen usein käynyt.

Nyt minun täytyy lopettaa. Järjestän vielä kuvat ja paperit tänä iltana, niin että kaikki on varmasti kunnossa huomenna.

Terveisiä kaikille!
Erik

eräs tuttavani: tuttavani = tuttava + ni = minun tuttava
kotimaani maisemista: kotimaani = kotimaan + ni = minun kotimaan [genetiivi]
kotimaani ja Suomen maisemat = minun kotimaan ja Suomen maisemat
kartastakin = kartasta+kin = myös kartasta

Tekstin uudet verbinmuodot:

Perfekti	Infinitiivi
olen tehnyt	tehdä
olen opiskellut	opiskella
en ole tehnyt	tehdä
olen ottanut	ottaa
olen käynyt	käydä

Mennyt aika

1) i-aikamuotoa käytetään silloin, kun puhutaan tietystä ajankohdasta, joka on jo mennyt, toiminnasta, joka on loppunut.
Soitin hänelle eilen.
Kävin viime vuonna Kreikassa.
Hän kuoli vuonna 1982.
Kaupat suljettiin eilen jo kello kuusi.
En soittanut hänelle eilen. Soitin vasta tänä aamuna.
Kävin Kreikassa, mutta en käynyt Ateenassa. (Tiedämme, mistä matkasta hän puhuu.)

2) Suomessa on myös toinen verbinmuoto, joka ilmaisee mennyttä aikaa. Siinä on **olla**-verbin persoonamuoto ja pääverbin partisiippi:

olen puhunut	olemme puhuneet
olet puhunut	olette puhuneet
on puhunut	ovat puhuneet

Kielteinen muoto:

en ole puhunut	emme ole puhuneet
et ole puhunut	ette ole puhuneet
ei ole puhunut	eivät ole puhuneet

• Tätä muotoa käytetään
a) Kun puhutaan menneestä ajasta yleisesti, ei tietystä ajankohdasta (ei sanota, milloin toiminta on tapahtunut).
Oletko käynyt Roomassa?
Olen käynyt Roomassa kaksi kertaa.
En ole käynyt Roomassa.
b) kun puhutaan toiminnasta, joka on alkanut ennen nykyhetkeä ja jatkuu vielä.
Kuinka kauan olet nyt asunut Suomessa?
Olen ollut Suomessa jo viisi kuukautta.
c) kun puhutaan toiminnasta, jota puhuja ei ole itse nähnyt; nähdään vain seuraukset, jäljet.
Kuka on polttanut täällä tupakkaa?
Joku on käynyt huoneessani.
Katso, yöllä on satanut lunta!

huoneessani = huoneessa+ni = minun huoneessa

Kieliopissa tämän muodon nimi on perfekti.

Esimerkkejä:

a)
– Oletko käynyt Turussa?
– Olen.

– Oletteko käyneet Porissa?
– Olemme.

– Oletko käynyt Oulussa?
– Olen. Olen käynyt siellä monta kertaa.

– Oletko käynyt Porvoossa?
– Olen. Kävin siellä viime kesänä.
– Oletko käynyt Stadionin tornissa?
– En ole. En pidä korkeista paikoista. En ole koskaan käynyt näkötornissa.

– Mihin haluaisit mennä Helsingissä?
– Suomenlinnaan. En ole käynyt siellä pitkään aikaan.

– Oletko lukenut Jörn Donnerin kirjoja?
– Olen lukenut muutamia. Viimeksi luin kirjan, jonka nimi on "Sverigeboken". Sen suomennoksen nimi on "Matka vieraaseen maahan".
– Luitko sinä sen ruotsiksi?
– Kyllä. En ole lukenut yhtään Donnerin kirjaa suomeksi.

– Mitä tiedät Jörn Donnerista?
– Hän on syntynyt vuonna 1933 Helsingissä. Hän on kirjoittanut romaaneja ja novelleja, matkakirjoja, raportteja ja esseitä ja elokuvakäsikirjoituksia. Hän on ohjannut ja tuottanut elokuvia. Niin sanotaan kirjassa, jonka nimi on "Miten kirjani ovat syntyneet". Siinä kirjailijat kertovat työstään.   kirjani = kirjat+ni = minun kirjat

Huomaa:
Kun puhutaan ihmisestä, joka elää, käytetään perfektimuotoa, vaikka sanotaan syntymävuosikin: Hän on syntynyt vuonna 1933. Samoin: Minä olen syntynyt vuonna ......

!

b)
– Hei! Oletko vielä saunassa?
– Olen.
– Sinun täytyy tulla jo pois. Olet ollut siellä liian kauan.

– Saanko jo lehden?
– Et ihan vielä. Luen sitä vielä.
– Sinä olet lukenut sitä jo yli puoli tuntia.
– Saat sen ihan kohta.

– Sinä puhut hyvin suomea. Kuinka kauan olet ollut Suomessa?
– Olen ollut Suomessa vasta pari kuukautta, mutta olen opiskellut suomea jo pari vuotta. Minä aloitin opiskelun kotimaassani.

kotimaassani = kotimaa+ssa+ni [Liite **–ni** on sanassa siksi, että sana viittaa lauseen subjektiin minä.]

c)
– Viime yönä on satanut. Maa on ihan märkä.
– Niin. Minä kuulin kun satoi. Satoi pari tuntia.
– Mihin aikaan?
– Kolmen maissa se alkoi, ja vasta viideltä sade lakkasi.
– Heräsitkö sinä jo kolmelta?
– Heräsin, enkä saanut enää unta. Olen viime aikoina nukkunut huonosti. Tai kyllä minä illalla nukun hyvin, mutta herään hirveän aikaisin aamulla.
– Mistä se johtuu? Onko sinulla huolia?
– En minä tiedä. Ei minulla mitään erikoista syytä ole. Ehkä se menee ohi.

– Katso! Mikähän eläin tästä on mennyt? Tunnetko sinä nämä jäljet?
– Ne ovat hirven jäljet. Siitä on mennyt hirvi.
– Oletko sinä joskus nähnyt hirven?
– Olen kerran nähnyt, mutta se oli aika kaukana.
– Onneksi! Minä ainakin pelkään hirviä.

mikähän eläin: mikähän = mikä+hän [Liite **–hän** antaa kysymykselle retorisen sävyn; kysyjä ei odota, että toisen täytyy tietää vastaus.]

– Kuka on ottanut sanomalehden? Se oli vielä äsken tässä.
– En tiedä. Minä en ole vielä lukenut sitä.
– Missä se voi olla?
– Onko se tämä?
– On... Mutta mitä sille on tapahtunut?
– Tuota... Koira on repinyt sen.

Milloin se tapahtui?
viime vuonna, vuonna 1982
tänä aamuna, viime yönä
aamulla, päivällä, illalla, yöllä
kolmen maissa, kolmelta, viideltä

Se on tapahtunut tai alkanut
joskus, kauan sitten

Sitä ei ole tapahtunut
koskaan, ikinä, pitkään aikaan

Kylä on muuttunut
Siivouspäivä
Menneen ajan muoto (passiivin perfekti) **Kappale kaksikymmentäyhdeksän**

Kylä on muuttunut

Anni Virtanen, Jorman sukulainen, tuli käymään Virtasilla. Hän kävi kylässä viimeksi kauan sitten, kun hän oli vielä koululainen. Nyt hän huomasi, että kylä ei ollut enää samanlainen kuin silloin.

Anni ja Jorman äiti kävelivät kylässä ja keskustelivat muutoksista.
– Muistanko oikein, että tuossa aseman lähellä oli pieni kauppa?
– Kyllä. Se on purettu, samoin kuin kaksi muutakin vanhaa kauppaa. Ne purettiin jo monta vuotta sitten. Uudet kaupat ovat tuolla keskustassa.
– Myllykin on poissa.
– Niin on. Myös meijerin toiminta on lopetettu. Ja tiilitehdas paloi kauan sitten.
– Mutta saha toimii.
– Niin, ja sitä on laajennettu, kuten huomaat. Saha on kunnan tärkein työnantaja. Mutta rautatie-asema ei ole enää niin vilkas kuin ennen. Asemarakennus on kuitenkin säilytetty, vaikka siinä ei enää ole toimintaa. Se on myyty eräälle perheelle.
– Aseman puisto on aika kaunis, mutta tuolla kunnantalon pihalla ei ole enää suuria koivuja.
– Ei niin. Ne on kaikki kaadettu. Osa niistä oli liian huonossa kunnossa, ja osa piti kaataa silloin, kun alettiin rakentaa uutta kunnantaloa.
– Kävellään vielä tuonne urheilukentälle päin. Silloin, kun kävin täällä viimeksi, alettiin kenttää juuri rakentaa.
– Kierretään kentän ympäri tuonne mäen päälle ja kävellään sieltä takaisin toista tietä pitkin, niin näet, miten paljon uusia taloja tänne on rakennettu.
– Kyllä tämä kylä on tosiaan muuttunut paljon.
–Niin. Sinä et ole käynyt täällä pitkään aikaan ja näet nyt yhtäkkiä paljon uutta. Me olemme täällä nähneet muutokset vähitellen.

myllykin = myös mylly

Tekstin uudet verbinmuodot

Passiivin perfekti	Infinitiivi
on purettu	purkaa
on lopetettu	lopettaa
on laajennettu	laajentaa
on säilytetty	säilyttää
on myyty	myydä
on kaadettu	kaataa
on rakennettu	rakentaa

Vertaa:

Sanotaan, kuka tai mikä on tehnyt	Ei sanota, kuka on tehnyt
Omistaja on purkanut rakennuksen.	Rakennus on purettu.
Meijeri on lopettanut toimintansa.	Meijerin toiminta on lopetettu.
Joku on kaatanut koivut.	Koivut on kaadettu.
Ihmiset ovat rakentaneet uusia taloja.	Kylään on rakennettu uusia taloja.

• Lauseissa on verbin perfektimuoto. Perfektissä on olla-verbin muoto ja pääverbin partisiippi. Kun lauseessa on subjekti eli tekijä tunnetaan, partisiipin lopussa on -**nut**/-**nyt**, monikossa -**neet**.
Kun tekijä on tuntematon, verbin osat ovat **on** ja passiivin partisiippi, jonka lopussa on -**ttu**/-**tty** tai -**tu**/-**ty**. Kielteisessä muodossa on **ei ole** ja partisiippi.

I. sanotaan	sanottiin	on sanottu	ei ole sanottu
IV. vastataan	vastattiin	on vastattu	ei ole vastattu
V. valitaan	valittiin	on valittu	ei ole valittu
II. voidaan	voitiin	on voitu	ei ole voitu
III. ollaan	oltiin	on oltu	ei ole oltu

Huomaa:
Koivu **on** kaadettu. Koivut **on** kaadettu.
Verbi on passiivin perfektissä aina yksikön muodossa. Esimerkkilauseissa sanat koivu ja koivut ovat objekteja; ne eivät vaikuta verbin muotoon.

Sinä et ole käynyt täällä pitkään aikaan.

Illatiivi pitkään aikaan ilmaisee tällaisessa kielteisessä lauseessa sen, kuinka kauan tilanne on jatkunut.

Samoin esimerkiksi:
En ole tavannut häntä moneen päivään.
Hän ei ole soittanut minulle moneen viikkoon.

Siivouspäivän keskusteluja

– Nyt siivotaan!
– Mitä tehdään?
– Pestään ikkunat, tuuletetaan vaatteet, järjestetään keittiön kaapit, imuroidaan lattiat ja... Sinä saat viedä tyhjät pullot kauppaan ja vanhat lehdet paperinkeräykseen.

Sitten siivottiin. Ikkunat pestiin, vaatteet tuuletettiin, keittiön kaapit järjestettiin ...

– Eikö keitetä välillä kahvia?
– Keitetään vaan. Nythän tässä on jo suurin osa tehty. Ikkunat on pesty ja vaatteet tuuletettu, keittiön kaapit on järjestetty...
– Kahvin jälkeen minä kannan nuo pullot kauppaan ja lehdet ulos. Toivottavasti paperinkeräyslaatikko ei ole ihan täynnä.
– Minä imuroin sillä aikaa lattian.

Nythän tässä on jo suurin osa tehty: nythän = nyt + hän [Liite –**hän** ilmaisee, että asia on tuttu molemmille.]

– Älä tule sisään likaiset kengät jalassa! Lattiat on juuri imuroitu. Jätä kengät eteiseen!
– Joo joo.
– Älä jätä takkia tuolille! Pane se naulakkoon!
– Juu juu.
– Älä sekoita sitä kaappia! Tavarat on juuri pantu järjestykseen.
– En en. Ai täällä on siivottu?
– Niin on. Sinunkin huoneesi on siivottu.
– Et kai sä heittänyt mitään?
– En heittänyt. Tiedänhän minä, ettei sinun tavaroihisi saa kukaan koskea.

sinunkin huoneesi = myös sinun huone; huoneesi = huone + si [Liite –**si** on sanassa siksi, että edellä on sana sinun.]
Et kai sä heittänyt mitään? = Ethän sinä vain heittänyt mitään? / Toivottavasti et heittänyt mitään!
tavaroihisi = sinun tavaroihin (monikon illatiivi): tavaroihisi = tavaroihin + si.
ettei = että ei
ettei sinun tavaroihisi saa kukaan koskea = että kukaan ei saa koskea sinun tavaroihisi

Puhekielessä:
me tehdään = me teemme
me tehtiin = me teimme
me on tehty = me olemme tehneet

Me on ostettu uusi pöytä. = Olemme ostaneet uuden pöydän.

– *Lapset! Käykääpäs iltapesulla!*
– *Me on jo käyty.*

– *Ottakaa kahvia.*
– *Me on jo juotu, kiitos vaan.*

– *Me on ostettu auto.*
– *Vai niin. Mikä auto?*
– *Toyota.*

-han/-hän

Nythän tässä on jo suurin osa tehty.
= (Me voimme juoda välillä kahvia, koska) suurin osa on nyt jo tehty. / Niin kuin näet, suurin osa on nyt jo tehty.

Tiedänhän minä, ettei sinun tavaroihisi saa koskea.
= Tietysti minä tiedän, ettei – – .

-pa/-pä, -pas/-päs

Lapset! Käykääpäs iltapesulla!
Liite -pa(s) / -pä(s) voidaan lisätä imperatiiviin, kun puhutaan lapsille, perheenjäsenille tai tuttaville. Imperatiivi on silloin vähän pehmeämpi. Mutta liite ei sovi kohteliaaseen puheeseen, kun puhutaan vieraille.

Objekti
Ikkuna pestään. Ikkuna pestiin. Ikkuna on pesty.
  Tulosobjektissa ei näiden verbinmuotojen kanssa ole n-päätettä.
  Verratkaa: He pesevät/pesivät/ovat pesseet ikkunan.
Ikkunaa ei pestä. Ikkunaa ei pesty. Ikkunaa ei ole pesty.
  Kielteisen lauseen objekti on partitiivissa myös silloin, kun verbi on passiivissa.
Seinille on pantu tauluja. Kuppiin on kaadettu kahvia.
  Jos objekti tarkoittaa epätarkkaa määrää, se on partitiivissa myös silloin, kun verbi on passiivissa.

Vertaa:

Opas kertoo kaupungin historiasta:
Kaupunki on perustettu 1500-luvulla. Kaupunki on perustettu joen rannalle. Kaupungin on perustanut kuningas Kustaa Vaasa.

Opas kertoo kirkkorakennuksesta:
Kirkko on rakennettu 1700-luvulla. Kirkko on rakennettu puusta. Kirkon on rakentanut rakennusmestari Juho Salonen.

Opas kertoo taulusta:
Taulu on maalattu öljyväreillä. Taulu on maalattu viime vuosisadalla. Taulun on maalannut kuuluisa taiteilija ....

Erikin kirje

Hei!

Kirjoitan teille nyt erään suomalaisen kaupungin historiasta. Arvatkaa, mikä kaupunki se on! Tässä kaupungissa on linna ja tuomiokirkko, jotka on rakennettu keskiajalla. Kaupungin vanha keskusta, joka oli keskiajalla koko Suomen keskus, oli tuomiokirkon lähellä, joen rannalla. Joen yli johti ennen vain yksi silta. Myöhemmin joen yli on kaupungin keskustassa rakennettu monta siltaa. Vanhan keskustan nykyiset talot ovat suhteellisen uusia; useimmat niistä on rakennettu 1800-luvulla suuren tulipalon jälkeen.

Kaupungin kuuluisimpia nähtävyyksiä on käsityöläismuseo. Se on Luostarinmäki-nimisellä alueella, jossa on parikymmentä käsityöläisten asumusta ja yli kolmekymmentä verstasta. Luostarinmäki säästyi kaupungin suurelta tulipalolta, ja 1900-luvun alussa alueesta tehtiin museo.

Kun sanon lisäksi, että kaupungissa on yliopisto, joka on perustettu 1920-luvulla, ja että siellä oli yliopisto jo 1600-luvulla, tiedätte varmasti, mistä kaupungista minä kirjoitan. Vanha yliopisto, Suomen ensimmäinen, on siirretty Helsinkiin, niin kuin tiedätte.

Erik

Lapsi sairastuu
Muutosverbit + -ksi (translatiivi)
Miltä tuntuu? (Aistiverbit + -lta, -ltä: Miltä tuntuu?)   **Kappale kolmekymmentä**

Sari on tullut sairaaksi

Eräänä aamuna Tuula meni yläkertaan isoäidin luokse:
– Kuule, voitko sinä olla tänään kotona? Sari on tullut sairaaksi eikä voi mennä kouluun. Jonkun pitäisi jäädä kotiin hänen kanssaan.
– Totta kai minä voin olla Sarin kanssa kotona. Mikä häntä vaivaa?
– En tiedä, hän valittaa, että vatsa on kipeä ja päätä särkee.
– Onko hänellä kuumetta?
– En ole mitannut, kun meillä ei ole kuumemittaria. Se meni rikki enkä ole muistanut ostaa uutta. Mutta kyllä Sarin otsa tuntuu vähän kuumalta.
– Minulla on kuumemittari, minä voin mitata Sarin kuumeen. Menkää te vain rauhassa työhön, kyllä me Sarin kanssa pärjäämme.
– Kiitos nyt kovasti.

Mummo meni Sarin luokse.
– Vai olet sinä tullut sairaaksi. Onko sinulla paha olo?
– On. Vatsa on kipeä ja päätä särkee.
– Voi voi, lapsi raukka. Nyt sinun täytyy nukkua, niin sitten tulet taas terveeksi. Katsotaan, onko sinulla kuumetta. Makaa nyt ihan hiljaa vähän aikaa.

Vai olet sinä tullut sairaaksi. = Vai niin, että sinä olet tullut sairaaksi.

Sari on tullut sairaaksi.
Sitten tulet taas terveeksi.

• Kun **tulla**-verbi ilmaisee muutosta (= ilmaisee, että tapahtuu muutos), sen kanssa on nominissa pääte **-ksi**.
  Eilen Sari oli terve. Sitten tapahtui muutos: hän tuli sairaaksi. Nyt hän on sairas, mutta sitten tilanne muuttuu: hän tulee terveeksi.

• Samanlaisia verbejä ovat esim.
  kasvaa, muuttua
  muuttaa (+ objekti)
  tehdä (+ objekti)
  sanoa (+ objekti)
  valita (+ objekti)
  jäädä, päästä, sopia

muuttua, muuttaa

Tämä mies on taikuri.

Taikurilla oli valkoinen liina. Hän otti hatun päästään ja pani liinan hattuun. Hän odotti. Sitten hatusta lensi – valkoinen lintu. Liina muuttui linnuksi.
Taikuri muutti valkoisen liinan valkoiseksi linnuksi.

kasvaa
Puu on pieni, mutta se kasvaa isoksi.

tehdä + objekti
Tuula sai Jormalta ruusuja. Hän tuli hyvin iloiseksi. Jorma teki Tuulan onnelliseksi.

sanoa + objekti
Naapurin oikea nimi on Erkki, mutta kaikki sanovat häntä Ekiksi.

valita + objekti
Kenet valitaan seuraavaksi presidentiksi?

jäädä
Hänen miehensä kuoli. / Hänen vaimonsa kuoli. Hän jäi leskeksi.

miehensä = mies+nsä; vaimonsa = vaimo+nsa [Liitteet **-nsä** ja **-nsa** ovat sanoissa siksi, että edellä on sana <u>hänen</u>.]

päästä
Milloin Pekka pääsi ylioppilaaksi?

sopia
Sinä saat näytelmässä Hamletin roolin. Sinä sovit hyvin Hamletiksi. (= Sinä sovit hyvin Hamletin rooliin.)

– Olisi hauska mennä elokuviin yhdessä. Mutta kenet saamme lapsenvahdiksi?
– Kysytään, voiko naapurin tyttö tulla.

– Lähdetkö ulos?
– En ehdi. Minun täytyy saada tämä työ valmiiksi.

Huomaa myös:
Mitä haluaisit syntymäpäivälahjaksi?
Annan sinulle valokuvan muistoksi.
Mitä isoisä ja isoäiti toivat lapsille tuliaisiksi?

!

- **-ksi**-pääte liitetään yksikössä samaan vartaloon kuin genetiivin pääte ja monikossa monikko-
vartaloon (heikkoon vartaloon, jos nominatiivissa on vahva konsonantti).

sairas	sairaan	sairaa**ksi**	*sairaaks*
terve	terveen	terveeksi	*terveeks*
presidentti	presidentin	presidentiksi	*presidentiks*
lapsenvahti	lapsenvahdin	lapsenvahdiksi	*lapsenvahdiks*
onnellinen	onnellisen	onnelliseksi	*onnelliseks*
tuliainen	tuliaisi- (mon.vartalo)	tuliaisiksi	*tuliaisiks*

Kieliopissa tämän sijamuodon nimi on translatiivi.

Sarin otsa tuntuu kuumalta.

- **tuntua**-verbin kanssa nominissa on pääte **-lta/-ltä**.
Samoin näiden verbien kanssa:
näyttää, maistua, tuoksua, kuulostaa.
 Miksi näytät niin surulliselta?
 Ruoka maistuu hyvältä.
 Tämä käsivoide tuoksuu sitruunalta.
 Äänesi kuulostaa nuhaiselta. Onko sinulla nuha?

äänesi = ääni+si = sinun ääni

– Anteeksi, voisitteko vaihtaa nämä eurot kahden euron kolikoiksi?
– Hetkinen, minä katson, onko minulla. Voi, ikävä kyllä minulla ei ole yhtään kahden euron
 kolikkoa.
– No, kiitos, ei voi mitään.

– Mitä sinä haluat joululahjaksi?
– En tiedä. En mitään erikoista. Jonkin pienen yllätyksen.

– Me emme ole pitkään aikaan käyneet yhdessä missään. Minä tulen hulluksi, kun aina täytyy
 olla kotona.
– Mihin sinä haluaisit lähteä?
– No vaikka elokuviin. Pyydetään joku lapsenvahdiksi ja lähdetään.
– Hyvä on. Mutta kenet me voisimme pyytää?
– Pyydetään naapurin tyttö. Lapset tykkäävät hänestä.

Narkissos

Antiikin Kreikan ja Rooman mytologiassa on paljon kertomuksia muodonmuutoksista. Yksi tarina kertoo kauniista nuorukaisesta, jonka nimi oli Narkissos. Jo ennen kuin poika syntyi, taikuri ennusti hänen vanhemmilleen, että poika elää vain siihen saakka, kunnes hän näkee oman kuvansa. Narkissos kulki mielellään yksin metsissä ja vuorilla. Kerran hän tuli lähteen reunalle ja kumartui juomaan. Silloin hän näki vedessä ihmeellisen kauniin nuorukaisen. Se oli hänen oma kuvansa. Hän rakastui kuvaan syvästi, katseli sitä ja yritti tarttua siihen, mutta ei koskaan saanut sitä kiinni. Vähitellen hän väsyi, painui kohti maata ja kuoli. Lähteen reunalle jäi vain kaunis narsissi. Narkissos oli muuttunut kukaksi.

Lähteet: Saara Lilja: Antiikkia ja myyttejä; Claes Lindskog: Kreikkalaisia jumalaistaruja ja satuja; Ovidius: Valikoima metamorfooseja (suomentaneet Päivö ja Teivas Oksala).

hänen vanhemmilleen: vanhemmilleen = vanhemmille+en [Liite **–en** on sanassa siksi, että edellä on sana <u>hänen.</u>]
näkee oman kuvansa: kuvansa = kuvan+ nsa [Liite **–nsa** on sanassa siksi, että sana viittaa lauseen subjektiin <u>hän</u>. Emme sano "Hän näkee hänen oman kuvan", vaan → Hän näkee oman kuvansa.]
Se oli hänen oma kuvansa. [Liite **–nsa** on sanassa siksi, että edellä on sana <u>hänen.</u>]

Koululaisten kesätyöt
Suunnitelmia
Mikä sinusta tulee isona?
Essiivi
Lisälukemista

Kappale kolmekymmentäyksi

Missä te olitte töissä nuorena?

Monet koululaiset ja opiskelijat ovat loma-aikoina töissä. Jari Virtanenkin halusi mennä kesällä töihin. Hän luki keväällä lehti-ilmoituksia ja kysyi työtä eri työnantajilta. Hän huomasi, että moneen paikkaan pääsee vasta 18-vuotiaana, eikä hän ollut vielä täysi-ikäinen. Lopulta hän sai työpaikan kaupungista ja aloitti kesäkuussa työt puistotyöntekijänä. Jari piti siitä, että sai tehdä työtä ulkona. Hän leikkasi nurmikoita, hoiti kukkaistutuksia ja keräsi roskia. Hänellä oli mukavia työtovereita, ja he työskentelivät vuorotellen eri puistoissa.

Eräänä iltana Jari kysyi äidiltään ja isältään:
– Missä te olitte töissä nuorena?
Tuula sanoi:
– Koululaisena minä olin kesällä ensin lapsenhoitajana eräässä perheessä ja sitten jäätelön-myyjänä kioskissa.
Jorma sanoi:
– Minä olin tiilitehtaassa ja sahalla ja rakennustöissä. Parina kesänä olin kaupassa juoksupoikana ja harjoittelijana.

Samana iltana puhuttiin myös tulevaisuudensuunnitelmista. Jari sanoi, että hän aikoi lukion jälkeen pyrkiä yliopistoon; hän haluaa opiskella historiaa ja yhteiskuntatieteitä. Mika haluaa mennä peruskoulun jälkeen ammattikouluun ja päästä puutarha-alalle.
Sarilta kysyttiin:
– Mikä sinusta tulee isona?
– Minusta tulee isona presidentti.

Jari kysyi äidiltään ja isältään: äidiltään = äidiltä+än, isältään = isältä+än [Liite –än on sanoissa siksi, että sanat viittaavat lauseen subjektiin Jari.]

tulevaisuudensuunnitelmista: tulevaisuus (genetiivi: tulevaisuuden) = aika, joka tulee
    Ihmiset suunnittelevat tulevaisuuttaan, tekevät suunnitelmia.

Hän aloitti kesäkuussa työt puistotyöntekijänä.
Koululaisena minä olin kesällä ensin lapsenhoitajana eräässä perheessä ja sitten jäätelönmyyjänä kioskissa.
Parina kesänä olin kaupassa juoksupoikana ja harjoittelijana.

• Kun ilmaistaan, missä työssä, ammatissa, roolissa jne. joku toimii, voidaan käyttää sijamuotoa, jonka pääte on **-na/-nä**.
Kieliopissa tämän sijamuodon nimi on essiivi.

• Pääte **-na/-nä** liitetään yksikössä muuten samaan vartaloon kuin genetiivin pääte, mutta jos genetiivissä on konsonanttivaihtelun heikko konsonantti, valitaan vahva vartalo (sama kuin partitiivissa).
Monikossa **-na/-nä** liitetään samaan monikkovartaloon kuin partitiivin pääte.

myyjä	myyjän		myyjä**nä**
nuori	nuoren		nuorena
apulainen	apulaisen		apulaisena
poika	pojan	poikaa	poikana

Monikko:

nuori	nuoria	nuori**na**
poika	poikia	poikina
myyjä	myyjiä	myyjinä

Huomaa:
Kun sanotaan, mikä jonkun ammatti on, ei tarvitse käyttää essiiviä:
Hän on suomen kielen opettaja.
Hän on lääkäri.
Olen insinööri.

Vertaa:
Hän on opettajana Pohjois-Suomessa.
(Ei puhuta vain ammatista, vaan siitä, missä hän on työssä.)
Hän toimii lääkärinä suuressa sairaalassa.
(Jos verbi on jokin muu kuin olla, tarvitaan essiivi.)
Hän toimii lääkärinä. Hän työskentelee lääkärinä. Hän on työssä lääkärinä.

!

Missä te olitte töissä nuorena?
• Essiiviä voidaan käyttää myös silloin, kun ilmaistaan, milloin jotakin tapahtuu; se vastaa **kun**-lausetta.

Isoäitini kuoli 91-vuotiaana.   isoäitini = isoäiti+ni = minun isoäiti
    = Isoäitini kuoli, kun hän oli 91-vuotias.
Suomalaiset lapset menevät kouluun 7-vuotiaina.
    = Suomalaiset lapset menevät kouluun sinä vuonna, kun he täyttävät seitsemän vuotta.
Lapsena asuin maalla.
    = Kun olin lapsi, asuin maalla.
Koululaisena olin kesällä töissä.
    = Kun olin koululainen, olin kesällä töissä.

• Monissa ajan adverbiaaleissa on essiivi. Se vastaa kysymykseen **milloin?**
loma-aikoina, eräänä iltana, samana iltana, parina kesänä, sinä vuonna, minä vuonna?, vuonna 1956, vuosina 1956–1981.

– Milloin Urho Kekkonen oli Suomen presidenttinä?
– Vuodesta 1956 vuoteen 1981.
– Siis vuosina 1956–1981?
– Niin.

Historian kirjasta:
Aristoteles tuli vuonna 367 eKr. (= ennen Kristusta) Ateenaan filosofi Platonin oppilaaksi. Hän oli Platonin oppilaana vuoteen 347. Platon kuoli vuonna 347 noin 80-vuotiaana.
   Aristoteles matkusti Makedoniaan kuningas Filippoksen pojan Aleksanterin opettajaksi. Hän toimi Aleksanterin opettajana monta vuotta.

eKr.: Tämän lyhenteen sijasta käytetään myös lyhennettä eaa. (= ennen ajanlaskun alkua).

• Huomaa, miten nominin sijamuoto riippuu verbistä:

olla
Sari on iloinen.

Muutosverbi
Sari tuli iloiseksi.

Toimintaverbi
Sari leikkii iloisena ystävänsä kanssa.

Erikin sisar on matkaopas.
Erikin sisar matkusti Roomaan matkaoppaaksi.
Erikin sisar työskentelee Roomassa matkaoppaana.

Huomaa erikoismerkitys:
   Nainen on raskaana. = Nainen odottaa lasta.

• **-sta/-stä + tulla**
Mikä sinusta tulee isona? = Mitä työtä haluat tehdä, kun olet aikuinen?
Opiskelen hammaslääkäriksi. Minusta tulee hammaslääkäri.
Hän opiskelee musiikkia. Hänestä tulee musiikinopettaja.
Kenestä tulee Suomen seuraava presidentti? = Kenet valitaan Suomen seuraavaksi presidentiksi?
Milloin Helsingistä tuli pääkaupunki?

Helsingin historiasta

Helsinki perustettiin vuonna 1550 mutta ei siihen paikkaan, missä se nyt on, vaan Vantaanjoen suulle. Vantaanjoki oli keskiajalla tärkeä kulkutie sisämaasta merelle, ja Vantaanjoen suun lähellä oli tärkeä Turun–Viipurin maantie. Paikalla oli siis hyvät liikenneyhteydet, ja alue sopi hyvin kaupungin paikaksi.

Kun maa vähitellen kohosi, kaupungin paikka joen suussa muuttui huonoksi ja kaupunki tarvitsi paremman satamapaikan. Vuonna 1640 kaupunki siirrettiin meren rantaan Vironniemelle eli nykyiseen Kruununhakaan.

Helsinki kasvoi ja kehittyi hyvin hitaasti. Esimerkiksi vuonna 1654 kaupungissa oli vain 60 taloa.

Vuosina 1748–1788 rakennettiin Viapori eli nykyinen Suomenlinna, ja sen jälkeen Helsinki alkoi kasvaa nopeasti.

Helsinki on palanut monta kertaa, ensimmäisen kerran vuonna 1654. Suuri osa kaupungista tuhoutui vuonna 1808.

Vuonna 1812 Helsingistä tuli maan pääkaupunki. Senaatintorin ympärille rakennettiin komea keskusta. Sen suunnitteli arkkitehti Carl Ludvig Engel; asemakaavan teki Johan Albrecht Ehrenström. Maan hallinto siirrettiin Turusta Helsinkiin vuonna 1819 ja yliopisto vuonna 1827, Turun palon jälkeen.

Kaukainen saari

Suomalainen kirjailija Toivo Pekkanen (1902–1957) kirjoitti romaaneja ja novelleja.

Monet suomalaiset tuntevat hänen novellinsa "Kaukainen saari". Se kertoo kahdesta pojasta; poikien nimet ovat Hannes ja Pekka. He asuivat meren rannalla. Kaukana, meren keskellä, oli pieni saari. Se näytti hyvin kauniilta. Siinä kasvoi puita, ja se oli kuin ihmeellinen kukkakimppu meren suuressa maljakossa. Kun aurinko paistoi, se loisti, ja kun satoi tai oli sumua, saari oli harmaa. Talvella se oli valkoinen ja kuin täynnä timantteja.

– Minkähänlaiselta se näyttää läheltä? pojat kysyivät monta kertaa. Olisi suuri onni kävellä saaressa, levätä sen puiden alla ja kuunnella tuulen ääntä.

Pojat kysyivät isältä, joka oli kalamatkoillaan joskus käynyt saaressa, minkälainen saari oli. Isä ei osannut kertoa saaresta mitään erikoista. Hän sanoi, että sen rannat olivat täynnä kiviä eikä sinne ollut helppo päästä. Hänestä saari ei ollut kiinnostava.

Mutta pojat eivät uskoneet häntä. He olivat huomanneet jo ennenkin, että oli paljon sellaisia asioita, jotka eivät isän mielestä olleet ihmeellisiä. Pojat eivät voineet unohtaa saarta. Heistä se oli erilainen kuin kaikki muut saaret. Kun he istuivat rantakalliolla ja katselivat sitä, he halusivat päästä sinne.

Mutta miten? Matka oli pitkä, ja pojat eivät saaneet ottaa venettä. Sen oli isä ankarasti kieltänyt. Poikien täytyi odottaa talvea, koska talvella meren yli pääsi jäätä pitkin.

Talvi tuli hitaasti. Pojat ajattelivat vain talvea. He eivät enää pitäneet kesän leikeistä. Lämpimät ja ihanat päivät tekivät heidät tyytymättömiksi; myrskyt ja kylmät tuulet tekivät heidät iloisiksi. He näkivät, miten kesä vaihtui syksyksi ja syksy talveksi. Eräänä aamuna olivat pienet vesilammikot jäässä. Sitten alkoi merikin jäätyä. Eräänä aamuna musta, kiiltävä jää ulottui jo rannasta saareen. Mutta se ei ollut vielä riittävän vahvaa.

Monena seuraavana päivänä satoi lunta. Kaikki muuttui vähitellen valkoiseksi. Oli tullut talvi. Silloin oli tullut myös oikea päivä. Pojat ottivat suksensa esiin.

Pojat hiihtivät saareen aikaisin aamulla. Kukaan ei nähnyt, kun he lähtivät. He katsoivat saarta, joka loisti aamuauringossa kuin suuri jalokivi. He muistivat satukirjojen seikkailuja ja ihmeitä. – Kaikki muuttuu tänään todeksi, he ajattelivat, heti kun pääsemme saareen. He unohtivat kaiken muun.

Päivällä isä ja äiti huolestuivat, kun he eivät tienneet, missä Hannes ja Pekka olivat. Mihin lapset olivat menneet? Heitä etsittiin heidän tavallisilta leikkipaikoiltaan mutta ei löydetty.

Pojat palasivat kotiin illalla. He palasivat väsyneinä ja surullisina. Heillä ei ollut ajatuksissaan enää yhtään seikkailua eikä toivetta. He eivät katsoneet enää saarta, vaikka se oli ilta-auringon valossa kauniimpi kuin koskaan ennen. He eivät katsoneet, sillä he tiesivät, mikä oli totuus: kaukainen saari oli vain tavallinen saari. Vain tavallista maata ja kiveä, samanlaista kuin se maa, jolla he joka päivä kävelivät. Ja saaren metsässä oli vain tavallisia puita.

He eivät enää halunneet katsoa saarta. Ei tänään eikä muinakaan päivinä. Ei enää koskaan. Elämä oli äkkiä muuttunut harmaaksi ja ikäväksi. Illalla he itkivät sängyssään, salaa, niin että kukaan ei nähnyt, eivätkä he itsekään tienneet, miksi kaikki tuntui niin vaikealta ja miksi uni ei tullut.

hänen novellinsa: novellinsa = novellin+nsa. [Liite **-nsa** on sanassa siksi, että edellä on sana hänen.]

Minkähänlaiselta se näyttää: minkähänlaiselta = minkä+hän+laiselta. [Kun kysymyssanassa on liite **-han/-hän**, kysymys on retorinen. Tässä pojat vain ihmettelevät, minkälainen saari voisi olla, he eivät odota vastausta kysymykseen.]

kalamatkoillaan = kalamatkoilla+an. [Liite **-an** on sanassa siksi, että sana viittaa lauseen subjektiin. "hänen kalamatkoilla" → kalamatkoillaan.]

merikin = meri+kin = myös meri

heidän tavallisilta leikkipaikoiltaan: leikkipaikoiltaan = leikkipaikoilta+an. [Liite **-an** on sanassa siksi, että edellä on sana heidän.]

Heillä ei ollut ajatuksissaan enää yhtään seikkailua eikä toivetta: ajatuksissaan = ajatuksissa+an. [Liite **-an** on sanassa siksi, että sana viittaa sanaan heillä. Emme sano "Heillä ei ollut heidän ajatuksissa – –, vaan → Heillä ei ollut ajatuksissaan – –.]

Ei tänään eikä muinakaan päivinä. = Ei tänään eikä myöskään muina päivinä. [Liite **-kaan** on **-kin**-liitteen kielteinen pari.]

Illalla he itkivät sängyssään: sängyssään = sängyssä+än. [Liite **-än** on sanassa siksi, että sana viittaa lauseen subjektiin he. Emme sano "He itkivät heidän sängyssä", vaan → He itkivät sängyssään.]

eivätkä he itsekään tienneet = eivätkä he myöskään itse tienneet [Liite **-kään** on, kuten **-kaan**, **-kin**-liitteen kielteinen pari.]

Mitä mieltä olet?
Ominaisuuksia
Predikatiivi

Kappale kolmekymmentäkaksi

Alli ja Elli ovat eri mieltä matkasta

Sisarukset Alli ja Elli palasivat lomamatkalta etelästä.
Lentoasemalla he tapasivat sattumalta Allin työkaverin
Kallen. Kalle kysyi, miten heidän lomansa meni, ja sai
kuulla kaksi aivan erilaista mielipidettä.

Kalle: No, miten loma meni?
Alli: Kiitos, hyvin se meni. Me kävimme etelässä.
Minusta siellä oli hauskaa.
Elli: Minusta ei. Minä en oikein pitänyt siitä paikasta.
Alli: Ellin mielestä kaikki oli huonoa.
Kalle: Miten niin?
Alli: Hänen mielestään hotelli oli ikävä, ruoka oli huonoa, retket olivat ikäviä ja ...
Elli: Alli on vihainen minulle. Hän sanoo, että minä valitan kaikesta.
Alli: Minun mielestäni hotellissa ei ollut mitään vikaa, se oli ihan tavallinen. Ei meillä ole varaa
asua loistohotelleissa! Ja ruoka oli ihan hyvää. Minusta retket olivat oikein mielenkiintoisia.
Elli: No niin kyllä, mutta opas oli huono. Ja oli ikävää istua bussissa niin kauan.
Alli: Bussit olivat mukavia, ei niissä ollut ikävää istua. Ja maisemat olivat ihania!
Elli: No niin kyllä, mutta ...
Kalle: Oliko siellä paljon turisteja?
Elli: Rannat olivat ihan täynnä! Oli mahdotonta löytää rauhallista paikkaa.
Alli: Minusta oli ihanaa uida. Vesi oli lämmintä ja...
Elli: Ja likaista!
Alli: Se ei näyttänyt likaiselta. Se oli kirkasta. – Mutta kuule, Kalle, mitä sinä teit lomalla?

hänen mielestään: mielestään = mielestä+än [Liite **–än** on sanassa siksi, että edellä on sana
hänen.]
minun mielestäni: mielestäni = mielestä+ni [Liite **–ni** on sanassa siksi, että edellä on sana
minun.]

Alli on tyytyväinen:
Täällä on ihanaa! Hotelli on hyvä ja ruoka on hyvää. Opas on hyvä ja matkatoverit ovat mukavia.
Retket ovat mielenkiintoisia. Vesi on lämmintä ja puhdasta, ja rannat ovat siistejä.

Elli ei ole tyytyväinen:
Täällä on kamalaa! Hotelli on huono ja ruoka on huonoa. Opas on huono ja matkatoverit ovat
ikäviä. Retket ovat tylsiä. Vesi on kylmää ja likaista, ja rannat ovat epäsiistejä.

Vertaa Allin ja Ellin mielipiteitä:

Mitä mieltä Alli oli hotellista? Entä Elli?
Mitä mieltä Alli oli oppaasta? Entä Elli?
Mitä mieltä he olivat matkatovereista, retkistä, rannoista, ruoasta ja vedestä?
Mitä he sanoivat paikasta?

Allin mielipide	Ellin mielipide
Hotelli oli	Hotelli oli ....
Opas oli	Opas oli ....
Matkatoverit olivat	Matkatoverit olivat ....
Retket olivat	Retket olivat ....
Rannat olivat	Rannat olivat ....
Ruoka oli	Ruoka oli ....
Vesi oli	Vesi oli ....
Siellä oli	Siellä oli ....

Kysymys	Vastaus
Minkälainen se on?	Se on mukava.
Minkälainen hän on?	Hän on mukava.
Minkälaisia ne ovat?	Ne ovat mukavia.
Minkälaisia he ovat?	He ovat mukavia.
Minkälaista se on?	Se on mukavaa.
Minkälaista (siellä) on?	(Siellä on) mukavaa.

Sanaa, joka tällaisissa lauseissa ilmaisee, minkälainen joku tai jokin on, nimitetään kieliopissa predikatiiviksi.

Subjekti	olla-verbi	Predikatiivi
1. Opas	on	hyvä.
2. Matkatoverit	ovat	mukavia.
Ruoka	on	hyvää.
3. ---	On	ihanaa.

1. Jaoton subjekti	Predikatiivin muoto:
(yksi kokonaisuus)	nominatiivi
2. Jaollinen subjekti	Predikatiivin muoto:
(ei yksi kokonaisuus)	partitiivi
Monikkosubjekti	Monikon partitiivi
Ainesana	Yksikön partitiivi

| 3. Ei subjektia | Predikatiivin muoto: |
| | partitiivi |

• Sana voi tarkoittaa yhtä kokonaisuutta, vaikka se on monikossa. Silloin predikatiivi on monikon nominatiivissa.

Silmälasit ovat uudet.	(Silmälasit: yksi esine.)
Kengät ovat märät.	(Kengät: yksi pari.)
Jalat ovat kylmät.	(Jalat: pari.)
Kädet ovat lämpimät.	(Kädet: pari.)
Silmät ovat siniset.	(Silmät: pari.)
Posket ovat punaiset.	(Posket: pari.)
Hiukset ovat pitkät.	(Hiukset = tukka, siis kokonaisuus.)

Kysymyslause:

Onko opas hyvä?
Ovatko uudet kengät hyvät?
Ovatko matkatoverit mukavia?
Onko ruoka hyvää?
Oliko siellä hauskaa?

Kuinka + predikatiivi:
Kuinka vanha sinä olet?
Kuinka pitkät hiuksesi ovat?
Kuinka isoja lapset ovat?
Kuinka kallista kahvi on?
Kuinka kylmää ulkona on?

He ovat samaa mieltä

– Minusta täällä on hauskaa.
– Niin minustakin.

– Minusta tämä kahvi ei ole
oikein hyvää.
– Ei minustakaan.

He ovat eri mieltä

– Minusta täällä on ikävää.
– Ei minusta.

– Minusta tämä kahvi ei ole
tarpeeksi vahvaa.
– Minusta on.

– Minun mielestäni tämä kirja
  on huono.
– Ai, sinäkin olet sitä mieltä!
  Minustakin se on huono.

– Minun mielestäni tämä kirja on
  huono.
– Ai, oletko sinä sitä mieltä?
  Minusta se on aika hyvä.

– Ohjelma oli mielenkiintoinen.
– Olen samaa mieltä.

– Ohjelma oli mielenkiintoinen.
– Olen eri mieltä.

Kysymys
Mitä mieltä sinä olet tästä kirjasta?
Mitä mieltä te olette tästä ajatuksesta?

Vastaus
Minusta se on vähän ikävä.
Meistä se on hyvä ajatus.

Halvempi ja halvempaa

– Ostetaan tämä kello.
– Tämä on halvempi. Ostetaan tämä.

– *Ostetaan tää kello.*
– *Tää on halvempi. Ostetaan tää.*

– Ostetaan tätä mehua.
– Tämä on halvempaa. Ostetaan tätä.

– *Ostetaan tätä mehua.*
– *Tää on halvempaa. Ostetaan tätä.*

– Ostetaan näitä omenia.
– Nämä ovat halvempia. Ostetaan näitä.

– *Ostetaan näitä omenia.*
– *Nää on halvempia. Ostetaan näitä.*

– Ostetaan nämä kengät.
– Nämä ovat halvemmat. Ostetaan nämä.

– *Ostetaan nää kengät.*
– *Nää on halvemmat. Ostetaan nää.*

Tämä kello on halvempi kuin tuo.
Tuo mehu on kalliimpaa kuin tämä.
Nämä omenat ovat halvempia kuin nuo.
Kaikki muut kengät ovat halvempia kuin nämä.

Elinan päiväkirjasta

Mika Virtasen luokalla koulussa on eräs Elina-niminen tyttö. Hän pitää kovasti Mikasta. Jos voisimme kurkistaa hänen päiväkirjaansa, löytäisimme siitä varmasti tällaisia lauseita:
   Mika on maailman ihanin poika.
   Mikalla on maailman ihanimmat silmät.
   Ihaninta, mitä tiedän, on se, kun Mika katsoo minua.

Superlatiivin tunnus

Yksikön nominatiivissa	**in**	ihan**in**
Yksikön partitiivissa	**in**	ihan**in**ta
Monikon partitiivissa	**impi**	ihan**impi**a
Monikon nominatiivissa	**imma/imma**	ihan**imma**t

• Komparatiivin ja superlatiivin tunnus liitetään genetiivin vartaloon.
Vartalossa tapahtuu eräitä vokaalinmuutoksia.

			Komparatiivi -mpi	Superlatiivi -in	
o, ö, u, y					
	iso	ison	isompi	isoin	
e	pieni	pienen	pienempi	pienin	**e pois!**
ä	ikävä	ikävän	ikävämpi	ikävin	**ä pois!**
	kylmä	kylmän	kylmempi	kylmin	
a	mukava	mukavan	mukavampi	mukavin	**a pois!**
	vanha	vanhan	vanhempi	vanhin	
i	kiltti	kiltin	kiltimpi	kiltein	**Lisää e!**
pitkä vokaali					
	rakas	rakkaan	rakkaampi	rakkain	**Yksi a pois!**
	kaunis	kauniin	kauniimpi	kaunein	**ii pois, lisää e!**

hyvä-sanan komparatiivi ja superlatiivi:

Yksikön nominatiivi	parempi	paras
Yksikön genetiivi	paremman	parhaan
Monikon nominatiivi	paremmat	parhaat
Yksikön partitiivi	parempaa	parasta
Monikon partitiivi	parempia	parhaita

Substantiivi **vanhemmat**:
vanhemmat = isä ja äiti
vanhempani = isäni ja äitini
vanhempia = isää ja äitiä
vanhempien = isän ja äidin
vanhemmille = isälle ja äidille
vanhemmista = isästä ja äidistä
Jne.

Pronominit **molemmat** ja **kumpikin**:

Nominatiivi	molemmat	kumpikin
Partitiivi	molempia	kumpaakin
Genetiivi	molempien	kummankin

– Tunnetko Allin ja Ellin?
– Tunnen molemmat.

– Tunnetko Allin ja Ellin?
– En tunne molempia. Tunnen vain Allin.

– Tunnetko Allin ja Ellin?
– En tunne kumpaakaan.

Satu   Kappale kolmekymmentäkolme

Kuningas ja mökin ukko

Kansansatu
(Lähde: **Helmi Virtaranta**, Sinipeukaloinen tyttö, Porvoo 1957)

Oli kerran ukko ja akka. He olivat hyvin köyhiä, ja mökki, jossa he asuivat, oli huono. Akka sanoi ukolle:

– Minä olen kuullut, että meillä on hyvä kuningas, joka auttaa köyhiä. Mene kuninkaan luokse ja pyydä häneltä rahaa, että voisimme rakentaa uuden mökin.

Ukko lähti kuninkaan luokse. Kuningas sanoi hänelle:

– Jos tulet tänne kolmena päivänä ja sanot joka päivä sellaisen asian, jota kukaan ihminen ei ole ennen kuullut, saat rahaa, että voit rakentaa uuden mökin.

Ukko meni kotiin ja ajatteli asiaa. Seuraavana päivänä hän palasi kuninkaan luokse ja kertoi kuninkaalle ja kuninkaan hoviväelle:

– Minun isäni kotona oli seitsemän poikaa. He rakensivat seitsemän pylvään päälle talon, joka oli seitsemän kilometriä pitkä. Oletteko sellaista ennen kuulleet?

– Emme ole, kaikki sanoivat.

Seuraavana päivänä ukko tuli taas. Hän kertoi:

– Meillä oli ennen kotona seitsemän hevosta, ja jokainen hevonen sai joka kesä seitsemän varsaa. Onko tällaista kukaan ennen kuullut?

– Ei ole, sanoivat kaikki.

Mutta kuningas tuli ukon jutuista vihaiseksi. Kun ukko meni pois, kuningas sanoi hoviväelle:

– Huomenna teidän täytyy sanoa, että olette kuulleet ukon jutun, sanoo hän mitä tahansa!

Aamulla ukko tuli taas ja kertoi:

– Kaksikymmentäviisi vuotta sitten minun isäni lainasi tämän kuninkaan isälle kymmenen miljoonaa kruunua. Oletteko sitä ennen kuulleet?

– Olemme, olemme! Kyllä me sen olemme kuulleet monta kertaa! sanoivat kaikki.

– No niin, sanoi ukko kuninkaalle, nyt sinä varmasti maksat minulle takaisin ne rahat, jotka minun isäni lainasi sinun isällesi.

Kuninkaan täytyi antaa rahat. Hän pani ukon käteen kymmenen miljoonaa kruunua suurina, kauniina seteleinä ja sanoi:

– Kiitos lainasta. Mene nyt ja rakenna itsellesi hyvä talo!

Minun isäni kotona: isäni = isän+ni. Minun isäni lainasi: isäni = isä+ni.
[Liite **–ni** on sanassa siksi, että edellä on sana <u>minun</u>.]

Jos
Mitä jos ...
Ehtoja ja toiveita
Konditionaalin preesens

Kappale kolmekymmentäneljä

Mitä sinä tekisit, jos...?

Eräänä torstaina Sari kysyi ruokapöydässä Tuulalta: – Äiti, mitä sinä tekisit, jos meillä olisi vauva?

Tuula hämmästyi ja sanoi: – Vauva? Jos meillä olisi vauva, minä tietysti hoitaisin sitä. Mistä sinulle nyt tuli vauva mieleen?

– No kun Paulan äiti sai vauvan. Paula kertoi koulussa.

– Ahaa. Minä näin Paulan äidin viime viikolla, ja silloin vauva ei vielä ollut syntynyt.

– Joo, se syntyi maanantaina. Jos meillä olisi vauva, saisinko minä hoitaa sitä?

– Kyllä varmasti. Sinä olisit oikein hyvä isosisko.

– Hoitiko Jari minua, kun minä olin pieni? Tai Mika?

– Kyllä he hoitivat. He olivat molemmat hyviä lapsenvahteja, kun te leikitte kotipihalla.

– Isä, mitä sinä sanoisit, jos meille syntyisi vauva?

– Jaa-a, minä sanoisin varmaan, että tervetuloa maailmaan!

Tuula sanoi: – Voi olla, että sinä saat olla meidän kuopus.

Sari: – Ai siis te ette enää saa vauvoja.

– Niin se taitaa olla.

– Ei voi mitään sitten.

Sarilla oli vielä kysymys.

– Jari, mitä sinä tekisit, jos sinulla olisi vain siskoja?

– Kai minä tykkäisin niistä. En minä ole koskaan ajatellut asiaa.

Mika: – Mua harmittais, jos mä olisin ainoa poika. Mä oon tottunut siihen, että mulla on veli.

Sari ajatteli vielä perheenjäseniä. Hän sanoi, että hänestä olisi mukavaa, jos isoisä eläisi ja asuisi heidän kanssaan. Kaikki olivat samaa mieltä. Jorma kertoi, miten surullinen hän oli silloin, kun hänen isänsä kuoli. – Onneksi isoäiti on vielä elossa, hän sanoi, ja Lappeenrannan mummo ja vaari.

Tuula jatkoi: – Isä ja minä olemme iloisia siitä, että meillä on näin iso perhe. Me olimme molemmat ainoita lapsia. Minä ajattelin lapsena usein, että voi kun minulla olisi sisko tai veli!

Jorma sanoi, että hän ei lapsena erikoisesti kaivannut sisaruksia, sillä hänellä oli monta hyvää samanikäistä kaveria. – Ja onhan ainoan lapsen elämässä hyviäkin puolia, hän sanoi. – Niin, ei tarvitse aina jakaa kaikkea, sanoi Mika.

heidän kanssaan: kanssaan = kanssa+an [Liite -an on sanassa siksi, että edellä on sana heidän.]
hänen isänsä: isänsä = isä+nsä [Liite -nsä on sanassa siksi, että edellä on sana hänen.]

Tekstin uudet verbinmuodot

Konditionaalin preesens	Infinitiivi
tekisit	tehdä
olisi, olisit, olisi	olla
hoitaisin	hoitaa
saisinko	saada
sanoisit	sanoa
syntyisi	syntyä
tykkäisin	tykätä
harmittais = harmittaisi	harmittaa
eläisi	elää
asuisi	asua

• Näissä verbinmuodoissa on konditionaalin tunnus **isi**. Konditionaali on verbinmuoto, joka ilmaisee, että verbin toiminta ei ole todellinen, vaan se on epäreaalinen, hypoteettinen.

Verratkaa:

Tämä tapahtuu todella
Koska sataa, en lähde ulos.
On kylmä. Tarvitsen takin.

Tämä ei tapahdu, vaan se on hypoteesi
Jos aurinko paistaisi, lähtisin ulos.
Jos olisi lämmin, en tarvitsisi takkia.

Tämä on reaalinen mahdollisuus:
Menen ulos. Jos joku soittaa
ja kysyy minua, sano että
tulen tunnin kuluttua.

Tämä on toivomus:
Miksi kukaan ei soita? Olisi
hauskaa, jos joku soittaisi.

• Konditionaalimuodolla voimme ilmaista myös toivomuksia.
Haluaisin, että minulla olisi sisko tai veli.
Voi kun minulla olisi sisko tai veli!
Olisipa minulla sisko tai veli!
Minusta olisi hauskaa saada sisko tai veli.

Haluaisin matkustaa Lappiin.
Voi kun pääsisin joskus Lappiin!
Pääsisinpä joskus Lappiin!
Minusta olisi hauskaa päästä Lappiin.

VOI KUN PIAN TULISI KESÄ!

• Konditionaalia käytetään myös kohteliaassa puheessa, kun pyydetään jotakin, tehdään ehdotus, kysytään jotakin tai sanotaan oma mielipide.

Vertaa:

Kysymys
Tuletko tänne?
Avaatko oven?

Pyyntö
Tulisitko tänne?
Avaisitko oven?

Käsky
Mene ulos!
Ajatelkaa asiaa!

Ehdotus
Menisit ulos.
Ajattelisitte asiaa.

Vieraisilla:
– Ottaisitko kahvia?
– Joisin mieluummin teetä.

Jorma Virtasen työpaikalla:
– Minulla olisi asiaa Jorma Virtaselle. Onkohan hän paikalla?
– Kyllä on, mutta hän on juuri nyt varattu. Voisinko minä auttaa?
– Kiitos, mutta minun pitäisi kyllä puhua hänen kanssaan henkilökohtaisesti.
– No, ehkä haluaisitte odottaa täällä? Istukaa tähän. Minä sanon hänelle.
– Kiitos.

Kahvilassa:
– Anteeksi, saisinko ottaa tämän lehden?
– Tuota, minä lukisin sitä vielä.
– Aha, anteeksi.

Kaupassa:
– Mistähän löytäisin korppujauhoja?
– Minä näytän. Ne ovat täällä mausteiden lähellä.
– Kiitoksia.

Kuinka konditionaalimuoto tehdään?

• Konditionaalin tunnus **isi** liitetään verbin 3. persoonan vartaloon.

• Vartalon **e** ja **i** katoavat ja pitkä vokaali lyhenee **isi**-tunnuksen edellä.

I.			
sanoa	he sanovat	sanoisin	hän sanoisi
puhua	he puhuvat	puhuisin	hän puhuisi
kysyä	he kysyvät	kysyisin	hän kysyisi
ottaa	he ottavat	ottaisin	hän ottaisi

pitää	he pitävät	pitäisin	hän pitäisi
etsiä	he etsivät	etsisin	hän etsisi
lukea	he lukevat	lukisin	hän lukisi

III.
tulla	he tulevat	tulisin	hän tulisi
ajatella	he ajattelevat	ajattelisin	hän ajattelisi
kävellä	he kävelevät	kävelisin	hän kävelisi

V.
tarvita	he tarvitsevat	tarvitsisin	hän tarvitsisi
häiritä	he häiritsevät	häiritsisin	hän häiritsisi

IV.
haluta	he haluavat	haluaisin	hän haluaisi
vastata	he vastaavat	vastaisin	hän vastaisi
herätä	he heräävät	heräisin	hän heräisi

II.
saada	he saavat	saisin	hän saisi
jäädä	he jäävät	jäisin	hän jäisi

- Diftongeista **ie, uo** ja **yö** katoaa ensimmäinen vokaali.

II.
viedä	he vievät	veisin	hän veisi
tuoda	he tuovat	toisin	hän toisi
syödä	he syövät	söisin	hän söisi

- Persoonapäätteet liitetään **isi**-tunnuksen jälkeen.

Yksikön 3. persoonan konditionaalimuodossa ei ole persoonapäätettä.

minä sanoisin	me sanoisimme	minä olisin	me olisimme
sinä sanoisit	te sanoisitte	sinä olisit	te olisitte
hän sanoisi	he sanoisivat	hän olisi	he olisivat

Kysymys:

sanoisinko? olisinko?	sanoisimmeko? olisimmeko?
sanoisitko? olisitko?	sanoisitteko? olisitteko?
sanoisiko? olisiko?	sanoisivatko? olisivatko?

Kielteinen muoto:

en sanoisi, en olisi	emme sanoisi, emme olisi
et sanoisi, et olisi	ette sanoisi, ette olisi
ei sanoisi, ei olisi	eivät sanoisi, eivät olisi

- Puhekielessä konditionaalin tunnuksen toinen **i** tai molemmat **i**-vokaalit voivat kadota, ja jäljelle jää vain **s**: *mä sanosin, sä sanosit, se sanos.*

Mitä jos lähtisimme Tukholmaan?

Jari: Martin perhe lähtee hiihtolomalla Lappiin, ja Martti kysyi, lähtisinkö mä mukaan.

Jorma: Jaa, mihin ne siellä Lapissa aikovat mennä?

Jari: Kilpisjärvelle. Ne on varanneet kaks huonetta hotellista tai jostain, mikä se on, retkeilykeskuksesta. Mä asuisin Martin kanssa toisessa huoneessa. Mun pitäis maksaa vaan matka ja sitten tietysti ruoka, mut siitä huoneesta ei mitään.

Jorma: Onko tästä puhuttu Martin vanhempien kanssa?

Jari: On tietysti. Niistä olis hyvä, jos Martilla olis seuraa.

Jorma: No, mikäs siinä sitten. Sehän on hieno ehdotus. Mitäs äiti sanoo?

Jari: En mä ole siltä vielä kysynyt. Mut ei kai sillä voi olla mitään sitä vastaan?

Mika: Mihin mä voisin mennä hiihtolomalla? Miks mä en pääse Lappiin?

Jorma: Mitä jos me lähtisimme laivamatkalle?

Mika: Ai minne?

Jorma: No Tukholmaan.

Mika: Ai ketkä lähtis?

Jorma: Sinä ja Sari ja minä. Äiti ja mummo on ajatelleet käydä sillä aikaa Lappeenrannassa.

Mika: Joo, lähetään! Tietääks Sari jo?

Jorma: Ei tiedä vielä. Kerrotaan hänelle tänä iltana!

Mika: Joo.

ne = he
mut = mutta
niistä = heistä
miks = miksi
lähetään = lähdetään
tietääks = tietääkö

Kilpisjärvi on kunta Länsi-Lapissa, Suomen "käsivarressa". Siellä on kaunis Saana-tunturi. Se on yli 1000 metriä korkea, mutta se ei ole Suomen korkein tunturi. Korkein on Halti-tunturi, jonka korkeus on yli 1300 metriä.

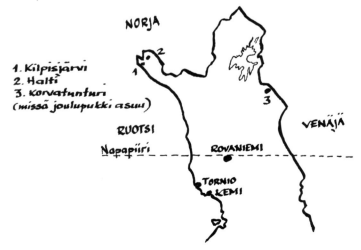

Mahdollisuus on mennyt
Mitä olisi voinut tapahtua
Konditionaalin mennyt aika (perfekti)   **Kappale kolmekymmentäviisi**

Olisi ollut hienoa hiihtää Lapissa

Martin äiti ei päässyt hiihtolomalla Kilpisjärvelle. Vähän ennen loman alkua hän kaatui kadulla ja loukkasi jalkansa. Toinen jalka kipsissä hän liikkui varovaisesti vain kotona.

Matkasuunnitelma muuttui. Eräs sukulainen tuli Martin kotiin hoitamaan potilasta, ja pojat ja Martin isä lähtivät Lappiin kolmestaan. Heidän hiihtolomansa onnistui hyvin, mutta tietysti heitä harmitti, että äidin piti jäädä kotiin.

Kotona sukulainen ja Martin äiti keskustelivat:
– Kyllä oli harmi, että sinun lomasi meni pilalle. Varmasti olisi ollut hienoa hiihtää Lapissa.
– No kuule, ehkä on parempi, että en päässyt sinne. Ajatteles, jos olisin kaatunut siellä hiihto-mäessä. Olisin voinut satuttaa itseni vielä pahemmin. Ja minä en tiedä, olisinko edes pärjännyt siellä.
– No, miksi et olisi pärjännyt?
– En tiedä. Minä olisin varmasti hiihtänyt niin hitaasti, että toiset olisivat saaneet odottaa minua. Tai sitten minä olisin eksynyt.
– Nyt sinä liioittelet.
– Voi olla.

jalkansa = jalka+nsa [Liite **-nsa** on sanassa siksi, että sana viittaa lauseen subjektiin hän. Emme sano "Hän loukkasi hänen jalan", vaan → Hän loukkasi jalkansa.]

heidän hiihtolomansa: hiihtolomansa = hiihtoloma+nsa [Liite **-nsa** on sanassa siksi, että edellä on sana heidän.]

sinun lomasi: lomasi =loma+si [Liite **-si** on sanassa siksi, että edellä on sana sinun.]

Olisin voinut satuttaa itseni: itseni = itse+ni [Liite **-ni** on sanassa siksi, että sana viittaa lauseen subjektiin, joka on yksikön 1. persoona.]

-ni, -si, -nsa/-nsä, -mme, -nne, -nsa/nsä

minun hiihtolomani	meidän hiihtolomamme
sinun hiihtolomasi	teidän hiihtolomanne
hänen hiihtolomansa	heidän hiihtolomansa

minä loukkasin jalkani / satutin itseni	me loukkasimme jalkamme /satutimme itsemme
sinä loukkasit jalkasi / satutit itsesi	te loukkasitte jalkanne / satutitte itsenne
hän loukkasi jalkansa / satutti itsensä	he loukkasivat jalkansa / satuttivat itsensä

Nämä liitteet ovat omistusliitteitä eli possessiivisuffikseja. Katso tarkemmin kappaleesta 55.

Tekstin uudet verbinmuodot:

Konditionaalin mennyt aika	Infinitiivi
olisi ollut	olla
olisin kaatunut	kaatua
olisin voinut	voida
olisinko pärjännyt	pärjätä
et olisi pärjännyt	pärjätä
olisin hiihtänyt	hiihtää
olisivat saaneet	saada
olisin eksynyt	eksyä

• Verbinmuoto, jossa on **olla**-verbin konditionaali (**olisin, olisit, olisi** jne.) ja pääverbin menneen ajan partisiippi (-**nut**/-**nyt**-muoto), on konditionaalin mennyt aika. Se tarkoittaa, että mahdollisuus on jo mennyt, toiminta ei ole enää mahdollista.

Vertaa:

Tämä on tapahtunut todella:	Tämä ei ole tapahtunut, eikä se voi enää tapahtua:
Koska olen lukenut lehden ja katsonut uutiset, tiedän, mitä on tapahtunut.	Jos olisin lukenut lehden ja katsonut uutiset, tietäisin, mitä on tapahtunut.

• Konditionaalin menneen ajan persoonamuodot (mennä-verbistä):

olisin mennyt	olisimme menneet
olisit mennyt	olisitte menneet
olisi mennyt	olisivat menneet

Kielteinen muoto:

en olisi mennyt	emme olisi menneet
et olisi mennyt	ette olisi menneet
ei olisi mennyt	eivät olisi menneet

Kysymys:

olisinko mennyt?	olisimmeko menneet?
olisitko mennyt?	olisitteko menneet?
olisiko mennyt?	olisivatko menneet?

Puhekielessä **olisi**-muodon loppu-**i** voi kadota, samoin partisiipin loppu-**t**. Esimerkiksi: *se olis menny, jos kukaan ei olis soittanu.*

Millaista on?

- Tavallisesti predikatiivi on partitiivissa, jos lauseessa ei ole nominisubjektia. Esimerkiksi:

  Olisi ollut **hienoa** hiihtää Lapissa.

  Täällä on **ihanaa.**

  Lapissa on **kaunista.** Syksyllä siellä on **kaunista.**

- Mutta adjektiivi **hyvä** ja sen komparatiivi **parempi** ovat tällaisissa lauseissa nominatiivissa.

  Ehkä on **parempi, että en päässyt sinne.**

- Samoin **paha** ja **pahempi** ja muutamat muut adjektiivit, joita käytetään usein, esim. **helppo** ja **vaikea.** Esimerkiksi:

  Oliko **vaikea** saada lippuja?

Lapin sääolot eri vuodenaikoina
Numeroilmauksia

Kilpisjärven luonnon kalenteri

Kirjassa "Kilpisjärven opas" on paljon hyödyllistä tietoa niille, jotka aikovat lähteä Kilpisjärvelle. Siinä on myös tietoja siitä, minkälaista Kilpisjärven alueella on eri vuodenaikoina. Tämän Kilpisjärven luonnon kalenterin on kirjoittanut Yrjö Metsälä.

Tammikuu
Valoisaa 4–6 tuntia. Aurinko näkyy ensimmäisen kerran 18. päivänä. Hyvät hiihtokelit. Lämpötila 0 ... −40 °.

Helmikuu
Valoisaa 6–10 tuntia. Aurinko ei vielä lämmitä paljon, mutta hiihtokelit ovat hyviä. Lämpötila 0 ... −35 °.

Maaliskuu
Valoisaa 10–14 tuntia. Erinomaiset hiihtokelit. Aurinko lämmittää päivällä. Lämpötila 0 ... −30 °.

Huhtikuu
Valoisaa 14–20 tuntia. Kuukauden loppupuolella voi hiihtää yölläkin. Aurinko lämmittää ja ruskettaa nopeasti. Hyvä pilkkikalastusaika. Lämpötila +10 ... −25 °.

Toukokuu
Valoisaa 20–24 tuntia. Keskiyön aurinko näkyy 22. päivän jälkeen. Hyvät hiihtokelit jatkuvat. Paras pilkkikalastusaika. Lämpötila +20 ... −15 °.

Kesäkuu
Valoisaa 24 tuntia. Keskiyön aurinko. Jäät lähtevät Kilpisjärvestä. Joet ja purot tulvivat. Sääskiaika alkaa. Lämpötila +35 ... +5 °.

Heinäkuu
Valoisaa 24 tuntia. Keskiyön aurinko näkyy 22. päivään saakka. Kesän paras retkeily- ja matkailu-kausi. Hyvä urheilukalastusaika. Sääskiä. Lämpötila +35 ... +0 °.

Elokuu
Valoisaa 24–18 tuntia. Paras retkeily- ja kalastusaika jatkuu. Sääskiä. Loppukuussa ruskan värejä. Loppukuussa yöllä jo pimeää. Lämpötila +25 ... +0 °.

Syyskuu
Valoisaa 18–10 tuntia. Paras ruska-aika. Ei enää sääskiä. Kuun loppupuolella tulevat ensimmäi-set lumisateet. Lämpötila +15 ... −10 °.

Lokakuu
Valoisaa 10–7 tuntia. Yleensä jo lunta. Loppukuussa voi hiihtää. Tunturijärvet jäätyvät. Lämpö-tila +10 ... −20 °.

Marraskuu
Valoisaa 7–4 tuntia. Kilpisjärvi jäätyy. Hiihtokelit. Kaamos alkaa 25. päivänä. Aurinko ei sen jälkeen nouse horisontin yläpuolelle. Lämpötila −0 ... −35 °.

Joulukuu
Valoisaa 4–2 tuntia. Kaamosaika. Hyvät hiihtokelit. Lämpötila −0 ... −40 °.

Lähde: Antero Rautio: Kilpisjärven opas. Suomen Matkailuliitto 1994. Ensimmäinen painos on ilmestynyt v. 1965, toimittaja Raimo O. Kojo.

Kuinka numeroita luetaan?

Nominatiivi	Genetiivi	Illatiivi	Partitiivi
yksi	yhden	yhteen	yhtä
kaksi	kahden	kahteen	kahta
kolme	kolmen	kolmeen	kolmea
neljä	neljän	neljään	neljää
viisi	viiden	viiteen	viittä
kuusi	kuuden	kuuteen	kuutta
seitsemän	seitsemän	seitsemään	seitsemää
kahdeksan	kahdeksan	kahdeksaan	kahdeksaa
yhdeksän	yhdeksän	yhdeksään	yhdeksää
kymmenen	kymmenen	kymmeneen	kymmentä
yksitoista	yhdentoista	yhteentoista	yhtätoista
kaksikymmentä	kahdenkymmenen	kahteenkymmeneen	kahtakymmentä
sata	sadan	sataan	sataa
tuhat	tuhannen	tuhanteen	tuhatta

Mistä mihin?
yhdestä kahteen
kahdesta kolmeen
kolmesta neljään
neljästä viiteen
viidestä kuuteen
kuudesta seitsemään
seitsemästä kahdeksaan
kahdeksasta yhdeksään
yhdeksästä kymmeneen
kymmenestä yhteentoista
yhdestätoista kahteentoista
kahdestakymmenestä kolmeenkymmeneen

<u>Miten seuraavat numeroilmaukset luetaan?</u>
Hän on työssä kello 9–16.
    (yhdeksästä kuuteentoista)
Kauppa on auki klo 10–18.
    (kymmenestä kahdeksaantoista)
Olen lounastunnilla klo 11–12.
    (yhdestätoista kahteentoista)
Se maksaa 7–9 euroa.
    (seitsemästä yhdeksään euroa)
Konsertti kestää kello 19:stä kello 21:een.
    (yhdeksästätoista kahteenkymmeneenyhteen)
Valoisaa aikaa on 4–6 tuntia.
    (neljästä kuuteen; neljä viiva kuusi)

Milloin?
kello kahden jälkeen
ennen kello kahta, ennen kahta

<u>Lue:</u>
Tulen 12:n jälkeen.
Hän lähti ennen 5:tä.

Järjestysluvut

<u>Nominatiivi</u>	<u>Genetiivi</u>	<u>Illatiivi</u>	<u>Partitiivi</u>
ensimmäinen	ensimmäisen	ensimmäiseen	ensimmäistä
toinen	toisen	toiseen	toista
kolmas	kolmannen	kolmanteen	kolmatta
neljäs	neljännen	neljänteen	neljättä
viides	viidennen	viidenteen	viidettä
kuudes	kuudennen	kuudenteen	kuudetta
seitsemäs	seitsemännen	seitsemänteen	seitsemättä
kahdeksas	kahdeksannen	kahdeksanteen	kahdeksatta
yhdeksäs	yhdeksännen	yhdeksänteen	yhdeksättä
kymmenes	kymmenennen	kymmenenteen	kymmenettä

yhdestoista	yhdennentoista	yhdenteentoista	yhdettätoista
kahdeskymmenes	kahdennen-kymmenennen	kahdenteen-kymmenenteen	kahdetta-kymmenettä
sadas	sadannen	sadanteen	sadatta
tuhannes	tuhannennen	tuhannenteen	tuhannetta

Miten seuraavat numeroilmaukset luetaan?
7. päivä, 14. päivä
 (seitsemäs päivä; neljästoista päivä)
7. päivän jälkeen, 14. päivän jälkeen
 (seitsemännen; neljännentoista)
7. päivään saakka, 14. päivään saakka
 (seitsemänteen; neljänteentoista)
ennen 7. päivää, ennen 14. päivää
 (seitsemättä; neljättätoista)

Miten seuraavat numeroilmaukset luetaan?
Olen matkoilla 1.–5. lokakuuta.
 (Olen matkoilla ensimmäisestä viidenteen lokakuuta.)
Olen täällä 6.–17. lokakuuta.
 (kuudennesta seitsemänteentoista)
Olen siellä 18.–30. lokakuuta.
 (kahdeksannestatoista kolmanteenkymmenenteen)

Milloin?
Olen syntynyt 6. toukokuuta. = Olen syntynyt kuudentena toukokuuta.
Olen syntynyt toukokuun 6. päivänä. = Olen syntynyt toukokuun kuudentena päivänä.

Numero + substantiivi

Täällä on kolme ihmistä.	Numero + substantiivi **subjektina**.
Kolme opiskelijaa tuli tenttiin.	Numero + substantiivi **subjektina**.
Näen kolme ihmistä.	Numero + substantiivi **objektina**.
Luin kolme kirjaa.	Numero + substantiivi **objektina**.

• Jos numero + substantiivi on lauseessa subjektina tai objektina, substantiivi on yksikön partitiivissa ja lukusana nominatiivissa.

• Muuten lukusana on samassa muodossa kuin substantiivi:
 Meillä on ruokaa kolme**lle** ihmise**lle**.
 Puhun kolme**n** ihmise**n** kanssa.
 Puhun kolme**sta** ihmise**stä**.

153

Miten seuraavat numeroilmaukset luetaan?
Tämä lääke riittää 5 päiväksi.
  (viideksi)
Hän lähetti kirjeen 45 opiskelijalle.
  (neljällekymmenelleviidelle)
Näistä kengistä annetaan 30 %:n alennus.
  (kolmenkymmenen)

Luin tämän kirjan 2 päivässä.
  (kahdessa)
Käyn kielikurssilla 5 päivänä viikossa.
  (viitenä)

• Järjestysluku on aina samassa muodossa kuin sen pääsana:
  Antakaa minulle tuo kolmas kukka.
  Saanko tuon kolmannen kukan?
  Pidän tuosta kolmannesta kukasta.

Miten seuraavat numeroilmaukset luetaan?
Milloin tapasit hänet 1. kerran?
  (ensimmäisen)
Sanakirjat ovat 3. hyllyllä.
  (kolmannella)
He asuvat 6. kerroksessa.
  (kuudennessa)
Pääsemme hissillä vain 5. kerrokseen.
  (viidenteen)

Jos tehtäisiin tai jos olisi tehty
Passiivin konditionaali

Kappale kolmekymmentäseitsemän

Voisiko tätä vielä käyttää?

Tuula siivosi vaatekomeroa ja tuuletti vaatteita. Komerossa oli muutamia vaatteita, joita hän ei ollut käyttänyt moneen vuoteen. Hän olisi heittänyt ne pois, mutta isoäiti ja Sari keksivät niille vielä käyttöä.

Isoäiti: Näytäs nyt sitä sinistä hametta. No niin. Minä voisin käyttää tätä, jos tätä vähän lyhennettäisiin. Ei tätä kannata heittää pois, tämä on hyvää kangasta.

Sari: Äiti, tää pusero on hieno! Saanks minä tämän?

Tuula: Sehän on sinulle ihan liian iso.

Sari: Ei kun me esitetään Tiinan ja Leenan kanssa näytelmiä, ja niissä me tarvitaan kaikenlaisia vaatteita.

Tuula: Vai niin. No saathan sinä sen. Mutta minä pesen sen ensin. Kaikenlaisia vaatteita… Onko teillä jossain vaatevarasto?

Sari: On meillä, Leenan kotona, kun Leenalla on oma huone. Me on saatu ihania vaatteita Leenan äidiltä.

Tuula: Vai niin. No katso nyt, löytäisitkö näistä vielä jotakin.

näytäs = näytä+s [Tuttavallinen kehotus.]
tää = tämä
saanks = saanko
saathan sinä sen: Liite **-han** antaa lauseelle sävyn "mikäpä siinä, kyllä sinä voit saada sen".

Neuvottelu syntymäpäivälahjasta

Isoäiti: Kuulkaa, minä sain postia Raili-serkulta. Hän täyttää pyöreitä vuosia ja kutsuu meidät juhliin.

Tuula: Meidät kaikki? Sehän on hauskaa. Seitsemänkymmentäkö hän täyttää?

Isoäiti: Niin. Hän aikoo pitää oikein isot juhlat, koko suvulle. Hän kirjoitti, että ne pidetään siellä maalla, missä hänellä on kesämökki. Siellä on joku iso juhlapaikka, jonka hän on jo varannut.

Tuula: Milloin se juhla on?

Isoäiti: Heinäkuun ensimmäisenä viikonloppuna. Pääsisittekö te mukaan?

Tuula: Siitä pitää neuvotella. Kyllä minä ainakin haluaisin lähteä.

Sari: Ja minä!

Isoäiti: No, sinut otetaan kyllä mukaan.

Tuula: Oletko sinä jo ehtinyt ajatella lahjaa?

Isoäiti: En oikeastaan.

Illalla keskusteltiin lahjasta.

Jorma: Mitä jos annettaisiin hänelle lahjakortti, niin hän saisi ostaa, mitä haluaa.

Tuula: No, miksei… Mutta jos kuitenkin ostettaisiin itse jotakin.

Isoäiti: Raili on nykyään monta kuukautta vuodessa siellä kesämökillä. Mitähän kivaa sinne voisi keksiä?
Tuula: Mitä sanot, jos ostettaisiin keinutuoli?
Isoäiti: Jaa, se voisi olla...
Jorma: Miten se sitten vietäisiin sinne?
Isoäiti: Jaa niin.
Tuula: Otetaan selvää, onko siellä paikkakunnalla huonekalukauppa, niin voitaisiin sitten tilata se tuoli sieltä.
Jorma: Minä voin ottaa selvää. Jos te nyt tosiaan olette sitä mieltä, että keinutuoli olisi hyvä lahja.
Isoäiti: Kyllä se voisi olla.

Mitähän kivaa sinne voisi keksiä? [Kun kysymyksessä on liite -han/-hän, kysymys on retorinen; kysyjä ei vaadi vastausta, vaan pohtii asiaa.]

Tekstien uudet verbinmuodot

Passiivin konditionaalin preesens	Infinitiivi
lyhennettäisiin	lyhentää
annettaisiin	antaa
ostettaisiin	ostaa
vietäisiin	viedä
voitaisiin	voida

Tämä tapahtuu todella	Tässä on ehto, suunnitelma tai toivomus
lyhennetään	lyhennettäisiin
annetaan	annettaisiin
ostetaan	ostettaisiin
viedään	vietäisiin
voidaan	voitaisiin

Passiivin konditionaali
Kuinka muoto tehdään?

• Katsotaan ensin tavallinen preesens ja sitten mennyt aika:
tehdään → tehtiin
Sitten otetaan alku menneen ajan muodosta ja lisätään siihen a tai ä ja isiin:
tehtäisiin.

puhutaan	puhuttiin	puhuttaisiin
kysytään	kysyttiin	kysyttäisiin
kirjoitetaan	kirjoitettiin	kirjoitettaisiin
tavataan	tavattiin	tavattaisiin
herätään	herättiin	herättäisiin
valitaan	valittiin	valittaisiin
häiritään	häirittiin	häirittäisiin

156

tuodaan	tuotiin	tuotaisiin
viedään	vietiin	vietäisiin

ollaan	oltiin	oltaisiin
ajatellaan	ajateltiin	ajateltaisiin
kävellään	käveltiin	käveltäisiin

Kielteinen muoto:
ei tehtäisi
ei puhuttaisi, ei kysyttäisi, ei kirjoitettaisi
ei tavattaisi, ei herättäisi
ei valittaisi, ei häirittäisi
ei tuotaisi, ei vietäisi
ei oltaisi, ei ajateltaisi, ei käveltäisi

Puhekielessä tämä muoto on tavallisesti lyhyempi:

Myönteinen muoto	Kielteinen muoto
puhuttas, kysyttäs, kirjotettas	ei puhuttas, ei kysyttäs, ei kirjotettas
tavattas, herättäs	ei tavattas, ei herättäs
valittas, häirittäs	ei valittas, ei häirittäs
tuotas, vietäs	ei tuotas, ei vietäs
oltas, ajateltas, käveltäs	ei oltas, ei ajateltas, ei käveltäs

Jos olisi tehty niin

– Polkupyörä on varastettu!
– Älä nyt! Missä se oli?
– Ulkona, pihalla.
– Kuka sen jätti ulos? Minähän sanoin, että se täytyy viedä sisään.
– Minä unohdin sen ulos.
– Jos olisi tehty niin kuin minä sanoin, sitä ei olisi varastettu.

Kuka sen **jätti ulos**? Minä **unohdin** sen **ulos**: jättää, unohtaa + Mihin?

Minähän sanoin: minähän = minä+hän [Liite **-hän** ilmaisee, että asia on puhujan mielestä tuttu myös toiselle.]

– Mun sukset ei luista yhtään!
– Jos ne olis voideltu oikein, ne luistais hyvin.
– Enhän mä voinut tietää, että keli muuttuu yhtäkkiä! Jos säätiedotuksessa olis sanottu, että tulee lumisade, niin mä olisin ottanut mukaan eri voiteen.
– No niin, joo. Onneks ei oo enää pitkä matka.
– Nii. Mä koetan päästä eteenpäin, vaik tää on kyllä raskasta.

Enhän mä voinut tietää: enhän = en+hän. [Liite **-hän** ilmaisee, että asia on puhujan mielestä tuttu myös toiselle.]
onneks = onneksi
nii = niin
vaik = vaikka
tää = tämä

Passiivin konditionaalin mennyt aika

<u>Tämä on tapahtunut todella</u>
on tehty
on voideltu
on sanottu

<u>Tämä mahdollisuus on mennyt</u>
olisi tehty
olisi voideltu
olisi sanottu

• olla-verbin konditionaali **olisi** + pääverbin **tu/ty, ttu/tty** -partisiippi.

on puhuttu, on kysytty,
on kirjoitettu

olisi puhuttu, olisi kysytty,
olisi kirjoitettu

on tavattu, on herätty

olisi tavattu, olisi herätty

on valittu, on häiritty

olisi valittu, olisi häiritty

on tuotu, on viety

olisi tuotu, olisi viety

on oltu, on ajateltu,
on kävelty

olisi oltu, olisi ajateltu,
olisi kävelty

Kielteinen muoto:
ei ole tehty
ei ole puhuttu

ei olisi tehty
ei olisi puhuttu

Ehdotuksia
Puhekielen verbinmuotoja
Objektin muotoja

Kappale kolmekymmentäkahdeksan

Pihalla

Virtasilla on piha talon etupuolella ja pieni puutarha talon takana. Kerran kesällä he päättivät kunnostaa pihan. Kaikilla oli ehdotuksia siitä, mitä muutoksia he voisivat tehdä.

Jorma: Meidän täytyy saada tänne vähän lisää tilaa nyt, kun talo tuli suuremmaksi.

Mika: Puretaan leikkimökki!

Sari: Eikä! Ei pureta! Eihän vaan, isä?

Jorma: Ei tietenkään! Ei pureta. Mika kiusaa sinua. Mutta se voitaisiin siirtää toiseen paikkaan.

Tuula: Siirretään se tuohon saunan viereen. Siinä on hyvä, tasainen kohta. Ja laitetaan pihakeinu tähän leikkimökin nykyiselle paikalle.

Jari: Tuo keinu näyttää kyllä aika kamalalta.

Tuula: Niin, on se kyllä jo vanha ja kulunut.

Sari: Ostetaan uusi keinu!

Jorma: No, katsotaan nyt.

Isoäiti: Mitäs sanotte, jos minä ostan tänne uuden keinun? Minähän siinä eniten istuin.

Jorma: Jaa, niinkö ajattelet? Jos te kaikki olette sitä mieltä, että tätä vanhaa ei enää voi korjata, niin... Mutta sitten ajattelin ehdottaa, että kaadetaan tuo koivu.

Isoäiti: Voi voi, raaskitko sinä kaataa sen? Sinä olit ihan pieni poika, kun isäsi istutti sen.

Jorma: Se on nyt liian lähellä rakennuksen seinää. Istutetaan uusi puu tuohon pihan reunaan.

Jari: Laitetaan samalla pensasaita!

Jorma: Siinä on kova työ. Ja pensasaitaa ei ole helppo hoitaa, sitä pitää leikata ja ...

Jari: Kyllä me se hoidetaan, Mika ja minä.

Keskustelu jatkui kauan. Ilta oli lämmin. Isoäiti ja Tuula istuivat vanhassa keinussa ja juttelivat marjapensaista ja omenapuista, Jorma ja pojat mittailivat pihaa ja tarkastivat työkaluja. Sari alkoi kantaa leikkimökistä tavaroita kuistille.

isäsi = isä+si = sinun isä

Puretaan leikkimökki!
Ei pureta.
Siirretään se tuohon saunan viereen.
Laitetaan pihakeinu tähän.
Ostetaan uusi keinu!
No, katsotaan nyt.
Kaadetaan tuo koivu.
Istutetaan uusi puu.
Laitetaan samalla pensasaita.

• Näiden lauseiden verbi on passiivin preesensin muodossa. Tämä verbinmuoto tarkoittaa tavallisesti, että tekijä on tuntematon. Mutta samaa verbinmuotoa käytetään myös monikon 1. persoonan imperatiivina. (Tästä asiasta puhuttiin jo kappaleessa 22.)

Vertaa:

– Saanko mennä?	– Saammeko mennä?	– Saammekohan mennä?
– **Mene** vain!	– **Menkää** vain!	– **Mennään** vain!

– Mitä minä tekisin?	– Mitä me tekisimme?	– Mitä me tekisimme?
– **Katsele** valokuvia!	– **Katselkaa** valokuvia!	– **Katsellaan** valokuvia!

• Tämän imperatiivin kielteinen muoto: ei mennä, ei katsella!

Myönteinen
Maksetaan lasku!
Kävellään sinne!
Soitetaan hänelle!
Mennään sinne vielä joskus!

Kielteinen
Ei makseta laskua!
Ei kävellä sinne!
Ei soiteta hänelle!
Ei mennä sinne enää koskaan!

Kyllä me se hoidetaan, Mika ja minä.
Passiivimuotoa voidaan käyttää myös **me**-pronomin kanssa monikon 1. persoonan muotona. Silloin käytössä ovat kaikki aikamuodot ja myös konditionaali. (Tästäkin puhuttiin kappaleessa 22.)

Kirjakielessä

Mitä me nyt teemme?
Asumme Vantaalla.
Emme asu Helsingissä.

Tulimme bussilla.
Emme tulleet junalla.
Olemme asuneet täällä jo kauan.
Emme ole soittaneet hänelle.

Haluaisimme tavata hänet.

Voisimmeko soittaa?

Puhekielessä

Mitäs me nyt tehdään?
Me asutaan Vantaalla.
Me ei asuta Helsingissä.

Me tultiin bussilla.
Me ei tultu junalla.
Me on asuttu täällä jo kauan.
Me ei olla soitettu hänelle.

Me haluttaisiin tavata hänet. /
Me haluttas tavata hänet.

Voitaisiinko me soittaa? /
Voitasko me soittaa?

Puhekielisiä kysymyksiä ja vastauksia:

– Keitettäskö kahvit?   (= keitettäisiinkö?)
– Keitetään vaan.

– *Mentäskö elokuviin?*   (= mentäisiinkö?)
– *Mennään vaan.*

– *Mitä tehtäs?*   (= tehtäisiin)
– *En tiedä. Jos ei tehtäs mitään.*

Keitettäskös kahvit?
Puhekielessä sanotaan usein **kahvit**, kun tarkoitetaan määrää, joka tarvitaan yhdellä kerralla.
   Keitetään kahvit.
   Juodaanko kahvit?

-s

Mitäs sanotte, jos minä ostan tänne uuden keinun?
Kysymyksen lopussa voi puhekielessä olla **s**. Se on tuttavallista tyyliä.
Samoin tuttavallinen **s** voi olla imperatiivin lopussa.
Esimerkkejä:
Tules tänne!
Katsos tuonne!
Menkääs nyt ulos!
Missäs sinä asut?
Mistäs sinä tulet?
Haluaisittekos te kahvia?

Lounastunnilla

– *Mentäskös kahville?*
– *Miksei. Tai oikeestaan mä en haluais kahvia vaan ruokaa.*
– *No, syödään jotain.*
– *Mihin mennään?*
– *Mennään tohon lähiravintolaan.*
.....
– *Mitä otettas?*
– *Katotaas. Mitäs täällä on?*
– *Spagettia, pizzaa, salaattia ... Mä taidan ottaa vaan salaattia.*
– *Mä haluan jotain lämmintä ruokaa. Eiks täällä oo mitään keittoja? Ai, on täällä kukkakaalikeitto.*
Mä otan sitä.
.....
– *Otat sä jotain jälkiruokaa? Mun tekee mieli jotain makeeta. Mä otan suklaavanukasta.*
– *Mä otan kahvia ja kakkupalan.*
.....
– *Lähetäänkö?*
– *Lähetään vaan. Kävellään vähän aikaa ulkona ennen kuin mennään takaisin työhön.*
– *Joo, tehdään niin.*

– Mentäisiinkö kahville?
– Miksi ei. Tai oikeastaan en haluaisi kahvia vaan ruokaa.
– No, syödään jotakin.
– Mihin mennään?
– Mennään tuohon lähiravintolaan.
...
– Mitä ottaisimme?
– Katsotaanpa. Mitä täällä on?
– Spagettia, pizzaa, salaattia ... Minä taidan ottaa vain salaattia.
– Minä haluan jotakin lämmintä ruokaa. Eikö täällä ole mitään keittoja? Ai, on täällä kukkakaali-
keitto. Minä otan sitä.
...
– Otatko jotain jälkiruokaa? Minun tekee mieli jotain makeaa. Minä otan suklaavanukasta.
– Minä otan kahvia ja kakkupalan.
...
– Lähdetäänkö?
– Lähdetään vain. Kävellään vähän aikaa ennen kuin mennään takaisin työhön.
– Tehdään niin.

Mitä me tarjotaan vieraille?

Anni ja Raimo aikovat kutsua Raimon sisaren ja tämän perheen kylään. He keskustelevat tarjoi-
lusta.
Anni: Tarjotaan heille paistia, perunoita ja salaattia.
Raimo: Tarjotaan vaan. Ostetaan perunat ja salaattiaineet huomenna torilta.
Anni: Tehdään niin. Mene sinä aamulla torille, niin minä alan leipoa. Leivon jotain hyvää kahvi-
pöytään.
Raimo: Toisinko minä torilta omenoita? Omenapiirakka olisi hyvää.
Anni: Tuo vaan.
Raimo: Ai mutta kuule, Anni! Siskon poika ei syö lihaa. Ei kai me voida tarjota hänelle pelkkiä
perunoita ja salaattia?
Anni: Ai niin! Kyllä hänelle pitää keksiä jotain lämmintä ruokaa. Jos laitettaisiin joku kasvis-
piirakka.
Raimo: Hyvä, tehdään niin.
Anni: Entäs jälkiruoka?
Raimo: Ei laiteta mitään erikoista. Minä ehdotan jäätelöä ja marjoja.
Anni: Hyvä on.

Verbin persoonamuodot kirjakielessä	Verbin persoonamuodot puhekielessä (ei koko Suomessa)
menen	minä/mä menen/meen
menet	sinä/sä menet/meet
hän menee	hän/se menee
menemme	me mennään
menette	te menette/meette
he menevät	he/ne menee
menin	minä/mä menin
menit	sinä/sä menit
hän meni	hän/se meni
menimme	me mentiin
menitte	te menitte
he menivät	he/ne meni
olen mennyt	minä/mä oon menny
olet mennyt	sinä/sä oot menny
hän on mennyt	hän/se on menny
olemme menneet	me on/ollaan menty
olette menneet	te ootte menny
he ovat menneet	he/ne on menny
menisin	minä/mä menisin
menisit	sinä/sä menisit
hän menisi	hän/se menis
menisimme	me mentäis/mentäs
menisitte	te menisitte
he menisivät	he/ne menis
olisin mennyt	minä/mä olisin/oisin menny
olisit mennyt	sinä/sä olisit/oisit menny
hän olisi mennyt	hän/se olis/ois menny
olisimme menneet	me oltais/oltas menty
olisitte menneet	te olisitte/oisitte menny
he olisivat menneet	he/ne olis/ois menny
mennään	mennään/mennää
mentiin	mentiin/mentii
on menty	on menty
mentäisiin	mentäs
olisi menty	olis/ois menty
menenkö?	menenks mä? / meenks mä?
menetkö?	meneks sä? / meet sä?
meneekö hän?	meneeks se?

Opiskellaan lisää objektista!

Muistathan "tulosobjektin"? (Kappale 26.)
Tavallisesti tulosobjektin pääte on yksikössä **n**.
 Hän osti auto**n**.
 Voisitko sulkea ove**n**?
 Kirjoitan kirjee**n** ja vien se**n** postiin.

- Mutta tulosobjektissa ei ole **n**-päätettä,
 – jos subjekti on genetiivissä (esim. minun täytyy sulkea)
 – jos verbi on imperatiivissa (esim. sulje, sulkekaa, suljetaan)
 – jos verbi on passiivimuodossa (suljetaan, suljettiin, on suljettu jne.)
  Esim.
  Minun täytyy sulkea **ovi**.
  Sulje **ovi**! Sulkekaa **ovi**! Suljetaan **ovi**!
  Tämä ovi suljetaan kello viisi.

- Monikossa tulosobjektin pääte on aina **t** (joka on oikeastaan monikon tunnus).
 Voisitko sulkea **ovet**?
 Minun täytyy sulkea **ovet**.
 Sulje **ovet**! Sulkekaa **ovet**! Suljetaan **ovet**!
 Nämä ovet suljetaan kello viisi.
  (Nämä on tämä-pronominin monikon nominatiivi. Pronomineissa ei aina ole
  t-päätettä.)

- Jos objektin täytyy olla partitiivissa (prosessiobjekti, osaobjekti tai kielteinen objekti), se on
partitiivissa myös silloin, kun verbi on "täytyy" tai imperatiivi tai passiivimuoto.
 Esim.
  Katson **tätä valokuvaa**.
  Minun täytyy katsoa **tätä valokuvaa**.
  Katsokaa **tätä valokuvaa**!

  Tehdas valmistaa **suklaata** ja **karamelleja**.
  Tehtaassa valmistetaan **suklaata** ja **karamelleja**.

  En avaa **ovea**.
  Älä avaa **ovea**!
  Ovea ei avata.

Vielä vähän objektista

Vertaa:

Jorma ja Tuula tekivät **pienen remontin.**
    Tavallinen lause, jossa on normaali subjekti.
    Tulosobjektissa pääte **n.**

Jorman ja Tuulan täytyi tehdä **pieni remontti.**
    Subjekti genetiivissä. Tulosobjektissa ei päätettä.

Jorman ja Tuulan oli pakko tehdä **pieni remontti.**
    Samoin kuin edellä.

Jormalla ja Tuulalla oli aikaa tehdä **pieni remontti.**
    "Subjektissa" pääte **lla.** Tulosobjektissa ei päätettä.

Jormalla ja Tuulalla oli kiire tehdä **pieni remontti.**
    Samoin kuin edellä.

Jormasta ja Tuulasta oli hauskaa tehdä **pieni remontti.**
    "Subjektissa" pääte **sta.** Tulosobjektissa ei päätettä.

- Tulosobjektissa ei ole **n**-päätettä, jos lauseen rakenne on tällainen:
    n + täytyy (pitää, pitäisi jne.) + infinitiivi + objekti
    n + olla-verbi + nomini + infinitiivi + objekti
    lla, llä + olla-verbi + nomini + infinitiivi + objekti
    sta, stä + olla-verbi + nomini + infinitiivi + objekti

- Monikossa tulosobjektin pääte on **t** myös tällaisissa lauseissa.

- Jos objektin täytyy olla partitiivissa, se on partitiivissa myös tällaisissa lauseissa.

Mitä mennään tekemään?
ma/mä-infinitiivi

Kappale kolmekymmentäyhdeksän

Syömään!

Tuula: Pojat, mihin te olette menossa? Nyt on ruoka-aika.
Mika: Me meinattiin lähteä pelaamaan.
Tuula: Menette sitten, kun on syöty.
Mika: Okei.
Tuula: Jari, menisitkö sanomaan mummolle, että ruoka on valmista. Mummo tulee tänään meille syömään.
Jari: Joo.
Tuula (huutaa ikkunasta Jormalle ja Sarille, jotka ovat ulkona): Syömään!
Jorma: Tullaan.

Aterian jälkeen pojat lähtivät pelaamaan jalkapalloa. Jorma meni ulos jatkamaan pihatöitä ja Sari meni katsomaan, mitä hän teki. Isoäiti ja Tuula jäivät keittiöön juttelemaan, tiskasivat astiat ja alkoivat suunnitella matkaa Helsinkiin. He aikoivat mennä tapaamaan isoäidin sukulaisia Raimoa ja Annia.

Tulkaa syömään!

– Tulkaa tänne!
– Mihin?
– Keittiöön. Ruoka on valmista. Tulkaa syömään!

– Mennään tänään ulos syömään!
– Mennään vain. Mihin mennään?
– Minusta olisi hauskaa mennä kiinalaiseen ravintolaan.

tänne, **keittiöön**, **ulos** ja **ravintolaan** ilmaisevat paikan, johon tullaan tai mennään; **syömään** ilmaisee toiminnan, sen mitä aiotaan tehdä.

Menen kirjastoon lukemaan

– Mihin olet menossa?
– Kirjastoon.

– Mihin olet menossa?
– Menen lukemaan lehtiä.

Kirjastoon ilmaisee paikan, johon mennään; **lukemaan** ilmaisee toiminnan, sen mitä aiotaan tehdä.

Menen lukemaan lehtiä.

• **lukemaan** on verbi, mutta siinä on nominin pääte, joka vastaa kysymykseen **mihin?**

Pääte on **maan/mään**. Se liitetään verbin 3. persoonan vartaloon.

lukea – luen – hän lukee – he lukevat – lukemaan

I.	nukkua	he nukkuvat	nukkumaan
II.	syödä	he syövät	syömään
III.	kävellä	he kävelevät	kävelemään
IV.	tavata	he tapaavat	tapaamaan
V.	häiritä	he häiritsevät	häiritsemään

Kieliopissa tämän muodon nimi on **ma/mä**-infinitiivin illatiivi.

• Tätä muotoa käytetään silloin, kun lauseen pääverbi ilmaisee liikkumista johonkin suuntaan, kuten esimerkiksi

mennä, tulla, juosta, lähteä

Esim.

Menen uimaan.

Tulen kotiin syömään.

Juokse katsomaan, mitä tuolla on tapahtunut.

Lähdetkö kävelemään?

Istukaa odottamaan.

• Pääverbi voi ilmaista myös jonkin objektin liikuttamista, kuten

tuoda, viedä

Esim.

Hän tuo lapset uimaan joka lauantai.

Vien sinut johonkin hyvään ravintolaan syömään.

• On myös paljon muita verbejä, joiden kanssa on toinen verbi **maan/mään**-muodossa. Esim.

joutua, jäädä, opetella, oppia, päästä, ruveta (rupean), ryhtyä,

sattua, suostua, tottua + tekemään jotakin

auttaa, jättää, kehottaa, neuvoa, opettaa, panna, pyytää, päästää,

saada, vaatia + joku/jotakuta tekemään jotakin.

Seuraavassa on esimerkkilauseita näistä verbeistä.

Joudun lähtemään jo puoli kahdeksalta.

= Minun täytyy lähteä jo puoli kahdeksalta.

Jäämme tänne odottamaan.

= Odotamme täällä, emme lähde pois, ennen kuin asia on hoidettu.

Lapset opettelevat uimaan.

= Lapset harjoittelevat vedessä, koska he haluavat oppia uimaan.

He oppivat viime kesänä ajamaan pyörällä.

= Viime kesänä he harjoittelivat, ja nyt he osaavat ajaa pyörällä.

En pääse vielä lähtemään.
= En voi vielä lähteä.
Rupean opiskelemaan ranskaa.
= Alan opiskella ranskaa.
Ryhdyn opiskelemaan ranskaa.
= Alan opiskella ranskaa.
Satutko muistamaan hänen puhelinnumeronsa?
= Muistatko sattumalta hänen puhelinnumeronsa?
Hän ei suostunut tulemaan mukaan.
= Häntä pyydettiin tulemaan, mutta hän kieltäytyi.
Olen tottunut heräämään aikaisin.
= Minulla on tapana herätä aikaisin.
Voitteko auttaa minua kantamaan tämän laatikon sisään?
= En jaksa yksin kantaa laatikkoa; voitteko auttaa minua?
Hän jätti lapset pihalle leikkimään ja meni tekemään ruokaa.
= Ensin he olivat pihalla yhdessä, mutta sitten hän meni sisään ja alkoi tehdä ruokaa, ja lapset jäivät pihalle.
Lääkäri kehotti miestä lopettamaan tupakoinnin.
= Lääkäri sanoi miehelle, että tämän pitäisi lopettaa tupakointi.
Liikennepoliisi neuvoi meitä käyttämään toista tietä.
= Liikennepoliisi antoi meille sellaisen neuvon, että olisi parempi valita toinen tie.
Opettakaa lapset uimaan!
= Näyttäkää lapsille, miten uidaan, ja antakaa heidän harjoitella.
Pane perunat kiehumaan!
= Pane perunat veteen kattilaan ja kattila hellalle (liedelle), niin että vesi alkaa kiehua.
Pyydän heitä tulemaan huomenna.
= Pyydän heiltä, että he tulevat huomenna.
En päästänyt häntä lähtemään.
= En antanut hänen lähteä. Sanoin, että hän ei saa lähteä.
Saitko hänet ymmärtämään asian?
= Sinä puhuit hänelle asiasta ja halusit, että hän ymmärtäisi. Onnistuitko?
Hän vaati kaikkia kuuntelemaan.
= Hän sanoi, että kaikkien täytyi kuunnella.

Hän yrittää saada tulen syttymään.

Anni haluaa ruveta opiskelemaan ranskaa

Anni halusi alkaa opiskella ranskaa. Hän selaili aikuisopiston kurssiesitettä ja katsoi, milloin ja missä kielikursseille voi ilmoittautua. Koska paikka oli lähellä hänen kotiaan, hän päätti mennä ilmoittautumaan paikan päällä. Hän ajatteli, että jos hän soittaisi, hän joutuisi odottamaan puhelimessa kauan.

Anni joutui odottamaan koulussakin. Kun hän tuli paikalle, siellä oli jo melko pitkä jono. Anni katseli ihmisiä ja ajatteli: – Kuinkahan moni heistä aikoo ranskan kurssille? Toivottavasti en tullut liian myöhään.

Anni katsoi opetusohjelmasta, mitä muita kursseja samassa koulussa oli. Ohjelmassa oli paljon eri kielten kursseja ja monenlaisia harrastuskursseja: kitaran- ja pianonsoittoa, piirustusta ja maalausta, valokuvausta, ruoanlaittokursseja, voimistelua ym.

Anni oli kiinnostunut monista kursseista, mutta tänä vuonna hänellä oli aikaa käydä kursseilla vain yhtenä iltana viikossa. Hän valitsi ranskan kurssin, koska hän halusi oppia ääntämään ranskaa.

Jono lähti liikkeelle. Ensimmäiset päästettiin sisään. Annin vuoro tuli pian. Hän kysyi:
– Onko ranskan alkeiskurssi jo täynnä?
– Ei ole. Siinä on vielä tilaa, hänelle sanottiin.
Hän ilmoittautui kurssille.

lähellä hänen kotiaan: kotiaan = kotia+an [Liite –an on sanassa siksi, että edellä on sanan hänen.]

Kuinkahan moni: kuinkahan = kuinka+han [Kun kysymyssanassa on liite –han, kysymys on retorinen. Anni ei odota mitään vastausta, vaan hän vain miettii asiaa.]

Vertaa verbejä ja substantiiveja:

Verbi	Substantiivi, toiminnan nimi
harrastaa	harrastus
maalata	maalaus
opettaa	opetus
piirtää	piirustus
laittaa ruokaa	ruoanlaitto
soittaa	soitto
valokuvata	valokuvaus
voimistella	voimistelu

Edith oppi lentämään

Tuula luki kerran sanomalehdestä jutun, jossa kerrottiin, miten 78-vuotias amerikkalainen Edith Merrill joutui ohjaamaan lentokonetta, vaikka hän ei ollut koskaan ennen lentänyt. Hän oli matkustajana pienkoneessa ja istui ohjaajan vieressä. Edithin lisäksi koneessa oli kaksi muuta matkustajaa, toinen heistä ohjaajan vaimo.

Yhtäkkiä koneen ohjaaja sai sydänkohtauksen eikä pystynyt enää ohjaamaan konetta. Hänen vaimonsa, joka olisi osannut ohjata konetta, istui takana eikä voinut vaihtaa paikkaa Edithin kanssa. Hän käski Edithin tarttua koneen ohjaimiin ja lähetti radiolla hätäsanoman läheisen kentän lennonvalvojille.

Kentältä nousi ilmaan pienkone, jonka ohjaaja antoi radioitse naisille neuvoja siitä, mitä heidän piti tehdä. Kone saatiin laskeutumaan onnellisesti.

Jutun lopussa sanottiin, että Edith sai lennon jälkeen ryypyn ja kupillisen kahvia ja sen jälkeen hänen kätensä vähitellen lakkasivat vapisemasta.

Juttu oli Uuden Suomen Iltalehdessä.

Hän käski Edithin tarttua koneen ohjaimiin: käskeä + genetiivi + infinitiivi.

hänen kätensä lakkasivat vapisemasta: kätensä = kädet+nsä [Liite –nsä on sanassa siksi, että edellä on sana hänen.]

Mitä tekemään? Mitä tekemästä? Mitä tekemässä?
Mitä tekemällä?
ma/mä-infinitiivi

Kappale neljäkymmentäyksi

Mistä sinä tulet? Missä kävit?

– Terve! Mistäs sinä olet tulossa?   mistäs = mistä+s [Tuttavallinen kysymys.]
– No moi! Uimasta. Kävin uimassa.
– Jaa. Käytkö useinkin?
– No, kerran viikossa. Meidän uusi uimahalli on oikein hyvä. Oletko sinä käynyt siellä?
– En ole. Hävettää sanoa, mutta minä en osaa uida. Se taito jäi lapsena hankkimatta.
– Kyllä sen taidon voi hankkia aikuisenakin. Uimakouluja järjestetään aikuisillekin.
– Niin, olen minä sitä joskus ajatellut.
– Ei muuta kuin tuumasta toimeen!
– Katsotaan nyt. Mutta nyt lähden tästä lenkille. Terve vaan!
– Terve!

Pois täältä!

Sari: Äiti! Mika kiipesi saunan katolle.
Tuula: Mika! Mitä sinä siellä teet? Tule heti alas sieltä keikkumasta!
Mika: Joo joo, mä tulin vaan hakemaan mun kengän, kun se lensi tänne.
Tuula: Miten se sinne lensi?
Mika: No kun mä yritin heittää sen katon yli.
Tuula: No voi sun kanssasi! Tule nyt varovasti alas.

Vähän ajan kuluttua:
Sari: Äiti! Mika kiusaa.
Tuula: Mitä nyt taas?
Sari: Se penkoo mun tavaroita.
Tuula: Mika, tule pois sieltä leikkimökistä! Lakkaa kiusaamasta Saria!
Mika: En mä sitä kiusaa. Mä etsin mun uutta pesäpalloa. Sari on varmasti ottanu sen.
Sari: En ole ottanu mitään sun palloa. Mene pois täältä häiritsemästä!
Mika: No menen menen.

No voi sun kanssasi! kanssasi = kanssa+si [Liite **–si** on sanassa siksi, että edellä on sana <u>sun</u> (=sinun).]
ottanu = ottanut

ma/mä-infinitiivillä on muitakin muotoja kuin illatiivi **maan/mään.**

Vertaa:

Mihin?	**Mistä?**	**Missä?**
Menen uimahalliin.	Tulen uimahallista.	Käyn uimahallissa.
Menen uimaan.	Tulen uimasta.	Käyn uimassa.

- **uimasta** on verbi, mutta siinä on nominin pääte, joka vastaa kysymykseen **mistä?**

Pääte on **masta/mästä.** Se liitetään verbin 3. persoonan vartaloon.

    uida – uin – hän ui – he uivat – uimasta

Kieliopissa tämän muodon nimi on **ma/mä**-infinitiivin elatiivi.

uimahallista ilmaisee paikan, josta tullaan tai lähdetään. **uimasta** ilmaisee toiminnan, joka on lopetettu.

- **uimassa** on verbi, mutta siinä on nominin pääte, joka vastaa kysymykseen **missä?**

Pääte on **massa/mässä.** Se liitetään verbin 3. persoonan vartaloon, kuten **maan/mään** ja **masta/mästä.**

    uida – uin – hän ui – he uivat – uimassa

Kieliopissa tämän muodon nimi on **ma/mä**-infinitiivin inessiivi.

uimahallissa ilmaisee paikan, jossa ollaan, **uimassa** ilmaisee toiminnan, joka on käynnissä.

- **massa/mässä**-muotoa käytetään, jos pääverbi on

    olla (jossakin paikassa), käydä (jossakin paikassa).

Pääverbi voi olla myös jokin sellainen verbi, joka tarkoittaa suunnilleen samaa kuin olla, esim.

    istua, maata (jossakin paikassa)

- **masta/mästä**-muotoa käytetään myös, jos lauseen pääverbi on esimerkiksi

    lakata, varoa, varoittaa, kieltää, estää

Esimerkkejä:

Editin kädet lakkasivat vapisemasta.

    = Editin kädet eivät enää vapisseet.

Lakkaa kiusaamasta Saria!

    = Älä enää kiusaa Saria!

Olen lakannut polttamasta.

    = En polta enää.

En voi lakata ajattelemasta sitä.

    = Minun on pakko ajatella sitä, ajattelen sitä aina.

Varo avaamasta tuota ovea!

    = Älä avaa tuota ovea! Voi olla vaarallista avata se.

Varoittakaa lapsia menemästä heikolle
jäälle!
> = Sanokaa lapsille, että he eivät saa
> mennä heikolle jäälle, koska se on
> vaarallista.

Hän kielsi minua puhumasta asiasta
kenellekään.
> = Hän sanoi, että minä en saa puhua
> asiasta kenellekään.

En voi estää sinua lähtemästä.
> = En voi estää sinua, jos sinä haluat
> lähteä.

ma/mä-infinitiivillä on myös muoto, jonka pääte on **matta/mättä**. Dialogissa oli esimerkki:
Se taito jäi lapsena hankkimatta.
> = Kun olin lapsi, en hankkinut sitä taitoa.

• Tämäkin pääte liitetään verbin 3. persoonan vartaloon.
> hankkia – hankin – hän hankkii – he hankkivat – hankkimatta

Muita esimerkkejä:
Kirjoitin postikortin, mutta se jäi lähettämättä.
> = Kirjoitin postikortin, mutta en lähettänyt sitä.

Mehu maistui pahalta, ja jätin sen juomatta.
> = Mehu maistui pahalta, enkä juonut sitä.

Pesin puseron, mutta se on vielä silittämättä.
> = Pesin puseron, mutta en ole vielä silittänyt sitä.

Lähdin pois sanomatta sanaakaan.
> = Lähdin pois, enkä sanonut sanaakaan.

• Tämän muodon nimi on kieliopissa **ma/mä**-infinitiivin abessiivi. Pääte **matta/mättä** ilmaisee, mitä ei tapahdu tai ei ole tapahtunut.

Millä tavalla mummo sai Sarin viihtymään?

Sari tuli sairaaksi eikä voinut mennä kouluun. Mummo hoiti Saria koko päivän, kun Tuula ja Jorma olivat työssä ja pojat koulussa.

Ensin mummo istui Sarin vuoteen vieressä juttelemassa tytön kanssa. Sari pyysi mummoa lukemaan jotakin. Mummo kävi yläkerrassa hakemassa omasta kirjahyllystään Teuvo Pakkalan kirjan "Lapsia" ja luki siitä Sarille yhden kertomuksen.

Sitten mummo teki ruokaa ja he söivät. Mummo teki Sarin mieliruokaa, makaronilaatikkoa, ja jälkiruoaksi Sari sai jäätelöä.

Ruoan jälkeen mummo sanoi: "Nyt otetaan pienet päiväunet. Minä menen sohvalle lepäämään. Nuku sinäkin, Sari, vähän aikaa."

Iltapäivällä mummo pelasi Sarin kanssa pelejä. Kun he eivät enää jaksaneet pelata, Sari kysyi: "Mitä me nyt tehtäis?" Mummo haki suuren valokuva-albumin ja näytti Sarille vanhoja valokuvia ja kertoi, mitä paikkoja ja ihmisiä niissä oli. Saria kiinnostivat eniten ne kuvat, joissa hänen isänsä oli pieni poika.

Sitten mummo ja Sari leikkivät koulua. Sari oli opettaja ja mummo oli koululainen. Sari opetti mummoa laskemaan. Mummo oli aika hyvä oppilas.

Kun toiset tulivat kotiin, Sari oli pirteä ja iloinen, mutta mummo oli väsynyt.

kirjahyllystään = kirjahyllystä+än [Liite **-än** on sanassa siksi, että sana viittaa lauseen subjektiin mummo. Mummo haki kirjan, ja hylly on mummon.]

Mitä me nyt tehtäis? = Mitä me nyt tekisimme?

Millä tavalla mummo sai Sarin viihtymään?
Sarista oli ikävää maata sairaana sängyssä. Mummon täytyi koko ajan keksiä hänelle jotakin tekemistä.
Mitä hän teki Sarin kanssa?
Ensin hän jutteli hänen kanssaan. Sitten hän luki hänelle. Hän teki Sarille sellaista ruokaa, josta tyttö eniten piti. Sitten hän pelasi Sarin kanssa erilaisia pelejä. Sen jälkeen hän näytti Sarille vanhoja valokuvia ja kertoi niistä. Lopuksi hän leikki Sarin kanssa koulua.
Voimme sanoa näin:
Mummo sai Sarin viihtymään **juttelemalla** hänen kanssaan, **lukemalla** hänelle, **tekemällä** hänen mieliruokaansa, **pelaamalla** hänen kanssaan, **näyttämällä** hänelle valokuvia ja **kertomalla** niistä ja **leikkimällä** hänen kanssaan koulua.

• **juttelemalla, lukemalla** jne. ovat verbejä, mutta niissä on nominin pääte, joka vastaa kysymykseen **kuinka? miten? millä tavalla?**
Pääte on **malla/mällä**. Se liitetään verbin 3. persoonan vartaloon.
    lukea – luen – hän lukee – he lukevat – lukemalla
Kieliopissa tämän muodon nimi on **ma/mä**-infinitiivin adessiivi.

Vertaa:
Tulin pyörä**llä**.   Tulin kävele**mällä**.
Kirjoitan koneella.   Voinko hoitaa asian soittamalla hänelle
                                           vai täytyykö minun mennä tapaamaan häntä?
Syömme keittoa lusikalla.   Opitko paremmin lukemalla vai kuuntelemalla?

Paljon tekemistä
Harrastuksia
Toiminnan nimi   **Kappale neljäkymmentäkaksi**

Tavoite

Raimo: No, pääsitkö ranskan kurssille?
Anni: Pääsin. Pääsin ryhmään, joka kokoontuu täällä lähellä.
Raimo: No sehän on hyvä. Alkeiskurssillehan sinä menet?
Anni: Niin. Minä ymmärrän ranskaa jonkin verran, kun luen alkeiskirjan tekstejä, mutta en
ymmärrä ranskankielistä puhetta. Ja ranskan ääntäminen on minusta hyvin vaikeaa. Minun
tavoitteeni eivät ole kovin kunnianhimoisia, mutta toivon, että kurssilla harjoitellaan ääntämistä.
Raimo: Vuoden päästä sinä pääset testaamaan taitojasi, kun mennään Pariisiin.
Anni: No ehkä ruoan tilaaminen onnistuu. Mutta vaikeammat tilanteet saa Sakari hoitaa.
Onneksi hän lukee koulussa ranskaa.

Alkeiskurssillehan sinä menet? alkeiskurssillehan = alkeiskurssille+han. [Lause on kysymys,
vaikka siinä ei ole kysymyssanaa. Liite **-han** ilmaisee, että kysyjä tietää jo vastauksen, mutta
tarkistaa asian varmuuden vuoksi.]

Ranskan ääntäminen on vaikeaa.
Kurssilla harjoitellaan ääntämistä.

- **ääntäminen** on substantiivi, toiminnan nimi.
  Tällainen substantiivi tehdään niin, että lisätään verbin 3. persoonan vartaloon **minen**.
  ääntää – äännän – hän ääntää – he ääntävät – ääntäminen

I.	lukea	he lukevat	lukeminen
II.	juoda	he juovat	juominen
III.	kävellä	he kävelevät	käveleminen
IV.	tavata	he tapaavat	tapaaminen
V.	valita	he valitsevat	valitseminen

- **minen**-sanojen vartalot ovat samanlaisia kuin kaikkien **nen**-sanojen:
  lukeminen   lukemi**se**-   lukemi**s**-

Nominatiivi	Genetiivi	Partitiivi
lukeminen	lukemisen	lukemista
	Mistä?	
	lukemisesta	
	Mihin?	
	lukemiseen	

Missä *minen*-sanoja tarvitaan?

Niitä tarvitaan esimerkiksi subjektina ja objektina.
Esim.

Miten kurssille ilmoittautuminen tapahtuu?	**Mikä?**
Käveleminen on terveellistä.	**Mikä?**
Harrastan kävelemistä.	**Mitä?**
Hän on lopettanut tupakoimisen.	**Minkä?**

minen-sanoja käytetään myös silloin, kun verbin kanssa täytyy olla esimerkiksi **mistä?**- tai **mihin?**-muoto.
Esim.

Pidän lukemisesta.	**Mistä?**
Tykkäätkö hiihtämisestä?	**Mistä?**
Kyllästyin kuuntelemiseen ja lähdin pois.	**Mihin?**

Samoin, kun sellaisesta verbistä on tullut adjektiivi:

Oletko kiinnostunut piirtämisestä?	**Mistä?**

minen-sanoja tarvitaan myös postpositioiden ja prepositioiden kanssa.
Esim.

Älä mene uimaan heti syömisen jälkeen.	**Minkä jälkeen?**
Uimahallissa täytyy käydä suihkussa	
ennen altaaseen menemistä.	**Ennen mitä?**

• Huomaa:
  Jos **minen**-sana on yhdyssanan alkuosana, se ei ole siinä kokonaan, vaan vain **s**-vartalo:
      ääntäminen + harjoitus > ääntämisharjoitus
      tapaaminen + aika > tapaamisaika

Huomaa sanajärjestys:

Tykkäätkö **jäällä hiihtämisestä**?
Uimahallissa täytyy käydä suihkussa ennen **altaaseen menemistä**.
Pidän **romaanien lukemisesta**.

• Verbin adverbiaalit ja objektit ovat yleensä verbin jäljessä. Mutta **minen**-sanan adverbiaalit ja objektit ovat ennen **minen**-sanaa.

Vertaa:

Miten ilmoittaudun kurssille?
    Miten kurssille ilmoittautuminen tapahtuu?
En jaksa enää istua bussissa.
    Olen kyllästynyt bussissa istumiseen.

Uimahallissa täytyy käydä suihkussa, ennen kuin menee altaaseen.
 Uimahallissa täytyy käydä suihkussa ennen altaaseen menemistä.
Minusta on hauskaa kävellä metsässä.
 Pidän metsässä kävelemisestä.
Minusta on ikävää kirjoittaa kuivamustekynällä.
 En pidä kuivamustekynällä kirjoittamisesta.

Huomaa:
• Kun verbistä tehdään **minen**-substantiivi, sen objektista tulee aina **genetiivi**, joka on **minen**-sanan edellä.

Minusta on hauskaa lukea **romaaneja**.
 Pidän **romaanien** lukemisesta.
Kuuntelen mielelläni musiikkia.
 Pidän **musiikin** kuuntelemisesta.
Hän ei polta enää tupakkaa.
 Hän on lopettanut **tupakan** polttamisen.

• Monilla **minen**-sanoilla on synonyymi, jossa on erilainen johdin (**-u, -y, -o, -nti, -us** jne.).
Esim.

katseleminen	katselu
kuunteleminen	kuuntelu
opiskeleminen	opiskelu
pyöräileminen	pyöräily
urheileminen	urheilu
laittaminen	laitto (esim. ruoanlaitto)
soittaminen	soitto
tekeminen	teko
käyminen	käynti
myyminen	myynti
matkustaminen	matkustus
opettaminen	opetus

• **Käveleminen on terveellistä.**
 minen-sanat ja muut toiminnan nimet ovat samanlaisia kuin ainesanat: niiden predikatiivina adjektiivi on partitiivissa.

Vertaa:

Subjekti ainesana	Subjekti toiminnan nimi
Ruoka on hyvää.	Käveleminen on terveellistä.
Kahvi on kuumaa.	Hiihtäminen on hauskaa.
Lumi on valkoista.	Heikolle jäälle meneminen on vaarallista.
Matematiikka on mielenkiintoista.	Valokuvaus on mielenkiintoista.
Musiikki oli modernia.	Kitaransoitto on kaunista.

Onko meillä mitään syömistä?

– Minulla on nälkä. Onko meillä mitään syömistä?
– On meillä leipää ja juustoa. Kananmuniakin on.
– Hyvä. Syödään jotakin.

– Voitko antaa jotakin juomista? Minulla on kamala jano.
– Käykö vesi?
– Kiitos, vesi käy oikein hyvin.

– Juna lähtee pian. Mennään jo sisään.
– Odota vielä vähän. Käyn ostamassa jotakin lukemista.

– Mitä minä tekisin? Minulla ei ole mitään tekemistä.
– Mitä jos järjestäisit nuo valokuvat ja liimaisit ne albumiin?

– Mitä mieltä pojat olivat sinun ehdotuksestasi?
– Ei heillä ollut siihen mitään sanomista. He suostuivat siihen.

Onko meillä mitään syömistä?
    = Onko meillä mitään, mitä voimme syödä?
Voitko antaa jotakin juomista?
    = Voitko antaa jotakin, mitä voi juoda?
Käyn ostamassa jotakin lukemista.
    = Käyn ostamassa lehtiä tai jotakin, mitä voin lukea.
Minulla ei ole mitään tekemistä.
    = Minulla ei ole mitään, mitä voisin tehdä. Aika tulee pitkäksi.
Ei heillä ollut siihen mitään sanomista.
    = He eivät osanneet tai halunneet sanoa siihen mitään.

Virtasen perheen vaiheita
Menneen ajan muodot; kertaus

Kappale neljäkymmentäkolme

Haastattelemme Tuulaa

– Milloin ja missä sinä tapasit Jorman?
– Tapasin hänet Lappeenrannassa eräänä kesänä, kun olin jäätelönmyyjänä rantapuiston kioskissa.
– Kuinka vanha olit silloin?
– 16-vuotias.
– Milloin menitte naimisiin?
– Seuraavana kesänä, kun olin käynyt koulun loppuun.
– Sinä olit hyvin nuori silloin. Oliko Jorma vanhempi?
– Hän oli 19-vuotias. Hän oli kauppaopistossa.
– Missä te ensin asuitte?
– Me asuimme ensin Jorman koulukaupungissa, kun hän sai koulun jälkeen työpaikan sieltä.
– Milloin te muutitte maalle?
– Muutimme tänne Jorman kotitaloon, kun Jorman isä oli kuollut ja äiti jäänyt yksin.
– Oliko teillä silloin jo lapsia?
– Jari oli jo syntynyt, Mika ja Sari ovat syntyneet täällä. – Kun Jorman isä eli, talon yläkerrassa oli vuokralainen, mutta sitten kun me muutimme tänne, mummo muutti yläkertaan.
– Oletko sinä viihtynyt täällä maalla?
– Olen. Täällä on hyvä asua.
– Milloin sinä menit työhön?
– Melko pian sen jälkeen kun olimme muuttaneet tänne.
– Kuka hoiti lapsia?
– Kun pojat olivat pieniä, he olivat naapurissa päivähoidossa. Silloin täällä ei vielä ollut kunnallista päiväkotia. Kun Sari oli pieni, mummo oli jäänyt eläkkeelle ja hän hoiti Saria. Minulla oli silloin lyhyet työpäivät. Lastenhoito ei ollut suuri ongelma.
– Onko sinulla sisaruksia?
– Ei ole. Minä olen vanhempieni ainoa lapsi.
– Eikö vanhemmillasi ole sinua ikävä, kun muutit näin kauas?
– No, ei tämä paikka niin kovin kaukana ole. Lappeenrannasta on tänne aika lyhyt matka. Tietysti isällä ja äidillä joskus on ikävä meitä, koska he eivät voi tavata lapsenlapsiaan useammin. Mutta nyt he ovat vielä työssä ja heillä on paljon hyviä ystäviä ja tuttavia Lappeenrannassa, niin että heidän ei tarvitse tuntea itseään yksinäiseksi. En tiedä, miten heidän elämänsä muuttuu sitten, kun he jäävät eläkkeelle.
– Niin. Se voi olla suuri muutos. Kiitos sinulle haastattelusta.
– Ei kestä. Tämä oli ihan hauskaa.

Eikö vanhemmillasi ole sinua ikävä? = Eivätkö vanhempasi (= isäsi ja äitisi) ikävöi sinua?
vanhemmillasi = vanhemmilla+si. [Liite -si viittaa yksikön 2. persoonaan; Tuula on sinä, jolta kysytään.]

Heidän elämänsä: elämänsä = elämä+nsä [Liite **-nsä** on sanassa siksi, että edellä on sana hei-dän.]

• Menneen ajan muodot

Tekstissä Tuula kertoo vanhoista asioista, omasta historiastaan. Hän käyttää menneen ajan muotoa (**i**-tempusta):

Tapasin hänet Lappeenrannassa eräänä kesänä.

Hän oli kauppaopistossa.

Me asuimme ensin Jorman koulukaupungissa.

Muutimme tänne Jorman kotitaloon.

Jne.

Nämä muodot tarkoittavat tapahtumia, jotka tapahtuivat tiettynä aikana. Voimme sanoa "silloin", "sillä hetkellä", "vuonna 1970" jne.

Tuula kertoo omasta historiastaan: historiastaan = historiasta+an [Liite **-an** ilmaisee, että sana viittaa lauseen subjektiin, Tuulaan.]

Kun puhutaan menneestä ajasta yleisesti, käytetään eri muotoa. Tuula sanoo:

Mika ja Sari ovat syntyneet täällä.

(Tuula ei ajattele heidän syntymäaikaansa, vaan paikkaa.)

Olen viihtynyt täällä.

(Koko ajan, ennen ja vielä nyt.)

Tekstissä on myös kolmas menneen ajan muoto. Tuula sanoo:

Menimme naimisiin, kun minä **olin käynyt** koulun loppuun.

Muutimme tänne, kun Jorman isä **oli kuollut**.

Jari **oli** jo **syntynyt**, kun muutimme tänne.

Mummo **oli jäänyt** eläkkeelle ja hän hoiti Saria.

Tämä muoto tarkoittaa aikaa, joka oli vielä aikaisemmin kuin jokin toinen hetki. Kieliopissa tämän muodon nimi on pluskvamperfekti.

Vertaa:

Preesens tai futuuri

Syön. Sitten menen kävelemään.

Milloin menen kävelemään?

Menen kävelemään, kun olen syönyt.

Kun olen syönyt, menen kävelemään.

Mennyt aika

Söin. Sitten menin kävelemään.

Milloin menin kävelemään?

Menin kävelemään, kun olin syönyt.

Kun olin syönyt, menin kävelemään.

Menneen ajan muodot, kaikki persoonat

-i-	olen + -nut/-nyt	olin + -nut/-nyt
sanoin	olen sanonut	olin sanonut
sanoit	olet sanonut	olit sanonut
sanoi	on sanonut	oli sanonut
sanoimme	olemme sanoneet	olimme sanoneet
sanoitte	olette sanoneet	olitte sanoneet
sanoivat	ovat sanoneet	olivat sanoneet

Kielteiset muodot

en sanonut	en ole sanonut	en ollut sanonut
et sanonut	et ole sanonut	et ollut sanonut
ei sanonut	ei ole sanonut	ei ollut sanonut
emme sanoneet	emme ole sanoneet	emme olleet sanoneet
ette sanoneet	ette ole sanoneet	ette olleet sanoneet
eivät sanoneet	eivät ole sanoneet	eivät olleet sanoneet

Passiivi

-i-	on + -ttu/-tty, -tu/-ty	oli + -ttu/-tty, -tu/-ty
sanottiin	on sanottu	oli sanottu

Kielteiset muodot

ei sanottu	ei ole sanottu	ei ollut sanottu

Haastattelemme Jormaa

– Oletko sinä syntynyt täällä, tässä kylässä?

– En ole. Olen syntynyt Keski-Suomessa. Muutimme tänne, kun olin viisivuotias.

– No sitten olet kuitenkin melkein koko ikäsi asunut täällä.

– Niin olen. Välillä olin muutamia vuosia kaupungissa. Opiskelin kauppaopistossa ja sitten olin työssä eräässä tavaratalossa. Silloin olin jo naimisissakin, ja ensimmäinen lapsemme syntyi kaupungissa.

– Sitten muutitte tänne maalle.

– Niin. Isäni kuoli, ja äitini pyysi meitä muuttamaan tänne. Tuula ja minä olimme jo aikaisemmin suunnitelleet maalle muuttamista. Minä sain työpaikan täältä, ja Tuulakin meni töihin.

– Oliko sinusta hauskaa palata kotikylään?

– Kyllä oli. Vaikka kyllä täytyy sanoa, että tämä kylä on muuttunut paljon. Tämä oli ennen aika pieni paikka. Minusta on mukavaa, kun voin kertoa lapsille näistä maisemista ja näyttää paikkoja, joissa minä lapsena leikin ja kuljin. Tuulakin on viihtynyt täällä, vaikka hän onkin kaupungista kotoisin.

– Mistä sinä Tuulan löysit?

– Jäätelökioskista. Olin nuorena miehenä Tuulan kotikaupungissa eräällä kurssilla. Yhtenä iltana ostin rantapuiston kioskista jäätelön ja ihastuin siihen myyjätyttöön. Taisin syödä aika monta jäätelöä sinä kesänä, kun Tuula oli joka ilta kioskissa.

– Haluaisin vielä kysyä sinun harrastuksistasi. Mitä sinä harrastat?

– No, minä opiskelen englantia. Valokuvaan aika paljon. Käyn elokuvissa. Koko perhe harrastaa kesällä pyöräilyä ja talvella hiihtoa. Nuorempana luin aika paljon, mutta nyt ei oikein ole aikaa. Tässä talossakin on aina jotakin korjaamista.

– Kiitos haastattelusta.

– Ei kestä. Oli hauska jutella.

vaikka hän onkin kaupungista kotoisin: onkin = on+kin [Lauseessa, joka alkaa vaikka-sanalla, on usein verbissä liite -**kin**.]

Haluaisin vielä kysyä sinun harrastuksistasi. = harrastuksista+si [Liite -**si** on sanassa siksi, että edellä on sana sinun.]

Tässä talossakin on aina jotakin korjaamista: talossakin = talossa+kin. [Tässä lauseessa liite -**kin** ilmaisee, että Jorma selittää sitä, mitä hän edellä sanoi. Hänellä ei ole aikaa, koska esimerkiksi talossa on aina jotakin korjaamista.]

Käytyään koulun loppuun Tuula meni naimisiin

Milloin Tuula meni naimisiin?
Tuula meni naimisiin, kun hän **oli käynyt** koulun loppuun.

Tämä sama asia voidaan sanoa myös seuraavalla tavalla:
Tuula meni naimisiin **käytyään** koulun loppuun.

Milloin Tuula ja Jorma muuttivat maalle?
He muuttivat maalle, kun Jorman **isä oli kuollut** ja **äiti oli jäänyt** yksin.

Tämä sama asia voidaan sanoa myös seuraavasti:
He muuttivat maalle Jorman **isän kuoltua** ja **äidin jäätyä** yksin.

Puhekielessä käytetään tavallisesti **kun**-lauseita, mutta kirjakielessä on usein lyhyempi rakenne.

Tuula meni naimisiin, kun **hän** oli käynyt koulun loppuun.

Tuula = hän

Päälauseen tapahtuma	Sivulauseen tapahtuma
on myöhempi.	on aikaisempi.

Päälauseen subjekti on sama kuin sivulauseen subjekti.

→ **Tuula** meni naimisiin käyty**än** koulun loppuun.

He muuttivat maalle, kun **Jorman isä** oli kuollut.

Päälauseen tapahtuma	Sivulauseen tapahtuma
on myöhempi.	on aikaisempi.

Päälauseen subjekti ei ole sama kuin sivulauseen subjekti.

→ He muuttivat maalle **Jorman isän** kuoltua.

• Tuula meni naimisiin **käytyään** koulun loppuun.

käytyään-muodossa on verbin **-ttu/-tty, -tu/-ty**-partisiippi + **a/ä** + possessiivisuffiksi:
käyty+ä+än.
Possessiivisuffiksi ilmaisee, mikä persoona on subjektina.

Tuula sanoo:
Minä menin naimisiin käytyä**ni** koulun loppuun.
Me sanomme Tuulalle:
Sinä menit naimisiin käytyä**si** koulun loppuun.
Me sanomme Tuulasta:
Hän meni naimisiin käytyä**än** koulun loppuun.
Tuula ja Jorma sanovat:
Mentyä**mme** naimisiin asuimme ensin kaupungissa.
Me sanomme Tuulalle ja Jormalle:
Mentyä**nne** naimisiin asuitte ensin kaupungissa.
Me sanomme Tuulasta ja Jormasta:
Mentyä**än** naimisiin he asuivat ensin kaupungissa.

• Possessiivisuffiksia käytetään subjektina silloin, kun päälauseen ja sivulauseen subjekti on sama henkilö.

Esimerkkejä:
Syötyäni lähdin ulos kävelemään.
Mitä ajattelit saatuasi kirjeen?
Tavattuaan Tuulan Jorma ei enää voinut unohtaa häntä.
Soitimme tuttavallemme heti kuultuamme uutisen.
Avasitteko radion heti tultuanne kotiin?
Luettuaan läksynsä pojat lähtivät hiihtämään.

• Jos päälauseen subjekti ja sivulauseen subjekti eivät ole sama henkilö, tarvitaan genetiivi-subjekti:
He muuttivat maalle Jorman **isän kuoltua**.
Päälauseen subjekti on **he**, sivulauseen subjekti **isä**. Sivulauseen subjektista tulee genetiivi: **isän**. Substantiivin jälkeen ei tule possessiivisuffiksia: **isän kuoltua**.

Vertaa:
Jorman isä kuoli. Tuula ja Jorma muuttivat maalle **hänen kuoltuaan**.
Persoonapronominin (hänen) jälkeen tulee possessiivisuffiksi: hänen kuoltua**an**.

Jos subjekti on 1. tai 2. persoona (minä, me, sinä, te), pronominin genetiivi (minun, meidän, sinun, teidän) voi jäädä pois, vaikka päälauseen subjekti ei ole sama kuin sivulauseen:
Käveltyämme vähän aikaa alkoi sataa.
Lähdettyäsi olin hyvin surullinen.

• Tämä verbinmuoto sopii myös silloin, kun päälauseen verbi on preesensissä. Pääasia on, että sivulauseen tapahtuma on aikaisempi.

Vertaa:
Syötyäni lähden ulos kävelemään.
= Kun olen syönyt, lähden ulos kävelemään.

Syötyäni lähdin ulos kävelemään.
= Kun olin syönyt, lähdin ulos kävelemään.

Poikien **aloitettua** koulun Tuula **menee** työhön.
= Kun pojat ovat aloittaneet koulun, Tuula menee työhön.

Poikien **aloitettua** koulun Tuula **meni** työhön.
= Kun pojat olivat aloittaneet koulun, Tuula meni työhön.

- Verbin objektit ja adverbiaalit voivat siirtyä **tehtyä**-muodon eteen:
  Läksynsä luettuaan (= Luettuaan läksynsä) pojat lähtivät hiihtämään.
  Koulusta päästyäni (= Päästyäni koulusta) menin työhön.

Tämän rakenteen nimi on kieliopissa temporaalirakenne.

Samanaikaisia tapahtumia
tehdessä-rakenne (temporaalirakenne)   Kappale neljäkymmentäviisi

Jorma muistelee

Muuttaessamme tähän kylään olin viisivuotias. Siitä alkavat varsinaiset lapsuusmuistoni. Sen kodin, jossa aikaisemmin asuimme, muistan vain hyvin hämärästi.

Sain täällä nopeasti kavereita, varsinkin sitten, kun menin kouluun. Olin mielestäni aika kiltti poika ja pärjäsin koulussa kohtalaisen hyvin. Vanhempani pitivät huolta siitä, että opin myös tavallisia kotitöitä, eikä minulle maksettu niistä palkkaa.

Kouluaikana olin kesäisin töissä muun muassa sahalla ja tiilitehtaassa. Miettiessäni, mitä haluaisin tehdä koulun jälkeen, tuttu kauppias sai minut kiinnostumaan kauppa-alasta. Lähdin opiskelemaan ja jouduin sen takia muuttamaan kaupunkiin. Sieltä sain sitten työpaikankin.

Eräänä kesänä sattui niin, että tapasin ihan toisessa kaupungissa mukavan tytön, ja hänestä tuli sitten vaimoni. Muutimme minun koulukaupunkiini, jossa minulla oli työpaikka. Siellä asuessamme meille syntyi ensimmäinen lapsi. Keskustelimme usein siitä, että haluaisimme kasvattaa lapsemme maalla, ja etsimme sopivaa paikkakuntaa. Kohtalo ratkaisi asian: isäni kuoli, ja äidin ehdottaessa, että muuttaisimme tänne, emme empineet yhtään.

varsinaiset lapsuusmuistoni: lapsuusmuistoni = lapsuusmuistot+ ni
mielestäni = mielestä+ni
vanhempani = vanhemmat+ni
Sieltä sain sitten työpaikankin. = Sieltä sain sitten myös työpaikan.
vaimoni = vaimo+ni
Muutimme minun koulukaupunkiini: koulukaupunkiini = koulukaupunkiin+ni
lapsemme = lapset+mme
isäni = isä+ni

Anni kertoo elämästään

Minun syntyessäni vanhempani asuivat Ruotsissa. Ollessani 5-vuotias he päättivät palata Suomeen.

Asuimme Vaasassa. Kävin koulua 12 vuotta. Päästyäni ylioppilaaksi menin Turun yliopistoon opiskelemaan kieliä. Valmistuttuani työskentelin pari vuotta Vaasassa, mutta mentyäni naimisiin muutin mieheni kanssa Helsinkiin. Miehelläni oli työpaikka Helsingissä, ja minä onnistuin saamaan opettajan paikan eräästä vantaalaisesta koulusta.

Poikamme syntyessä olin jo 35-vuotias.

mieheni kanssa: mieheni = miehen+ni
miehelläni = miehellä+ni
poikamme syntyessä = meidän pojan syntyessä

Asuessaan kaupungissa Jorma työskenteli tavaratalossa

Milloin Jorma työskenteli tavaratalossa?
Jorma työskenteli tavaratalossa silloin, kun hän asui kaupungissa.

Sama asia voidaan sanoa myös seuraavalla tavalla:
Jorma työskenteli tavaratalossa **asuessaan** kaupungissa.

Jorma ja Tuula asuivat kaupungissa silloin, kun ensimmäinen lapsi syntyi.
Tämä sama asia voidaan sanoa myös seuraavasti:
Jorma ja Tuula asuivat kaupungissa **ensimmäisen lapsen syntyessä**.

Puhekielessä käytetään tavallisesti **kun**-lauseita, mutta kirjakielessä on usein lyhyempi rakenne.

Jorma työskenteli tavaratalossa, kun **hän** asui kaupungissa.

Jorma = hän

Päälauseen tapahtuma ja sivulauseen tapahtuma ovat samanaikaiset.
Päälauseen subjekti on sama kuin sivulauseen subjekti.

→ **Jorma** työskenteli tavaratalossa asuessa**an** kaupungissa.

Jorma ja Tuula asuivat kaupungissa, kun **ensimmäinen lapsi** syntyi.

Pää- ja sivulauseen tapahtuma-aika on sama.
Päälauseen subjekti ei ole sama kuin sivulauseen subjekti.

→ **Jorma ja Tuula** asuivat kaupungissa **ensimmäisen lapsen** syntyessä.

• Jorma työskenteli tavaratalossa **asuessaan** kaupungissa.

asuessaan-muodossa on verbin infinitiivi ilman a/ä-vokaalia + **e** + **ssa/ssä** + possessiivisuffiksi:
asu+e+ssa+an.
Jos I tyypin verbin vartalovokaali on **e**, muoto tehdään näin:
luk**e**a → luk**i**essa (**e** muuttuu **i**:ksi).

• Possessiivisuffiksi ilmaisee, mikä persoona on subjekti.
Jorma sanoo:
Työskentelin tavaratalossa asuessa**ni** kaupungissa.
Me sanomme Jormalle:
Työskentelit tavaratalossa asuessa**si** kaupungissa.

Me sanomme Jormasta:
Hän työskenteli tavaratalossa asuessaan kaupungissa.
Tuula ja Jorma sanovat:
Olimme nuoria mennessämme naimisiin.
Me sanomme Tuulalle ja Jormalle:
Olitte nuoria mennessänne naimisiin.
Me sanomme Tuulasta ja Jormasta:
He olivat nuoria mennessään naimisiin.

• Possessiivisuffiksia käytetään subjektina silloin, kun päälauseen ja sivulauseen subjekti on sama henkilö.
Esimerkkejä:
Juodessani aamukahvia luin lehteä.
Mitä tarkoitit sanoessasi niin?
Isoäiti oli väsynyt ja nukahti katsoessaan televisiota.
Käydessämme viimeksi täällä tapasimme koko perheen.
Huomasitteko tullessanne, oliko pihaportti auki?
Monet ihmiset lukevat syödessään.

• Jos päälauseen subjekti ja sivulauseen subjekti eivät ole sama henkilö, tarvitaan genetiivisubjekti:
Perheen asuessa kaupungissa Jorma työskenteli tavaratalossa.
Sivulauseen subjekti on **perhe**, päälauseen subjekti on **Jorma**. Sivulauseen subjektista tulee genetiivi: **perheen.**
Substantiivin jälkeen ei tule possessiivisuffiksia: perheen asuessa.

• Mutta jos sivulauseen subjekti on persoonapronomini, verbissä on possessiivisuffiksi:
Heidän asuessaan kaupungissa Jorma työskenteli tavaratalossa.
Jos subjekti on 1. tai 2. persoona (minä, me, sinä, te), pronominin genetiivi voi jäädä pois, vaikka päälauseen subjekti ei ole sama kuin sivulauseen.
Asuessamme (= Meidän asuessamme) kaupungissa Jorma työskenteli tavaratalossa.
Asuessasi (= Sinun asuessasi) kaupungissa en vielä tuntenut sinua.

• Tämä verbinmuoto sopii myös silloin, kun päälauseen verbi on preesensissä. Pääasia on, että pää- ja sivulauseen tapahtumat ovat samanaikaisia.

Vertaa:
Juodessani aamukahvia **luin** lehteä.
= Kun join aamukahvia, luin lehteä.

Juodessani aamukahvia **luen** lehteä.
= Kun juon aamukahvia, luen lehteä.

Lasten ollessa sairaita isoäiti **hoiti** heitä.
= Kun lapset olivat sairaita, isoäiti hoiti heitä.

Lasten ollessa sairaita isoäiti **hoitaa** heitä.
= Kun lapset ovat sairaita, isoäiti hoitaa heitä.

- Verbin objektit ja adverbiaalit voivat siirtyä **tehdessä**-muodon eteen:
Aamukahvia juodessani (= Juodessani aamukahvia) luin lehteä.
Viimeksi täällä käydessämme (= Käydessämme täällä viimeksi)
tapasimme koko perheen.

Tämänkin rakenteen nimi on kieliopissa temporaalirakenne. Verbinmuodon nimi on
e-infinitiivin inessiivi.

- e-infinitiivin inessiivillä on myös passiivimuoto: **tehtäessä** = silloin kun tehdään / silloin kun
tehtiin. Siinä on samanlainen vartalo kuin passiivin konditionaalin muodossa, ja sen jäljessä **e** +
ssa/ssä.

Pikku onnettomuus
Kuinka? **tehden**
Miksi? **tehdäkseen**

Kappale neljäkymmentäkuusi

Sari tuli kotiin itkien

Sari tuli koulusta kotiin itkien, sukat rikki ja polvet veressä. Mitä oli tapahtunut?
Hän oli kaatunut pyörällä.
Sari lähti koulun pihalta pyörällä, ja kääntyessään tielle hän kaatui. Kaatuessaan hän satutti molemmat polvensa. Sen jälkeen hän ei voinut enää ajaa, vaan hän käveli koko matkan kotiin taluttaen pyörää.
Sarin tullessa kotipihalle mummo istui ikkunan ääressä katsellen ulos. Nähdessään Sarin mummo nousi heti ja meni ulos tyttöä vastaan.
Mummo pesi Sarin polvet ja pani niihin laastarit. Hoitaessaan Sarin polvia hän lohdutti Saria: "Älä itke. Naarmut parantuvat pian."
Sari luuli, että pyörä oli mennyt rikki, mutta Jari tarkasti sen ja sanoi, että se oli kunnossa. Hänen tarkastaessaan pyörää Sari seisoi vieressä katsellen, mitä hän teki, ja unohti kipeät polvensa.

satutti molemmat polvensa; unohti kipeät polvensa: polvensa = polvet+nsa

Tekstissä on 6 verbinmuotoa, jotka vastaavat kysymykseen "Milloin?" Löydät ne, kun vastaat seuraaviin kysymyksiin:
1. Milloin Sari kaatui?
2. Milloin hän satutti polvensa?
3. Milloin mummo istui ikkunan ääressä?
4. Milloin mummo nousi ja lähti ulos?
5. Milloin mummo sanoi Sarille: "Älä itke"?
6. Milloin Sari katseli, mitä Jari teki?

Tekstissä on myös 4 verbinmuotoa, jotka vastaavat kysymykseen "Kuinka?"
1. Sari tuli koulusta **itkien**.
   Sari tuli koulusta. Miltä hän näytti silloin? Hän itki.
   Sari tuli koulusta **ja** itki. → Sari tuli koulusta itkien.

2. Hän käveli koko matkan **taluttaen** pyörää.
   Hän käveli koko matkan. Kuinka hän käveli?
   Hän käveli **ja** talutti **samalla** pyörää. → Hän käveli taluttaen pyörää.

3. Mummo istui ikkunan ääressä **katsellen** ulos.
   Mummo istui ikkunan ääressä. Mitä hän siinä teki?
   Hän katseli ulos. Hän istui ikkunan ääressä **ja** katseli **samalla** ulos.
   → Hän istui ikkunan ääressä katsellen ulos.

4. Sari seisoi Jarin vieressä **katsellen**, mitä hän teki.
   Sari seisoi Jarin vieressä. Miksi hän siinä seisoi? Mitä hän teki siinä?
   Hän seisoi **ja** katseli, mitä Jari teki. → Hän seisoi vieressä katsellen, mitä Jari teki.

itkien, taluttaen, katsellen
• Tällaisissa verbinmuodoissa on verbin infinitiivi ilman a/ä-vokaalia + **e** + **n**: (taluttaa →)
talutta+e+n, (katsella →) katsell+e+n.
Jos I tyypin verbin vartalon vokaali on **e**, se muuttuu **i**:ksi:
(itkeä →) itkien.

• Tämä muoto ilmaisee toimintaa, joka tapahtuu samaan aikaan kuin lauseen pääverbin
toiminta. Tämän verbinmuodon subjekti on sama kuin pääverbin subjekti. Verbinmuodon
subjektia ei merkitä mitenkään: ei tarvita genetiiviä eikä possessiivisuffiksia.
Tämä muoto ei voi korvata **kun**-lausetta. Muoto ei vastaa kysymykseen "milloin?", vaan kuvailee
tapaa.

Lisää esimerkkejä:
   Hän tuli juosten.
   Lapset juoksivat ulos huutaen.
   Hän katsoi minua hymyillen kauniisti.
   Kaikki kuuntelivat juttua nauraen.
   Tulitko työhön pyörällä vai kävellen?
   Hän istui sohvalla lukien lehteä.
   Sairas makasi sängyssä valittaen hiljaa.

• Samaa verbinmuotoa voidaan käyttää myös substantiivin kanssa seuraavasti:
   Hän kuunteli musiikkia **silmät loistaen**.
   Menin hänen luokseen **sydän pamppaillen**.
   Muistatko Edithin, joka oppi lentämään? Hän nousi koneesta **kädet vapisten**.
Tällaisissa lauseissa substantiivi, joka on verbinmuodon edessä, tarkoittaa päälauseen
subjektin osaa.

Tämän verbinmuodon nimi on kieliopissa e-infinitiivin instruktiivi. Eräät kieliopit sanovat
muotoa modaalirakenteeksi.

Jari kertoo unensa

Opiskelin koko päivän ja illan ja vielä yölläkin. Pysyin hereillä juomalla monta kuppia vahvaa
kahvia. Kun menin nukkumaan, en saanut unta. Makasin valveilla ajatellen tenttikysymyksiä.
   Kun lopulta nukahdin, näin hullua unta: Istuin luokassa kirjoittaen vastauksia, ja kun olin
valmis, minun piti palauttaa vastauspaperit opettajalle heittämällä ne hänelle luokkahuoneen yli.
Yksi paperi ei lentänyt perille vaan putosi lattialle. Kun menin nostamaan sitä, sen päällä makasi
iso koira muristen vihaisesti ja näyttäen hampaitaan. Yritin houkutella koiraa pois ojentamalla
sille makkaranpalaa, mutta se ei noussut. Siinä paperissa olivat parhaat vastaukseni. Pelkäsin,

että koira tuhoaa vastaukseni repimällä paperin. Katsoin opettajaa apua pyytäen, mutta hän luki vastauspapereita eikä vilkaissutkaan minua. Sitten heräsin.

parhaat vastaukseni; koira tuhoaa vastaukseni: vastaukseni = vastaukset+ni

Mitä Erikille kuuluu?

Keväällä, kun ensimmäiset kukat ilmestyivät teiden varsille ja metsiköihin ja puut ja pensaat saivat lehdet, Erik innostui kasveista. Hän huomasi, että kaupungissa järjestettiin maksuttomia, kaikille avoimia kasviretkiä, ja päätti lähteä retkelle oppiakseen tuntemaan suomalaisia luonnonkukkia.

Erik katsoi retkialueen karttaa ja totesi, että retkellä käveltäisiin sekä lehtimetsässä että pienen suon reunoilla ja ylitettäisiin puro. Voidakseen liikkua tällaisessa maastossa hän tarvitsi kumisaappaat. Tietysti hän otti mukaan myös kameran, sehän hänellä oli muutenkin melkein aina mukana. Lisäksi hän pakkasi reppuunsa eväät ja vesipullon. Taskussa hänellä oli muistivihko ja kynä.

Retki alkoi varhain aamulla ja kesti viisi tuntia. Retkeläisiä oli parikymmentä, mutta he jakautuivat pieniin ryhmiin, sillä retkellä oli kolme opasta. Erik yritti pysytellä oman ryhmänsä oppaan lähellä kuullakseen, mitä tämä selitti. Välillä hän jäi vähän jälkeen toisista, kun hän pysähtyi ottamaan kuvia tai kirjoittamaan muistiin kasvien nimiä.

Retkellä nähtiin runsaasti tavallisia kevätkukkia ja myös muutamia harvinaisia kasveja. Retken jälkeen Erik luki kotona kasvikirjasta lisää tietoa kasveista. Kirjaa selatessaan ja kuvia katsellessaan hän kiinnitti huomiota siihen, että monien kasvien nimissä oli jonkin eläimen nimi. Koska hän oli yhtä kiinnostunut kielestä kuin kasveista, hän keräsi sellaisia nimiä vihkoonsa: hiirenporras, käenkukka, kanankaali, linnunsilmä, kurjenpolvi, ketunleipä, karhunputki, koiranputki, kissankello, harakankello, peurankello, kissankäpälä, pukinparta, sudenmarja, kurjenmiekka, tikankontti... Hänestä oli hauskaa, että hän tällä tavalla oppi yhtä aikaa eläinten ja kasvien nimiä.

sehän hänellä oli muutenkin melkein aina mukana: sehän = se+hän [Tässä liite **-hän** antaa lauseelle sellaisen sävyn, että asia on meille jo tuttu. Olemme jo aikaisemmin lukeneet, että Erik ottaa usein valokuvia.]

oman ryhmänsä oppaan lähellä: ryhmänsä = ryhmän+nsä

Miksi Erik lähti retkelle?
Erik lähti retkelle **oppiakseen** tuntemaan kasveja.

oppiakseen
- Tässä verbinmuodossa on infinitiivi + **kse** + possessiivisuffiksi:
    oppia+kse+en. Tämä muoto vastaa kysymykseen "Miksi?" "Missä tarkoituksessa?"

Esim.
Hän pysytteli oppaan lähellä. Miksi?
Hän pysytteli oppaan lähellä, **koska hän halusi kuulla,** mitä tämä puhui.
Hän pysytteli oppaan lähellä, **että kuulisi,** mitä tämä puhui.
Hän pysytteli oppaan lähellä **kuullakseen,** mitä tämä puhui.

Possessiivisuffiksi valitaan sen mukaan, mikä päälauseen subjekti on:
Minä lähdin retkelle oppiakse**ni** tuntemaan kasveja.
Sinä lähdit retkelle oppiakse**si** tuntemaan kasveja.
Hän lähti retkelle oppiakse**en**/oppiakse**nsa** tuntemaan kasveja.
Me lähdimme retkelle oppiakse**mme** tuntemaan kasveja.
Te lähditte retkelle oppiakse**nne** tuntemaan kasveja.
He lähtivät retkelle oppiakse**en**/oppiakse**nsa** tuntemaan kasveja.

• Tätä muotoa ei voi yhdistää passiivimuotoon. On valittava lause tai jokin muu ilmaus.
Vertaa esimerkiksi:
Erik osti kumisaappaat **voidakseen** kävellä kosteassa maastossa.
Lapsille ostettiin kumisaappaat, **jotta he voivat** kävellä kosteassa maastossa.

Perhe pyysi pankista lainaa **ostaakseen** asunnon.
Lainaa pyydettiin **asunnon ostamiseen / asunnon ostamista varten**.

Tämän verbinmuodon nimi on kieliopissa a/ä-infinitiivin translatiivi. Rakenteen nimi on kieliopissa finaalirakenne.

Huomaa erikseen seuraavat ilmaukset:
luullakseni = luulen, että ... / luultavasti
muistaakseni = jos muistan oikein
tietääkseni = sen mukaan, mitä minä tiedän
Nämä sanat eivät ilmaise tarkoitusta. Näitä sanoja käytetään seuraavasti:
Luullakseni hän ei tule tänään työhön.
= Luulen, että hän ei tule tänään työhön.
Muistaakseni tässä kaupungissa on 60 000 asukasta.
= Mikäli (=jos) muistan oikein, tässä kaupungissa – – .
Tietääkseni tämä kirja on jo käännetty ruotsiksi.
= Mikäli tiedän, tämä kirja on – – .
Tällaisia sanoja on muutamia muitakin, esimerkiksi **käsittääkseni, toivoakseni** ja **uskoakseni**.

Mitä mummo näki?

Mummo näki ikkunasta, että Sari tuli kotipihalle pyörää taluttaen, ja huomasi tytön itkevän. Hän meni ulos kysymään, mitä oli tapahtunut. Sari kertoi, että hän oli kaatunut pyörällä, ja näytti polviaan. Sukat olivat rikki ja polvet veressä. Mummo lohdutti Saria ja sanoi puhdistavansa polvet ja laittavansa niihin laastarit. Onneksi ei ollut sattunut mitään pahempaa.

Sari itki yhä, sillä hän pelkäsi, että pyörä oli mennyt rikki. Jari katsoi pyörää ja sanoi, että se oli kunnossa.

Sari kysyi, kaatuiko mummo lapsena joskus pyörällä. "Voi voi, monta kertaa silloin, kun opettelin ajamaan", mummo sanoi. "Ihme, että ei koskaan käynyt pahemmin." Mummo muisti, miten hän kerran kaatui niin, että pyörä meni rikki ja hän pelkäsi isän olevan vihainen. Hän ei kuitenkaan halunnut kertoa tätä Sarille, eikä hän näyttänyt tälle omia polviaan, joissa oli yhä arpia muistona kaatumisista.

näytti polviaan: polviaan = polvia+an [Liite **-an** on sanassa siksi, että sana viittaa lauseen subjektiin (<u>Sari</u>).]

eikä hän näyttänyt tälle omia polviaan [Tässä liite viittaa samoin lauseen subjektiin (<u>hän</u>).]

Mitä mummo näki ja huomasi?
Hän näki, että Sari tuli kotipihalle, ja huomasi tytön itkevän.

Tässä on kaksi objektia:
Hän näki, **että Sari tuli kotipihalle.**
Hän huomasi **tytön itkevän**.

• Monilla verbeillä voi olla objektina **että**-lause.
Esim.

> Äiti kuulee, että vauva itkee.
> Naapuri kertoi, että hän muuttaa kaupunkiin.
> Tiedän, että lapset pitävät mansikoista.
> Luuletko, että kaikki tulevat mukaan?
> Pojat ilmoittivat, että he tulevat.

Tällainen objektilause voidaan vaihtaa rakenteeksi, jossa objektilauseen verbistä tulee partisiippi.

> Äiti kuulee vauvan itkevän.
> Naapuri kertoi muuttavansa kaupunkiin.
> Tiedän lasten pitävän mansikoista.
> Luuletko kaikkien tulevan mukaan?
> Pojat ilmoittivat tulevansa.

• Jos päälauseessa ja objektilauseessa on eri subjekti, rakenteessa on genetiivisubjekti:
   Mummo huomasi, että **Sari** itki.
   → Mummo huomasi **Sarin** itkevän.
• Jos päälauseessa ja objektilauseessa on sama subjekti, rakenteessa ei ole genetiivisubjektia, vaan partisiipin lopussa on possessiivisuffiksi:
   Mummo sanoi, että **hän** laittaa polviin laastarit.
   Mummo = hän
   → Mummo sanoi laittava**nsa** polviin laastarit.

Vertaa:
   Mummo sanoi, että Sari oli surullinen. →Mummo sanoi **Sarin olevan** surullinen.
   Sari sanoi, että hän oli surullinen. →Sari sanoi **olevansa** surullinen.

Kaikki persoonat:

minä sanon olevani	me sanomme olevamme
sinä sanot olevasi	te sanotte olevanne
hän sanoo olevansa	he sanovat olevansa

Possessiivisuffiksin edellä **n**-pääte katoaa: olevan – olevani, olevasi jne.

• Partisiipin lopussa on **-van/-vän** (tai **-va/-vä** + possessiivisuffiksi) seuraavissa tapauksissa:
   – Objektilauseen toiminta tapahtuu samaan aikaan kuin päälauseen toiminta.
   – Objektilauseen toiminta tapahtuu myöhemmin kuin päälauseen toiminta.
   – Objektilauseen aikamuoto on yleinen preesens (ei tarkoita vain nykyhetkeä).

• Partisiipissa on verbin 3. persoonan vartalo + **va/vä** + **n**.

nousta	he nousevat	nousevan
hiihtää	he hiihtävät	hiihtävän
tehdä	he tekevät	tekevän

Tämän rakenteen nimi on kieliopissa referatiivirakenne tai partisiippirakenne..

Huomautuksia

• Jos objektilause on kielteinen, sitä ei voi vaihtaa referatiivirakenteeksi.
   Jari sanoi, että pyörä ei ollut rikki.

• Jos objektilauseessa on **täytyy**-verbi, sitä ei voi vaihtaa referatiivirakenteeksi.
   Mummo sanoi, että Sarin polviin täytyi laittaa laastarit.

• Jos objektilause on **minulla on** -tyyppinen lause, sitä on vaikea vaihtaa referatiivirakenteeksi. On parempi käyttää että-lausetta.
   Sari sanoi, että hänellä oli paha mieli.

• Jos objektilause on **Pöydällä on kirja** -tyyppinen lause, sitä on vaikea vaihtaa referatiivirakenteeksi. On parempi käyttää että-lausetta.

Sari sanoi, että koulussa oli hyvää ruokaa.

• Referatiivirakenne kuuluu lähinnä kirjakieleen, mutta sitä käytetään myös puheessa, jos rakenne ei ole pitkä eikä monimutkainen. Kuitenkin puheessa ovat että-lauseet tavallisempia kuin rakenteet.

Toisaalta kirjoitetussa tekstissä voi aivan hyvin käyttää sivulauseita, ei ole pakko käyttää rakenteita. Kirjoittajat vaihtelevat ilmaisutapoja tyylin mukaan.

Tavallisimpia verbejä, joilla voi olla referatiivirakenne objektina:
1. sanoa, ilmoittaa, kertoa, väittää, myöntää
2. luulla, uskoa, toivoa, kuvitella, arvella
3. muistaa, tietää, ymmärtää, huomata, nähdä, kuulla

Jari vieraili Mikan leirillä

Mikan kesäleirillä oli vierailupäivä, ja Jari kävi tapaamassa häntä. Mika kertoi Jarille leiripäivistä ja sanoi viihtyvänsä hyvin. Hän kertoi uineensa jo ensimmäisenä iltana ja sen jälkeen joka päivä monta kertaa. Kaverit olivat Mikan mielestä kivoja, ja ruoka oli hyvää.

Mika sanoi, että heidän täytyi herätä aamulla puoli kahdeksalta ja että he eivät saaneet illalla olla ulkona kello yhdeksän jälkeen. Joskus oli vaikea ruveta heti nukkumaan, ja silloin kerrottiin hassuja tai jännittäviä juttuja, mutta yritettiin puhua hiljaa. Se ei ollut ihan helppoa, kun teltassa oli neljä poikaa. Jokaisessa teltassa oli neljä asukasta.

Kun Jari kysyi, oliko tapahtunut mitään erikoista, Mika kertoi yhden pojan tavaroiden kastuneen, kun teltassa oli reikä eikä sitä huomattu, ennen kuin alkoi sataa. Tavarat kuivuivat nopeasti, ja reikä paikattiin.

Jari kuuli yhden pojan sairastuneen ja joutuneen käymään lääkärissä. Onneksi se ei ollut mitään vakavaa, vaan hän pääsi takaisin leirille.

Kotona Jari kertoi Mikan näyttäneen iloiselta ja tyytyväiseltä. "Voitte olla rauhallisia", hän sanoi Tuulalle ja Jormalle, "kyllä Mika siellä pärjää."

Vertaa:

Jari kertoi **Mikan heräävän** tavallisesti puoli kahdeksalta.
= Jari kertoi, että Mika herää tavallisesti puoli kahdeksalta.
Jari kertoi **Mikan heränneen** eilen puoli kahdeksalta.
= Jari kertoi, että Mika heräsi eilen puoli kahdeksalta.

Mika sanoi **heräävänsä** tavallisesti puoli kahdeksalta.
= Mika sanoi, että hän herää tavallisesti puoli kahdeksalta
Mika sanoi **heränneensä** eilen puoli kahdeksalta.
= Mika sanoi, että hän heräsi eilen puoli kahdeksalta.

• Kun objektilauseen toiminta on tapahtunut aikaisemmin kuin päälauseen toiminta, objektilause voidaan vaihtaa rakenteeksi, jossa on menneen ajan partisiippi. Sen lopussa on **-neen** (**-seen, -leen, -reen**).

• Jos päälauseessa ja objektilauseessa on eri subjektit, objektilauseen subjekti muuttuu genetiiviksi:

Tiedän, että Jari kävi tapaamassa Mikaa leirillä.
→ Tiedän **Jarin** käyneen tapaamassa Mikaa leirillä.

• Jos päälauseessa ja objektilauseessa on sama subjekti, rakenteeseen ei tule genetiivisubjektia, vaan partisiipin lopussa on possessiivisuffiksi:

Jari kertoi, että hän kävi tapaamassa Mikaa leirillä.

→ Jari kertoi käyneensä tapaamassa Mikaa leirillä.

Kaikki persoonat:

minä sanon käyneeni	me sanomme käyneemme
sinä sanot käyneesi	te sanotte käyneenne
hän sanoo käyneensä	he sanovat käyneensä

Possessiivisuffiksin edellä partisiipin -n katoaa: käyneen – käyneeni, käyneesi, käyneensä jne.

• Menneen ajan partisiipissa on verbin infinitiivin vartalo + **-nut/-nyt** (**-sut/-syt, -lut/-lyt, -rut/-ryt**).
• Rakenteessa tästä partisiipista tulee genetiivi: sen lopussa on **-neen** (**-seen, -leen, -reen**).

I. lukea	luke-	lukenut	lukeneen
hiihtää	hiihtä-	hiihtänyt	hiihtäneen
II. tuoda	tuo-	tuonut	tuoneen
käydä	käy-	käynyt	käyneen
III. olla	ol-	ollut	olleen
surra	sur-	surrut	surreen
nousta	nous-	noussut	nousseen
mennä	men-	mennyt	menneen
IV. tavata	tavat-	tavannut	tavanneen
herätä	herät-	herännyt	heränneen
V. valita	valit-	valinnut	valinneen
häiritä	häirit-	häirinnyt	häirinneen

Tämänkin rakenteen nimi on kieliopissa referatiivirakenne tai partisiippirakenne.

tehneen-rakenne voi olla samojen verbien objektina kuin **tekevän**-rakenne.
Jos objektilausetta ei voi vaihtaa **tekevän**-rakenteeksi (ks. s. 195–196), sitä ei voi vaihtaa myöskään **tehneen**-rakenteeksi.

Tapahtuneita ja tehtyjä asioita
Partisiipit attribuuttina

Kappale neljäkymmentäyhdeksän

Kadonneet valokuvat löytyivät

Isoäiti (Kerttu): Kuule, Tuula, minä en löydä mistään niitä Raili-serkun syntymäpäivillä otettuja kuvia. Jäivätköhän ne tänne alakertaan, kun katsottiin niitä yhdessä?

Tuula: En kyllä muista nähneeni niitä sen jälkeen. Olisikohan Jorma laittanut ne jonnekin talteen?

Isoäiti: Minä näyttäisin niitä Raimolle, kun hän tulee huomenna käymään.

Tuula: No etsitään ne, kyllä ne varmasti jostain löytyvät. Sari, et sinä ole nähnyt mummon valokuvia täällä?

Sari: Ai mitä valokuvia?

Tuula: Niitä, jotka otettiin silloin, kun me oltiin Raili-tädin syntymäpäivillä.

Sari: Joo, ne on tuolla kirjahyllyn päällä, tuolla, lehtien päällä.

Tuula: No hyvä! Kyllä sinulla on tarkat silmät. Vie ne kuvat nyt mummolle.

Isoäiti: Kiitos, Sari!

Jäivätköhän = jäivät+kö+hän; Olisikohan = olisi+ko+han. [Kun kysymyksessä on liite **-han/ -hän**, kysymys on retorinen, siihen ei odoteta vastausta. Kerttu ja Tuula vain pohtivat asiaa.]

Raimo katselee kuvia

Kerttu: Harmi, että sinä et päässyt Railin juhliin. Siellä oli paljon sukulaisia ja vanhoja ystäviä.

Raimo: Joo, meillä oli ne yllättäen tulleet Amerikan-vieraat työpaikalla. Niille piti esitellä Helsinkiä. Olisin minä mielelläni tullut.

Kerttu: No, katsotaan näitä kuvia, niin näet, minkälaista siellä oli. Nämä kuvat ovat sieltä juhlapaikalta. Tässä on päivänsankari.

Raimo: Yhtä nätti on kuin ennenkin. Hän on tainnut pysyä terveenä.

Kerttu: On. Jotain hän kertoi viime vuonna tehdystä leikkauksesta, mutta se ei kuulemma ollut mitään vakavaa, eikä hän halunnut puhua siitä sen enempää.

Raimo: Niin, ei siinä juhlatunnelmassa. Ja tässä olette sitten kaikki Railin ympärillä. Sukulaiset minä tunnen, mutta tuossa takarivissä on tuntemattomia.

Kerttu: Ne ovat naapureita, ja nuo oikeassa reunassa istuvat naiset ovat Railin entisiä työtovereita.

Raimo: Aha. Ovatko nämä kuvat Railin mökiltä?

Kerttu: Kyllä. Me menimme juhlan jälkeen mökille yöksi, koko meidän perhe.

Raimo: Minä en ole nähnytkään Railin kesäpaikkaa. Tiesin kyllä, että hän on ostanut mökin. Näytäs tuota kuvaa. Ei olekaan mikään pieni mökki.

Kerttu: No ei, siellä on tilaa vieraillekin. Muuten, katsos tätä kuvaa. Muistatkos sinä, mikä esine tämä on, tässä keittiön oven vieressä?

Raimo: Se näyttää tutulta. Hyvä ihme, ei kai se ole se rasia, jonka minä tein koulussa ja annoin Raililla joululahjaksi?

Kerttu: Se se on. Raili säilyttää siinä kirjeitä ja kortteja.

Raimo: Vai niin, enpä olisi arvannut, että hänellä on se vielä tallessa. Mutta mitäs tämä kuva esittää?

Kerttu: Voi voi, se kuva pitää heittää pois. Minä halusin ottaa oikein hienon kuvan Railin syntymäpäiväkukista, mutta tuo pöydälle unohtunut kameran kotelo pilasi sen.

Raimo: No joo, ei se oikein kivalta siinä näytä.

Kerttu: Haluaisitko sinä näistä kuvista joitakin? Minä voin teettää niitä sinulle. Merkitse vaikka sinne kuvien taakse, mitkä sinä haluat. Minä menen nyt kutsumaan Tuulan ja Jorman kahville.

Minä en ole nähnytkään Railin kesäpaikkaa: nähnytkään = nähnyt+kään. [Verbissä oleva liite **-kään** korostaa sitä, miten lause liittyy tilanteeseen. Raimon lause ilmaisee, että hän katsoo mökkikuvia kiinnostuneena.]

Ei olekaan mikään pieni mökki: ei olekaan = ei ole+kaan. [Tässä liite **-kaan** antaa lauseelle kehuvan sävyn. Ehkä mökin koko oli Raimolle yllätys.]

Tekstin uusia ilmauksia:
kadonneet valokuvat = valokuvat, jotka olivat kadonneet
Raili-serkun syntymäpäivillä **otettuja** kuvia = kuvia, jotka on otettu / otettiin Raili-serkun syntymäpäivillä
yllättäen **tulleet** Amerikan-vieraat = Amerikan-vieraat, jotka tulivat yllättäen
viime vuonna **tehdystä** leikkauksesta = leikkauksesta, joka tehtiin viime vuonna
oikeassa reunassa istuvat naiset = naiset, jotka istuvat oikeassa reunassa
pöydälle **unohtunut** kameran kotelo = kameran kotelo, joka unohtui pöydälle

• Partisiippia voidaan käyttää adjektiivina.
Jos partisiippi on substantiivin edessä (substantiivin attribuuttina), se on samassa muodossa kuin substantiivi.

Esimerkiksi:

Nominatiivi	Vartalo	Genetiivi	Partitiivi
kadonnut	kadonnee-	kadonneen	kadonnutta
otettu	otetu-	otetun	otettua
istuva	istuva-	istuvan	istuvaa

Muita muotoja
kadonneella, otetulla, istuvalla
kadonneelle, otetulle, istuvalle
kadonneesta, otetusta, istuvasta jne.

Mon. nom.	Mon. partit.
kadonneet	kadonneita
otetut	otettuja
istuvat	istuvia

Huomaa sanajärjestys (adverbiaalin paikka):
Raili-serkun syntymäpäivillä otettuja kuvia
viime vuonna tehdystä leikkauksesta
oikeassa reunassa istuvat naiset

!

Lisää esimerkkejä:

Tässä kuvassa on omenapuu. Puun alla on omena.
Kukaan ei ole ottanut omenaa puusta. Se on pudonnut itse puusta.
Se on **pudonnut omena**.
Pudonnut omena = omena, joka on pudonnut.
Maahan pudonnut omena = omena, joka on pudonnut maahan.

Tässä kuvassa on tyttö, jolla on kädessä omena. Hän otti sen puusta.
Tytöllä on kädessä **puusta otettu omena**.

• Partisiipit, joiden tunnus on **-nut/-nyt** tai **-ttu/-tty, -tu/-ty-**, ovat menneen ajan
partisiippeja. Ne ilmaisevat jotakin, mikä on jo tapahtunut.

• **-nut/-nyt**-partisiippia käytetään, kun tekijä tiedetään.
Kieliopissa tämän muodon nimi on NUT-partisiippi.

• **-ttu/-tty, -tu/-ty**-partisiippia käytetään, kun tekijää ei tiedetä. Se on passiivimuoto. Kieliopissa tämän muodon nimi on TU-partisiippi.

Tässä kuvassa tyttö istuu omenapuun alla ja syö omenaa.
Kuvassa on omenapuun alla istuva ja omenaa syövä tyttö.

• Partisiippi, jonka tunnus on **-va/-vä**, on preesensin partisiippi. Se ilmaisee toimintaa, joka tapahtuu tällä hetkellä tai samalla hetkellä kuin jokin muu toiminta.

Kieliopissa tämän muodon nimi on VA-partisiippi.

-ttu/-tty, -tu/-ty-partisiipin taivutusmuodoissa täytyy huomata konsonanttivaihtelu:

Yksikön nominatiivi	Monikon nominatiivi
otettu	otetut
tehty	tehdyt

Monikon nominatiivista voi nähdä, mikä partisiipin heikko vartalo on.

Yks. nom.	Mon. nom.	Vartalo
otettu	otetut	otetu-
tehty	tehdyt	tehdy-

• Jos partisiipin lopussa on **-ttu**, vartalossa on **-tu-**.
Jos partisiipin lopussa on **-tty**, vartalossa on **-ty-**.
• Jos partisiipin lopussa on **-tu/-ty** ja sen edellä vokaali, vartalossa on **-du-/-dy-**.
• Jos partisiipin lopussa on **-tu/-ty** ja sen edellä konsonantti, vartalossa **t** muuttuu samaksi konsonantiksi, esimerkiksi:

| suunniteltu | suunnitellut | suunnitellu- |

• Partisiipin vahva vartalo on sama kuin yksikön nominatiivi.

Yks. nom.	Heikko vartalo	Vahva vartalo
otettu	otetu-	otettu-
tehty	tehdy-	tehty-
suunniteltu	suunnitellu-	suunniteltu-

Vahvaa vartaloa tarvitaan partitiivissa, illatiivissa, essiivissä ja monikon genetiivissä. Esim.
kaksi luettua kirjaa, luettuja kirjoja, tuotuun pakettiin, tuotuihin paketteihin,
sovittuna päivänä, sovittuina päivinä, suunniteltujen matkojen

Lajittelua

Jarilla ja Mikalla oli kova työpäivä kotona. Tuula pyysi heidät avuksi, kun hän alkoi tyhjentää vanhassa saunarakennuksessa olevaa varastoa. Hän laittoi pihalle viisi suurta pahvilaatikkoa ja kirjoitti niihin laput:

KIRPPUTORILLE VIETÄVÄT TAVARAT

PAPERINKERÄYKSEEN VIETÄVÄT

LASINKERÄYKSEEN VIETÄVÄT

POIS HEITETTÄVÄT

SÄILYTETTÄVÄT

Pojat: Mistä me tiedämme, mitkä tavarat täytyy heittää ja mitkä on säilytettävä?

Tuula: Minä lajittelen tavarat, ja te kannatte ne laatikoihin. Jos te olette eri mieltä jostakin tavarasta, sanokaa vain, niin päätetään yhdessä. Aloita sinä, Mika, noista vanhoista lehdistä. Niitä on kertynyt tänne ihan kauhean paljon.

Jari: Viedäänkö nuo hyllyillä olevat pullot ja purkit lasinkeräykseen?

Tuula: Viedään. Laita kaikki laatikkoon. Nyt kun saatiin kylälle lasinkeräyspaikka, niin päästään näistä eroon.

Jari: Mihin sinä sitten säilöt syksyllä marjat ja mehut?

Tuula: Minulla on mehuja varten tarpeeksi pulloja kellarissa, ja marjat minä pakastan.

Jari: Mihin kirpputoritavarat viedään?

Tuula: Ensi lauantaina on koulun kentällä kirpputori. Sinne kerätään tavaroita myytäväksi. Tulot lahjoitetaan hyväntekeväisyyteen.

Mika: Mitä mä nyt teen? Lehdet on kaikki laatikossa.

Tuula: Minä heitän täältä tavaroita, jotka saat laittaa pois heitettävien laatikkoon. Täältä tulee ensimmäinen. Pois alta!

Mika: Tänne vaan, sinä pois heitetty saapas! Tuleeko sen pari myös?

Tuula: Tulee, jos löydän sen täältä kasasta ...

Ja niin jatkettiin. Tavaroiden lajittelussa kului monta tuntia. Yhtäkkiä Tuula istahti kynnykselle ja sanoi: – Nyt on pakko saada kahvia!

Juuri silloin isoäiti tuli pihalle kantaen tarjotinta. – Maistuisiko kahvi? Tuon teille myös vähän syötävää.

Kahvitauon jälkeen jatkettiin lajittelua. Kun kaikki laatikot olivat täynnä, Tuula kävi vielä kerran läpi säilytettäviksi tarkoitetut esineet ja siirsi niistä muutamia kirpputorilaatikkoon. Mika ja Jari halusivat puolestaan tarkastaa sen, ja he poistivat siitä muutamia mielestään talteen pantavia tavaroita. Lopulta kaikki olivat tyytyväisiä työn tulokseen.

mielestään = mielestä+än = heidän mielestä

• **-ttu/-tty**-partisiippi ilmaisee mennyttä aikaa. Kun puhutaan asioista, jotka on jo tehty, käytetään **-ttu/-tty**-partisiippia.

• Kun puhutaan asioista, joita ei vielä ole tehty mutta jotka tehdään myöhemmin, käytetään partisiippia, jonka lopussa on **-ttava/-ttävä** tai **-tava/-tävä**.

kirpputorille vietävät tavarat = tavarat, jotka viedään kirpputorille
paperinkeräykseen vietävät lehdet = lehdet, jotka viedään paperinkeräykseen
lasinkeräykseen vietävät pullot = pullot, jotka viedään lasinkeräykseen
pois heitettävät esineet = esineet, jotka heitetään pois
säilytettävät tavarat = tavarat, jotka säilytetään
talteen pantavia tavaroita = tavaroita, jotka pannaan talteen

• Kun käytetään tätä partisiippia, ei sanota, kuka on tekijä.

Kieliopissa tämän muodon nimi on TAVA-partisiippi.

• **-ttava/-ttävä, -tava/-tävä**-partisiippi voi ilmaista myös asioita, jotka täytyy tehdä.
Esimerkkejä:

maksettava lasku = lasku, joka täytyy maksaa
tenttiin luettava kirja = kirja, joka täytyy lukea tenttiin
kasteltava kukka = kukka, joka täytyy kastella

• **-ttava/-ttävä, -tava/-tävä**-partisiippi tehdään samalla tavalla kuin **-ttu/-tty, -tu/-ty**-partisiippi.

I.	lukea	luen	luettiin	luettu	luettava
	kääntää	käännän	käännettiin	käännetty	käännettävä
II.	tuoda	tuo-	tuotiin	tuotu	tuotava
	viedä	vie-	vietiin	viety	vietävä
III.	ajatella	ajatel-	ajateltiin	ajateltu	ajateltava
	kävellä	kävel-	käveltiin	kävelty	käveltävä
IV.	maalata	maalat-	maalattiin	maalattu	maalattava
	kerätä	kerät-	kerättiin	kerätty	kerättävä
V.	palkita	palkit-	palkittiin	palkittu	palkittava
	merkitä	merkit-	merkittiin	merkitty	merkittävä

• **-ttava/-ttävä, -tava/-tävä**-partisiipissa ei tapahdu konsonanttivaihtelua, koska **t** ja **tt** eivät ole sanan vartalon lopussa.

Yksikön nominatiivi
säilytettävä purkki
myytävä kirja

Monikon nominatiivi
säilytettävät purkit
myytävät kirjat

Muita muotoja
säilytettävässä purkissa
kaksi myytävää kirjaa

Muita muotoja
säilytettävissä purkeissa
paljon myytäviä kirjoja

- Monikon taivutusmuodoissa partisiipin vartalo on **-ttavi-/-ttävi-** tai **-tavi-/-tävi-**.

Sinne kerätään tavaroita **myytäväksi**. = Sinne kerätään tavaroita myyntiä varten.
Tuula kävi vielä kerran läpi **säilytettäviksi tarkoitetut** esineet. = Tuula kävi vielä kerran läpi esineet, jotka oli tarkoitettu säilytettäviksi / jotka oli tarkoitus säilyttää.

Tuon teille myös vähän syötävää.
- **-ttava/-ttävä**, **-tava-/-tävä**-partisiippia käytetään substantiivina samalla tavalla kuin **-minen**-sanoja tällaisissa lauseissa:
    Minulla on nälkä. Onko meillä mitään syötävää mukana? = Onko meillä
    mitään syömistä mukana?
    Saisinko jotakin juotavaa? = Saisinko jotakin juomista?
    Onko teillä mitään kysyttävää? = Onko teillä mitään kysymistä? Haluatteko kysyä jotakin?
    Täällä on paljon nähtävää. = Täällä on paljon näkemistä.

Nyt on pakko saada kahvia!
on pakko saada = täytyy saada = pitää saada
Samassa merkityksessä voidaan käyttää myös ilmausta, jossa on *olla*-verbi ja **-ttava-/-ttävä-**, **-tava-/-tävä**-partisiippi:
    Nyt on saatava kahvia!

Jos lauseessa on subjekti, se on kaikkien näiden ilmausten yhteydessä genetiivissä:
    Minun on pakko saada kahvia.
    Teidän on juotava jotakin.
    Meidän täytyy nyt lähteä.
    Sinun pitää soittaa isoäidille.

Näitä ilmauksia käytetään myönteisissä lauseissa. Poikkeus on **on pakko**, jolla on myös kielteinen pari: **ei ole pakko**.
    Teidän ei ole pakko hyväksyä ehdotusta.

Ennen matkaa

Alli: Minun on tämän matkan jälkeen uusittava passini, se menee pian vanhaksi.
Elli: Ai, minun on voimassa vielä pari vuotta.
Alli: Mitäs kaikkea meidän on tehtävä ennen matkaa? Oletko alkanut miettiä sitä?
Sinun pitäisi ainakin ostaa uusi matkalaukku.
Elli: Niinkö? Mikä vika minun vanhassa laukussani on?
Alli: No se on aika hankala, kun sitä ei voi vetää. Ostaisit sellaisen, jossa on pyörät.
Elli: Jaa. Kyllä minä olen ihan hyvin jaksanut kantaa sitä laukkua.
Alli: No, miten haluat. Minä ajattelin ostaa pari puseroa ja mukavat kengät.
Elli: Minunkin täytyy ostaa kengät. Mennäänkö yhdessä ostoksille?

Alli: Mennään vaan. Mutta ensin minun on maksettava kaikki laskut. Katso, näissä kaikissa on eräpäivä ennen matkaa.

Elli: No sitten sinulle ei varmaan tule laskuja matkan aikana. Peruutatko muuten lehtitilauksen?

Alli: En peruuta. Naapuri käy kastelemassa kukat ja kerää lehdet lattialta.

Elli: En minäkään peruuta. Eihän niitä lehtiä kahdessa viikossa niin hirveän monta tule. Kyllä se läjä oven taakse mahtuu. Eri asia olisi, jos posti tulisi ulos postilaatikkoon. Mutta kastelisikohan sinun naapurisi minunkin kukkani, jos toisin ne tänne?

Alli: Minä voin kysyä häneltä. Eihän sinulla niitä kovin paljon ole.

Elli: Minä ostan sitten hänelle jonkin kivan tuliaisen matkalta.

Alli: Hyvä on. Mutta katsottaisiinko nyt, paljonko meidän on vaihdettava rahaa.

Elli: Katsotaan vain. Näytäs sitä matkatoimiston kirjettä. Retket me on maksettu, ja hotellissa on puolihoito. Joka päivä pitää kuitenkin ostaa jotakin syötävää.

Alli: Niin, ja aina voi nähdä jotakin kivaa ostettavaa.

Elli: No niin tietysti. Joka matkalla sinä näet jotakin, mikä sinun on ihan pakko saada.

Alli: Entäs sinä? On sinullakin koti täynnä matkamuistoja.

Elli: No on on. Mutta katsotaan nyt sitä kirjettä.

Ostaisit sellaisen, jossa on pyörät. [Konditionaalimuoto ostaisit ilmaisee, että lause on kehotus.]

En minäkään peruuta: minäkään = myöskään minä.

Eihän niitä lehtiä kahdessa viikossa niin hirveän monta tule. eihän = ei+hän [Liite -hän ilmaisee, että asia on molemmille tuttu.]

Kastelisikohan: kastelisi+ko+han [Liite -han antaa tässä kysymykselle sävyn "mitä luulet, kastelisiko?"]

Eihän sinulla niitä kovin paljon ole. eihän = ei+hän [Liite -hän antaa tässä lauseelle perustelun sävyn. Kukkia on niin vähän, että naapuri varmasti suostuu hoitamaan ne.]

näytäs: näytä+s [Tuttavallinen kehotus.]

entäs: entä+s [Tuttavallinen kysymys.]

Kolme suomalaista maalausta

Erik sai kerran suomen kielen kurssilla sellaisen kotitehtävän, että hänen piti valita kolme suomalaista maalausta ja kirjoittaa niistä kuvaus. Hän valitsi Helene Schjerfbeckin taulun "Toipilas", Hugo Simbergin taulun "Haavoittunut enkeli" ja Veikko Vionojan taulun "Sisäkuva Lemposesta". "Toipilas" on valmistunut vuonna 1888, Simbergin taulu vuonna 1903 ja Vionojan maalaus vuonna 1974.

Näin Erik kirjoitti:

Toipilas
Taulussa on pieni korituolissa istuva tyttö. Hänellä on iso tyyny selän takana ja lakana ympärillään. Hänen poskensa ovat punaiset, ja tukka on pörrössä. Ilme on vakava. Hän on varmasti ollut kauan sairaana vuoteessa; ehkä hän on juuri nyt saanut ensimmäisen kerran nousta istumaan. Tyttö katsoo kädessään olevaa oksaa, jossa on pienet vihreät lehdet. Hän asettaa juuri oksaa maljakkoon. Ehkä vihreä oksa on tytön toipumisen, parantumisen symboli.

Erik käytti lähteenä kirjaa "Tunnetko? Lasten Ateneum" (kirjoittanut Marjatta Levanto).

ympärillään = ympärillä+än [Liite -**än** viittaa sanaan hänellä.]
kädessään = kädessä+än [Liite -**än** viittaa lauseen subjektiin tyttö.]
lasten = lapsien

Haavoittunut enkeli
Taulussa on kaksi poikaa, jotka kantavat yksinkertaisilla paareilla enkeliä. Enkelillä on side pään ympärillä, ja siipi on vähän rikki. Pojat ovat vakavan näköisiä. Edellä kulkevalla pojalla on mustat vaatteet. Toinen poika katsoo suoraan taulun katsojaa. Poikien ja enkelin takana näkyvä ranta- ja järvimaisema on karu.

Erikin mielestä maalaus on hyvin arvoituksellinen. Hän luki Ateneumin taidemuseon oppaasta, että ennen taulun valmistumista Hugo Simberg oli ollut kauan sairaalassa vakavan sairauden takia. Ehkä maalaus heijastaa taiteilijan kokemuksia.

Sisäkuva Lemposesta
Taulu esittää huonetta, josta johtaa ovi toiseen huoneeseen ja siitä ovi kolmanteen huoneeseen. Etualan huoneessa näkyy vasemmalla osa uunia ja sen edessä olevaa tuolia. Oikealla on ikkuna ja sen edessä matala kaappi. Kaapin päällä on vanhassa maitokannussa kimppu kukkia. Ikkunassa on vaaleat verhot. Oven edessä on raidallinen matto.
Toisesta huoneesta näkyy vain osa kirjavalla päiväpeitolla peitettyä sänkyä ja matto.

Kolmannessa huoneessa on pöytä ja pöydällä liina ja kukkamaljakko, jossa on kukkia. Pöydän yläpuolella riippuu lampunvarjostin. Peräseinällä olevasta ikkunasta näkyy jotakin vihreää, ehkä puita, ja niiden takana rakennus. Ikkunaseinällä on korkealle ripustettu maalaus tai valokuva jostakin henkilöstä.

Huoneiden seinät ovat tummanruskeat, ovien ja ikkunoiden puitteet siniset. Tummaa sävyä keventävät vaaleat verhot, mattojen värikkäät raidat, kukikas päiväpeitto, valkoinen pöytäliina ja maljakoissa olevat hennonväriset kukat sekä ikkunoista tuleva valo. Tunnelma on rauhallinen, kiireetön.

Etsiessään tietoja Vionojasta Erik sai tietää, että tämä maalasi paljon tällaisia harmonisia sisätiloja ja ikkunanäkymiä sekä pihoja ja peltomaisemia. Vionojan taiteessa näkyy hänen kunnioituksensa pohjalaista talonpoikaiskulttuuria kohtaan.

Sisäkuva Lemposesta: Lemponen on vanha talo Ylistaron kunnassa.
hänen kunnioituksensa: kunnioituksensa = kunnioitus+nsa [Liite -**nsa** on sanassa siksi, että edellä on sana <u>hänen</u>.]

-va/-vä-partisiippi

• Kun partisiipin lopussa on **-va/-vä**, se ilmaisee toimintaa, joka tapahtuu tällä hetkellä tai samalla hetkellä kuin jotakin muuta tapahtuu. Partisiippia voidaan käyttää substantiivin määritteenä (attribuuttina). Kun partisiippi on attribuuttina, se on samassa muodossa kuin substantiivi.
  Partisiippi + substantiivi vastaa ilmausta, jossa substantiiviin liittyy relatiivilause.

Taulussa on pieni **korituolissa istuva tyttö** = tyttö, joka istuu korituolissa
Tyttö katsoo **kädessään olevaa oksaa** = oksaa, joka on hänen kädessään
Edellä kulkevalla pojalla on mustat vaatteet. = Pojalla, joka kulkee edellä
Poikien ja enkelin takana näkyvä maisema on karu. = Maisema, joka näkyy poikien ja enkelin takana
– – näkyy osa uunia ja **sen edessä olevaa tuolia** = tuolia, joka on sen edessä
Peräseinällä olevasta ikkunasta näkyy jotain vihreää = Ikkunasta, joka on peräseinällä
ikkunoista tuleva valo = valo, joka tulee ikkunoista

Huomaa sanajärjestys!
• Partisiipin objektit ja adverbiaalit ovat partisiipin edellä.

• **-va/-vä** liitetään verbin 3. persoonan vartaloon.

I.	nukkua	he nukkuvat	nukkuva
II.	tupakoida	he tupakoivat	tupakoiva
III.	kävellä	he kävelevät	kävelevä
IV.	pudota	he putoavat	putoava
V.	häiritä	he häiritsevät	häiritsevä

Esimerkkejä:
 nukkuva lapsi
 tupakoiva ihminen
 hitaasti kävelevä vanhus
 katolta putoava lumi
 häiritsevä melu

olla-verbin **va**-partisiippi muodostetaan **ole**-vartalosta: **oleva**.

Yks. nom.	Mon. nom.	Yks. vartalo	Monikon vartalo
nukkuva	nukkuvat	nukkuva-	nukkuvi-

Esimerkkejä:
 Kuvassa on nukkuva lapsi. Kuvassa on nukkuvia lapsia.
 Nukkuvat lapset näyttävät rauhallisilta.
 Otin valokuvan nukkuvasta lapsesta. Otin valokuvan nukkuvista lapsista.
 Varokaa katolta putoavaa lunta!

Rakkaita muistoja ja tarpeettomia tavaroita
tekemä-partisiippi   Kappale viisikymmentäkaksi

Muistatko, kenen tekemä tämä on?

Eräänä aurinkoisena kevätpäivänä Tuula ja Jorman äiti siivosivat talon komerot. He päättivät heittää pois kaiken tarpeettoman ja lahjoittaa johonkin keräykseen tai myyjäisiin sellaiset tavarat, joita heidän perheensä ei enää tarvinnut mutta joita joku muu voisi vielä käyttää.

Eniten siivottavaa oli vinttikomerossa. Vintille oli vuosien kuluessa viety kaikenlaista käytöstä poistettua: vanhoja huonekaluja, lasten leikkikaluja, Jorman vanhat luistimet, mattoja, kirjoja ja paljon muuta.

"Katso, täällä on vielä tämä Jorman tekemä juna", Tuula sanoi isoäidille. "Mika oli nelivuotias, kun Jorma teki sen hänelle joululahjaksi." "Muistatko, kenen tekemä tämä on?" isoäiti kysyi näyttäen kulunutta nallea. "Sen teki Mikan kummitäti", sanoi Tuula. Tuula löysi muitakin muistoja: äitinsä antaman pöytäliinan, joka oli ollut hänen ja Jorman ensimmäisen yhteisen keittiön pöydällä, koulussa ompelemansa hameen, Oskari-sedän Jarille ulkomailta tuomat saappaat, Sarin piirtämiä piirustuksia... Tällaisia rakkaita esineitä Tuula ei millään raaskinut heittää menemään. Hän katseli niitä ja pani ne taas kauniisti takaisin hyllyille ja laatikoihin.

"Jossakin täällä ovat myös kouluaikaiset päiväkirjani ja Jorman minulle kirjoittamat kirjeet", Tuula ajatteli, "mutta nyt on parasta olla avaamatta sitä laatikkoa. Jos rupean lukemaan niitä, emme saa työtä ikinä valmiiksi."

perheensä = perhe+nsä [Liite **-nsä** on sanassa siksi, että edellä on sana heidän.]
päiväkirjani = päiväkirjat+ni = minun päiväkirjat

Edellisissä kappaleissa on esitelty neljä partisiippia, joita voidaan käyttää substantiivin edessä adjektiivien tapaan (attribuuttina):

tekevä	tehtävä
tehnyt	tehty

- On vielä viides partisiippi: **tekemä**.

tekemä tarkoittaa samaa kuin **tehty**, mutta sitä käytetään eri tavalla.

tehty-partisiippia käytetään silloin, kun ei tiedetä tekijää. Mutta **tekemä**-partisiippia käytetään silloin, kun samalla ilmoitetaan, kuka on tekijä. Tekijä ilmoitetaan genetiivillä tai possessiivisuffiksilla:

> **Kenen tekemä** tämä on?
> Se on **Jorman tekemä**.
> Se on **minun tekemäni**.
> Jorma antoi Mikalle joululahjaksi itse **tekemänsä** junan.

Vertaa:

-ttu/-tty, -tu/-ty-partisiippi	-ma/-mä-partisiippi
lapsille tehty lahja	Tuulan lapsille tekemä lahja
lahjaksi saatu pöytäliina	Tuulan äidiltään lahjaksi saama pöytäliina
ulkomailta tuodut saappaat	Oskari-sedän ulkomailta tuomat saappaat
avattu laatikko	jonkun avaama laatikko

- **-ma/-mä**-partisiippi tehdään näin:

-ma/-mä liitetään verbin kolmannen persoonan vartaloon.

I.	lukea	he lukevat	lukema
II.	tuoda	he tuovat	tuoma
III.	suunnitella	he suunnittelevat	suunnittelema
IV.	avata	he avaavat	avaama
V.	tarvita	he tarvitsevat	tarvitsema

Tämän muodon nimi on kieliopissa agenttipartisiippi.

- **-ma/-mä**-partisiippia käytetään vain transitiiviverbeistä (verbeistä, joilla on objekti).

- **-ma/-mä**-partisiippia käytetään attribuuttina substantiivin edessä ja predikatiivina.

Attribuuttina	Predikatiivina
Tämä Mika Waltarin kirjoittama romaani on käännetty monille kielille.	Tämä romaani on Mika Waltarin kirjoittama.
Näyttelyssä on nuorten taiteilijoiden tekemiä töitä.	Näyttelyn teokset ovat nuorten taiteilijoiden tekemiä.
Maalaamasi taulu on kaunis.	Onko tämäkin taulu sinun maalaamasi?

- Kun partisiippi on attribuuttina, se on samassa muodossa kuin substantiivi.

Esimerkkejä:

> Tämä on Jorman tekemä juna.
> Tuula löysi Jorman tekemän junan.
> Mika piti isän tekemästä junasta.
> Hänellä oli muitakin isän tekemiä leikkikaluja.
> Tuula muisti, missä Jorman kirjoittamat kirjeet olivat.

> Tiedätkö, missä eilen ostamani kausilippu on?
> Olen kadottanut eilen ostamani kausilipun.
> Muut eilen ostamani tavarat ovat tässä.
> Etsin eilen ostamaani kausilippua.
> Maalaamasi taulu on kaunis.
> Pidän maalaamastasi taulusta.

- Jos tekijä ilmoitetaan possessiivisuffiksilla, partisiipissa on verbin vartalo + **-ma/-mä** + sijapääte (jos tarvitaan) + possessiivisuffiksi:

> maalaa+ma+si taulu
> maalaa+ma+sta+si taulusta

Possessiivisuffiksin edestä katoavat sijapäätteen **n** ja monikon **t**:

> maalaamasi taulun (genetiivi)
> maalaamaasi tauluun (illatiivi)
> maalaamasi taulut (monikon nominatiivi)

- Jos partisiipissa on possessiivisuffiksi, partisiipin edellä voi olla persoonapronominin genetiivi.

> Tiedätkö, missä (minun) eilen ostamani kuukausilippu on?
> Pidän (sinun) maalaamastasi taulusta.
> He suostuivat (meidän) tekemäämme ehdotukseen.
> Olen löytänyt (teidän) kadottamanne lipun.

- Huomaa 3. persoona:

> Kiitin Tuulaa **hänen lähettämästään** paketista.
> Lauseen subjekti on minä, paketin lähettäjä on Tuula – eri henkilöt. **hänen** on pakollinen.
> Tuula lähetti vanhemmilleen **heidän pyytämänsä** valokuvat.
> Lauseen subjekti on Tuula, valokuvia pyysivät vanhemmat – eri henkilöt. **heidän** on pakollinen.

- Jos lauseen subjekti on sama henkilö kuin se, jota partisiipin possessiivisuffiksi tarkoittaa, genetiiviä ei lisätä (ei missään persoonassa):

> Etsin kadottamaani kausilippua.
> Muistitko lähettää lupaamasi valokuvat?
> Hän lähetti minulle matkalla ottamiaan valokuvia.
> Saimme kauan odottamamme kirjeen.
> Korjasitteko tekemänne virheen?
> He saivat pyytämänsä valokuvat.

Huomaa ero:

Tuula löysi tekemänsä hameen. (Tuula oli itse tehnyt hameen.)

Tuula löysi hänen tekemänsä hameen. (Joku toinen "hän" oli tehnyt hameen.)

Yksikön nominatiivi
tekemä
Yksikön partitiivi
tekemää
Yksikön vartalo
tekemä-

Monikon nominatiivi
tekemät
Monikon partitiivi
tekemiä
Monikon vartalo
tekemi-

On parasta olla avaamatta sitä laatikkoa

• **avaamatta** on verbinmuoto, joka tarkoittaa "niin että ei avaa", "ilman avaamista". Sen merkitys on kielteinen.

• Tässä verbinmuodossa on verbin 3. persoonan vartalo + **-ma/-mä** + **-tta/-ttä**. (**-tta/-ttä** antaa muodolle kielteisen merkityksen.)

Tämän muodon nimi on kieliopissa **-ma/-mä**-infinitiivin abessiivi.

Tätä verbinmuotoa käytetään seuraavasti:
– olla-verbin kanssa
    Voisitko olla häiritsemättä meitä?
– jäädä- ja jättää-verbin kanssa
    Minulta jäi lehti lukematta. = En lukenut lehteä. Nyt on jo myöhäistä lukea sitä.
    Valitettavasti elokuva jäi meiltä näkemättä. = Valitettavasti emme nähneet elokuvaa. Nyt sitä ei enää esitetä.
    Jätin astiat pesemättä ja lähdin ulos. = En pessyt astioita, vaan lähdin ulos. Jätin astiat pöydälle likaisina.
    Jätin sanomatta, mitä ajattelin. = En sanonut, mitä ajattelin.
– Muiden verbien kanssa
    Hän lähti pois sanomatta sanaakaan. = Hän lähti pois eikä sanonut sanaakaan.
    He istuivat kahvilassa juttelemassa muistamatta, että olivat luvanneet käydä postissa.
    = He istuivat – – eivätkä muistaneet, että – – .
– Verbinmuodolla voi olla subjektikin. Se on genetiivissä.
    He lähtivät ulos kenenkään huomaamatta. = He lähtivät ulos niin, että kukaan ei huomannut.
    He lähtivät ulos, eikä kukaan huomannut sitä.

• **-tta/-ttä**-päätteellä voidaan tehdä kielteinen muoto myös substantiiveista. Tämän sijamuodon nimi on kieliopissa abessiivi. Tätä muotoa ei käytetä kovin paljon.

Pääte liitetään yksikössä genetiivin vartaloon ja monikossa samaan vartaloon kuin esimerkiksi **-ssa/-ssä**.

Esimerkkejä:

Kuinka kauan ihminen voi elää **ruoatta** ja **juomatta** (= ilman ruokaa ja juomaa)?

Nyt ei vielä voi mennä ulos **sukitta** ja **kengittä** (= ilman sukkia ja kenkiä).
Lisää esimerkkejä:
    liputta = ilman lippua
    rahatta = ilman rahaa
    maksutta = ilman maksua, ilmaiseksi
    veloituksetta = ilmaiseksi ("ilman veloitusta")

He päättivät heittää pois kaiken **tarpeettoman**. = kaiken sellaisen, jolle ei ollut tarvetta.
tarpeeton on adjektiivi, jolla on kielteinen merkitys. Merkityksen saa aikaan lopussa oleva **-ton**.
Samoin: **hyödytön** = sellainen, josta ei ole hyötyä.

• **-ton/-tön** liitetään genetiivin vartaloon.
Esimerkkejä:
    koditon ihminen = ihminen, jolla ei ole kotia
    lapseton aviopari = aviopari, jolla ei ole lasta
    työtön ihminen = ihminen, jolla ei ole työtä
    ikkunaton huone = huone, jossa ei ole ikkunaa
    hihaton pusero = pusero, jossa ei ole hihoja
    suolaton ruoka = ruoka, jossa ei ole suolaa
    rasvaton maito = maito, jossa ei ole rasvaa
    kofeiiniton kahvi = kahvi, jossa ei ole kofeiinia
    alkoholiton viini = viini, jossa ei ole alkoholia
    lumeton talvi = talvi, jona ei sada lunta
    kiireetön ilta = ilta, jona ei ole kiireitä

Yks. nominatiivi	Yks. partitiivi	Yks. genetiivi
tarpeeton	tarpeetonta	tarpee**ttoma**n
koditon	koditonta	kodittoman
		Muita muotoja
		tarpeettomassa
		tarpeettomaan
		kodittomalla
		kodittomaksi
		Jne.

• **-ton/-tön**-sanojen vartalo on **-ttoma-/-ttömä-**. Monikkovartalo on **-ttomi-/-ttömi-**.

Yks. nominatiivi	Yks. genetiivi	Mon. partitiivi
tarpeeton	tarpeettoman	tarpeettomia
koditon	kodittoman	kodittomia
	Mon. nominatiivi	Muita mon. muotoja
	tarpeettomat	tarpeettomista
		tarpeettomiin
	kodittomat	kodittomilla
		kodittomiksi
		Jne.

Esimerkkejä:

On tarpeetonta sanoa niin.

Tämä tuntuu minusta tarpeettomalta.

Talo paloi, ja kolme perhettä jäi kodittomaksi.

Työttömille nuorille yritetään löytää työtä.

tuntematon

• Myös verbistä voidaan tehdä samanlainen kielteinen adjektiivi. Sen johdin on **-maton/ -mätön**, joka liitetään verbin 3. persoonan vartaloon.

I. tuntea	he tuntevat	tuntematon
II. tupakoida	he tupakoivat	tupakoimaton
III. ajatella	he ajattelevat	ajattelematon
IV. maalata	he maalaavat	maalaamaton
V. häiritä	he häiritsevät	häiritsemätön

Esimerkkejä:

tuntematon ihminen = ihminen, jota ei tunneta

tupakoimaton henkilö = henkilö, joka ei tupakoi

ajattelematon teko = teko, joka tehtiin ajattelematta

maalaamaton penkki = penkki, jota ei ole maalattu

ketään häiritsemätön ihminen = ihminen, joka ei häiritse ketään

kampaamaton tukka = tukka, jota ei ole kammattu

siivoamaton huone = huone, jota ei ole siivottu

maksamaton lasku = lasku, jota ei ole maksettu

asumaton talo = talo, jossa ei asuta

kutsumaton vieras = vieras, jota ei ole kutsuttu

tekemätön työ = työ, jota ei ole tehty

uskomaton tapaus = tapaus, jota on vaikea uskoa

sietämätön päänsärky = päänsärky, jota on vaikea sietää

palamaton materiaali = materiaali, joka ei pala

rypistymätön kangas = kangas, joka ei rypisty

• **-maton/-mätön**-sanojen nimi on kieliopissa kielteinen partisiippi.

• **-maton/-mätön**-sanojen vartalo on **-mattoma-/-mättömä-**. Monikkovartalo on **-mattomi-/ -mättömi-**.

Yks. nominatiivi	Mon. nominatiivi	Yks. muotoja	Mon. muotoja
tuntematon	tuntemattomat	tuntemattomalla	tuntemattomilla
		tuntemattomasta	tuntemattomista
		tuntemattomaan	tuntemattomiin
		Jne.	Jne.

Yks. partitiivi
tuntematonta

Mon. partitiivi
tuntemattomia

Esimerkkejä:
Bussien penkit pitäisi tehdä palamattomasta materiaalista.
Meillä on paljon maksamattomia laskuja.
En ehdi nyt ulos. Minulla on paljon tekemättömiä töitä.
Hän kertoo uskomattomia juttuja.

Kevättulva

Raimo oli keväällä käymässä Pohjois-Suomessa tuttaviensa luona. Näiden talo on joen rannalla.
Joen jäät olivat alkaneet sulaa. Eräänä aamuna jäät lähtivät yhtäkkiä liikkeelle, ja paksut jäälautat
ryskyivät virran mukana eteenpäin. Jäämassa juuttui lähelle siltaa ja muodosti siihen padon. Vesi
nousi nopeasti, ja muutamassa minuutissa se saarsi omakotialueen, jossa oli seitsemän taloa.

– Meille tuli äkkilähtö, Raimo sanoi. – Ehdimme hädin tuskin panna vaatteet päälle, kun
vesi jo tulvi huoneisiin. Isäntä heräsi siihen, että vesi lirisi pannuhuoneesta olohuoneen kautta
makuuhuoneeseen. Hän herätti perheensä ja juoksi yläkertaan herättämään minut. Joku oli jo
hälyttänyt palokunnan, ja pääsimme veneeseen.

Kaikkien veden valtaamien talojen asukkaat pelastettiin veneillä ja kuljetettiin turvaan.
Kuivin jaloin pääsi veneeseen vain yksi naapuri perheineen. Heidän talonsa oli vähän muita
ylempänä.

– Oli se pelottava kokemus, vaikka tilanne ei ollut loppujen lopuksi kovin paha. Suomen
jokien tulvat ovat vähäisiä ongelmia, jos niitä vertaa monien muiden maiden luonnonkatastro-
feihin.

[Tekstin aihe on peräisin Tapio Mainion kirjoituksesta Helsingin Sanomissa 10.4.1983.]

tuttaviensa = tuttavien+nsa [Liite -**nsa** viittaa lauseen subjektiin Raimo.]
perheensä = perhe+nsä [Liite -**nsä** viittaa lauseen subjektiin hän.]
heidän talonsa: talonsa = talo+nsa [Liite -**nsa** on sanassa siksi, että edellä on sana heidän.]

Isäntä heräsi **siihen**, että vesi lirisi makuuhuoneeseen.
• Heräämisen syy ilmaistaan muodolla, joka vastaa kysymykseen **mihin?** (illatiivilla).
Esimerkkejä:
Äiti heräsi lapsen itkuun (= siihen, että lapsi itki).
Heräsimme kadulta kuuluneeseen meluun.
Heräsin savun hajuun.

hädin tuskin
hädin tuskin on adverbi. Se tarkoittaa samaa kuin **tuskin, vaivoin, vaikeasti, juuri ja juuri**.
Puhekielessä sanotaan myös *nipin napin*.
• **hädin tuskin, tuskin** ja **vaivoin** tulevat sanoista **hätä, tuska** ja **vaiva**. Niissä on sanan
monikkovartalo + pääte -**n**.
Tämän muodon nimi on kieliopissa instruktiivi.

Suomen kielessä on paljon **n**-loppuisia adverbeja ja muita instruktiivi-ilmauksia.
Esimerkkejä:
harvoin, usein, hyvin, oikein, väärin, toisin (= toisella tavalla), niin (= sillä tavalla), näin (= tällä tavalla), noin (= tuolla tavalla), samoin (= samalla tavalla).
Kävelemme tietä **pitkin**.
Hän kääntyi minuun **selin**. (= Hän käänsi minulle selkänsä.)
Molemmin puolin tietä on metsää. (= Tien molemmilla puolilla on metsää.)
Mihin **päin** olet menossa? (= Mihin suuntaan olet menossa?)

Aikaa ilmaisevia muotoja, jotka vastaavat kysymykseen **milloin?**
aikaisin, silloin, muulloin, aamuin illoin (= joka aamu ja ilta), aamuisin, iltaisin, päivisin, öisin, sunnuntaisin, kesäisin jne.

Oppitunnit alkavat 15 minuuttia yli täyden tunnin ja päättyvät **täysin tunnein**
(= tasalta).

Kuivin jaloin pääsi veneeseen vain yksi naapuri perheineen.
Tässä lauseessa on instruktiivimuoto **kuivin jaloin**. Se tarkoittaa ´jalat kuivina; sillä tavalla, että jalat pysyivät kuivina´.

Mon. nominatiivi	Mon. (heikko) vartalo	Instruktiivi
kuivat jalat	kuivi- jaloi-	kuivin jaloin

Samanlaisia ilmauksia ovat esimerkiksi
paljain päin = pää paljaana, ilman hattua
paljain jaloin = jalat paljaina, ilman kenkiä ja sukkia
hymysuin = suu hymyssä, hymyillen
ilomielin = iloisena, mielellään
raskain mielin = mieli raskaana, surullisena

Esimerkkilauseita:
Älä mene ulos paljain päin. Siellä on kova pakkanen.
Kesällä on hauska kävellä paljain jaloin.
Hän tervehti meitä hymysuin.
Teen sen ilomielin.
Erosimme raskain mielin.

Instruktiivi voi vastata kysymykseen **millä?** (**millä välineellä? millä keinolla?**).
käsin tehty, käsin kirjoitettu
Ovi on niin painava, että minun on vedettävä sitä **kaksin käsin**.
Näin tapauksen **omin silmin**. Olen tapauksen silminnäkijä.
Tätä ruokaa syödään **sormin**.

Huomaa:
jalan on yksikkövartalosta tehty instruktiivi. Samaa tarkoittaa **jalkaisin**.
Tulitko jalkaisin/jalan (= kävellen)?

• Instruktiivi ei ole elävä sijamuoto. Sitä ei voi käyttää kaikista sanoista. Se esiintyy vakiintuneissa sanontatavoissa.

naapuri perheineen = naapuri ja tämän perhe

• **perheineen** on muoto, joka ilmaisee samaa kuin **perheen kanssa, perhe mukanaan**.
Muodossa on sanan monikkovartalo + pääte **-ne-** + possessiivisuffiksi.
Tämän muodon nimi on kieliopissa komitatiivi.

Mon. partitiivi	Mon. (vahva) vartalo	Komitatiivi
pieniä poikia	pieni- poiki-	pienine poikineni
		pienine poikinesi
		pienine poikineen
		Jne.

• Komitatiivimuotoisessa substantiivissa on aina possessiivisuffiksi. Adjektiivissa ei ole possessiivisuffiksia.
Esim.
    Matkustan pienine poikineni maalle.
    Matkustat pienine poikinesi maalle.
    Hän matkustaa pienine poikineen maalle.
    Matkustamme pienine poikinemme maalle.
    Matkustatte pienine poikinenne maalle.
    He matkustavat pienine poikineen maalle.

• Komitatiivi tehdään aina monikkovartalosta. Kuitenkin se voi tarkoittaa myös yksikköä.
poikineen voi tarkoittaa joko ´yhden poikansa kanssa´ tai ´poikiensa kanssa´.

Komitatiivimuotoinen sana kuuluu lauseessa yhteen joko subjektin tai objektin kanssa.
    Presidentti seurueineen saapuu – – .
        = Presidentti ja hänen seurueensa saapuvat – – .
    Yhdysvallat liittolaisineen on ilmoittanut – – .
        = Yhdysvallat ja sen liittolaiset ovat ilmoittaneet – – .
    Tutkimuksen kohteeksi (tutkimusalueeksi) valittiin Tampere ympäristöineen.
        = – – valittiin Tampere ja sen ympäristö.
    Kesällä syömme uudet perunat kuorineen.
        = Kesällä syömme uudet perunat kuorimatta niitä.

Komitatiivimuotoinen sana ei ole aina sen sanan vieressä, johon se viittaa.
    Hannele matkusti perheineen ulkomaille.
        = Hannele matkusti perheensä kanssa ulkomaille.
    Teidän pitäisi kääntyä kysymyksinenne/ongelminenne jonkun asiantuntijan puoleen.
        = Teidän pitäisi esittää kysymyksenne/ongelmanne jollekin asiantuntijalle.

Komitatiivi on harvinainen muoto. Puhekielessä sitä käytetään vain sanontatavoissa ja kirjoitetussakin kielessä harvoin.

Taitaa tulla hyvä marjasato

Sari (lukee lehteä): Äiti, mitä *marjasato* tarkoittaa?
Tuula: Se tarkoittaa sitä, kuinka paljon marjoja tulee kesällä ja syksyllä. Onko siellä sanottu jotain siitä?
Sari: Tässä lukee, että tänä vuonna tulee hyvä marjasato, mutta tässä on kirjoitettu väärin, että "tullee". Tässä on kaksi ällää.
Tuula: Ai, kuule, se ei ole kirjoitusvirhe. Se "tullee" on eri asia kuin "tulee".
Sari: Miten niin?
Tuula: Se tarkoittaa, että niin arvellaan, että luultavasti tulee paljon marjoja.
Sari: Ai jaa. – Mutta saanko mä leikata tästä lehdestä kuvia? Onko kaikki jo lukeneet tämän?
Tuula: Jos et nyt ihan vielä leikkaisi. Voi olla, että Jari tarvitsee sitä vielä.
Sari: Missä se Jari on?
Tuula: Taitaa olla Martin luona lukemassa kokeisiin. Eiköhän se pian sieltä tule kotiin.

tullee

Sana, jota Sari ihmetteli, on erityinen verbinmuoto. Kun kirjoitetaan asioista, joiden tapahtuminen ei ole varmaa, voidaan käyttää verbinmuotoa, joka ilmaisee, että tekeminen tai tapahtuminen on mahdollista, todennäköistä, luultavaa.

Esimerkkejä:
Viljan hinta **noussee**. = Luultavasti viljan hinta nousee.
Eduskunta **käsitellee** asiaa seuraavassa täysistunnossa. = On todennäköistä, että eduskunta käsittelee asiaa seuraavassa täysistunnossa.
Kauppaketju **avannee** kaksi uutta tavarataloa. = Kauppaketju avaa mahdollisesti kaksi uutta tavarataloa.

- Tämän verbinmuodon nimi on kieliopissa potentiaali. Sen tunnus on **-ne-** (**-le-**, **-re-**, **-se-**). Tunnus tulee infinitiivin vartalon jälkeen, ja tunnusta seuraa persoonapääte.

I. sanoa	sanonen, sanonet, sanonee, sanonemme, sanonette, sanonevat
pitää	pitänen, pitänet, pitänee, pitänemme jne.
II. tuoda	tuonen, tuonet, tuonee, tuonemme, tuonette, tuonevat
viedä	vienen, vienet, vienee, vienemme jne.
III. tulla	tullen, tullet, tullee, tullemme, tullette, tullevat
surra	surren, surret, surree, surremme jne.
nousta	noussen, nousset, noussee, noussemme jne.
IV. vastata	vastannen, vastannet, vastannee, vastannemme, vastannette, vastannevat
pelätä	pelännen, pelännet, pelännee, pelännemme jne.
V. valita	valinnen, valinnet, valinnee, valinnemme jne.
häiritä	häirinnen, häirinnet, häirinnee, häirinnemme jne.

Kielteisessä muodossa on infinitiivin vartalo + -**ne**- (-**le**-, -**re**-, -**se**-), mutta ei persoonapäätettä: en sanone, et pitäne, ei tuone, emme valinne jne.

• Passiivin potentiaalimuoto muodostetaan samaan tapaan kuin konditionaali (ks. kpl. 37). Muodossa on -**ne**-tunnuksen jälkeen -**en**.

I.	sanoa	sanotaan	sanottiin	sanottaisiin	sanottaneen
	pitää	pidetään	pidettiin	pidettäisiin	pidettäneen
II.	tuoda	tuodaan	tuotiin	tuotaisiin	tuotaneen
	viedä	viedään	vietiin	vietäisiin	vietäneen
III.	tulla	tullaan	tultiin	tultaisiin	tultaneen
	surra	surraan	surtiin	surtaisiin	surtaneen
	nousta	noustaan	noustiin	noustaisiin	noustaneen
IV.	vastata	vastataan	vastattiin	vastattaisiin	vastattaneen
	pelätä	pelätään	pelättiin	pelättäisiin	pelättäneen
V.	valita	valitaan	valittiin	valittaisiin	valittaneen
	häiritä	häiritään	häirittiin	häirittäisiin	häirittäneen

Kielteisessä muodossa on **ei**-sana ja vartalo + -**ne**:
ei sanottane, ei noustane, ei valittane jne.

• olla-verbin potentiaalina käytetään **lienee**-verbiä:

lienen	lienemme
lienet	lienette
lienee	lienevät

• Potentiaalilla on myös menneen ajan muoto. Se tehdään **lienee**-verbistä ja pääverbin -**nut**/-**nyt** tai -**ttu**/-**tty**, -**tu**/-**ty**-partisiipista:
lienen sanonut, lienet tullut, lienee vienyt, lienemme tavanneet, lienette valinneet, lienevät olleet
en liene sanonut, et liene tullut, ei liene vienyt, emme liene tavanneet, ette liene valinneet, eivät liene olleet

Passiivi:
lienee sanottu, lienee tultu, lienee viety jne.
ei liene sanottu jne.

Lisää esimerkkejä potentiaalin käytöstä:
Järjestöt aloittanevat neuvottelut huomenna.
Neuvottelut siirtynevät ensi viikkoon.
Tämä esimerkki riittänee valaisemaan asiaa.
Lienee parasta sopia asiasta.
Kaikki lienevät saaneet kutsun.
Asia otettaneen esille seuraavassa kokouksessa.
Sopimus allekirjoitettaneen huomenna.
Kirja lienee käännetty japaniksi.

• Potentiaalia ei käytetä puhekielessä, eikä se ole tavallinen kaikissa kirjoitetun kielen tyyleissäkään.
Tavallisessa arkikielessä ilmaistaan epävarmuutta esimerkiksi seuraavasti:

Voi olla, että Jari tarvitsee sitä vielä.
Taitaa olla Martin luona lukemassa kokeisiin. Eiköhän se pian sieltä tule kotiin.
Taitaa tulla sade.
Lakko ei taida loppua kovin pian.
Matkustamme kai Kreikkaan.
Ehkä ymmärrät tilanteen.
Hän on varmaankin jo lähtenyt.
Voi olla, että olen käsittänyt väärin.

Muita sanoja, jotka ilmaisevat epävarmuutta:
ilmeisesti, luultavasti, mahdollisesti, todennäköisesti
luullakseni, tietääkseni

Huomaa myös liite **-han/-hän** kysymyksissä:
Onkohan hän jo lähtenyt?
Otetaankohan asia esille kokouksessa?

olla-verbin 3. persoonan potentiaalimuoto **lienee** on käytössä myös puhekielessä. Esimerkki:

– Mikä tuo on?
– Mikä lienee. En minä tiedä.

Joskus **lienee**-muodon sijasta käytetään muotoa **lie**.

– Missä Jari on?
– Missä lie. Ulos se ainakin äsken lähti.

Anni on asioilla kaupungilla
Katsaus possessiivisuffikseihin

Mikä teidän nimenne on?

Anni halusi varata ajan kampaajalta lauantaiksi. Hän soitti kampaajalle.
– Kampaamo Sirkka, Riitta puhelimessa.
– Päivää. Täällä on Anni Virtanen. Onkohan teillä lauantaina jo ihan täyttä? Minun pitäisi saada tukkani leikatuksi.
– Hetkinen, katsotaan. Kyllä täällä vielä on aikoja. Kävisikö heti aamulla, yhdeksältä?
– Se sopii oikein hyvin.
– Anteeksi, millä nimellä se oli?
Anni toisti nimensä.
– Ja saisinko puhelinnumeronne?
Anni sanoi puhelinnumeronsa.
– Kiitos. Lauantaina, kolmas päivä kello yhdeksän. Tervetuloa.
– Kiitos, kuulemiin.

Anni unohti käsineensä johonkin

Lauantaina Anni kävi kampaajalla. Hänen tukkansa leikattiin. Kymmeneltä hän oli valmis.

Annilla oli muitakin asioita kaupungilla. Hän kävi paperikaupassa ja apteekissa. Sitten hän käveli rautatieasemalle ja osti uuden kausilipun, koska hän huomasi, ettei hänen lippunsa olisi maanantaina enää voimassa.

Anni päätti käydä saman tien torilla ostamassa perheelleen ruokaa viikonlopuksi. Kävellessään torille päin hän huomasi, että hänen käsineensä olivat poissa. Hän oli unohtanut käsineensä johonkin. Anni yritti muistella, oliko hänellä ollut ne vielä asemalla. Hänen oli palattava asemalle kysymään käsineitään. Niitä ei löytynyt sieltä. Annia harmitti, kun hän ajatteli, että hänen olisi käytävä apteekissa ja paperikaupassa uudelleen. Joka paikassa olisi selitettävä: "Olen unohtanut käsineeni johonkin. Onkohan täällä näkynyt mustia nahkakäsineitä?"

Loppujen lopuksi Annin käsineet löytyivät kampaamosta.

Anni halusi varata ajan kampaajalta **lauantaiksi**.
 = Anni halusi varata ajan kampaajalta niin, että hän voisi mennä kampaajalle lauantaina.
Anni päätti käydä torilla ostamassa perheelleen ruokaa **viikonlopuksi**.
 = – – ostamassa ruokaa viikonloppua varten.

Samalla tavalla sanotaan esimerkiksi:
 Ostin teatteriliput sunnuntaiksi.
 Tilasin sanomalehden kolmeksi kuukaudeksi.

Vertaa:
> Matkustan maalle viikonlopuksi.
>> = Matkustan maalle ja vietän siellä viikonlopun.
> Matkustan maalle viikonloppuna.
>> = Matkustan maalle jonakin päivänä viikonlopun kuluessa.
> Menen töihin yhdeksäksi.
>> = Menen töihin niin, että aloitan työt kello yhdeksän.
> Menen tapaamaan häntä yhdeksältä (= kello 9).
>> = Tapaamme silloin, kun kello on 9.

Onkohan teillä jo ihan täyttä? = Onko kaikki ajat jo varattu?
Samoin voi kysyä paikoistakin, esim. ravintolan pöydistä.

Minun pitäisi saada tukkani leikatuksi.
> = Haluaisin, että tukkani leikattaisiin.

Millä nimellä se oli?
Näin kysytään puhekielessä, kun joku on tilannut tai varannut jotakin ja sanonut nimensä. Tämän kysymyksen voi kuulla esimerkiksi silloin, kun menee hakemaan varaamiaan lippuja tms.
> Itse voi sanoa lippuja hakiessaan esim.: Olen varannut kaksi lippua Virtasen nimellä.

Annilla oli muitakin asioita kaupungilla.
> = Annin täytyi hoitaa muitakin asioita kaupungilla.
Kun lähden hoitamaan asioitani johonkin (ulos, kaupungille jne.), voin sanoa: Menen asioille.

Vertaa:
Minulla on asiaa sinulle. = Haluan puhua sinulle, sanoa sinulle jotakin.

Niitä (käsineitä) ei löytynyt sieltä.
> = Niitä ei ollut siellä. Anni ei löytänyt käsineitä sieltä.
Annin käsineet löytyivät kampaamosta.
> = Annin käsineet olivat kampaamossa. Anni löysi käsineensä kampaamosta.
Onkohan täällä näkynyt mustia nahkakäsineitä?
> = Onko kukaan nähnyt täällä mustia nahkakäsineitä?

löytyä ja **näkyä** ovat sellaisia verbejä, joilla ei ole objektia. Verratkaa verbejä **löytää** ja **nähdä**, joilla on objekti.

Samanlainen verbipari on esimerkiksi **kuulua** ja **kuulla**.
> Kadulta kuuluu melua.
> Kuulen melua kadulta.

Annia harmitti.

harmittaa on tunnetta ilmaiseva verbi, jota käytetään niin, että verbi on kolmannen persoonan muodossa ja henkilöä tarkoittava sana on partitiivissa.

Tällaisia verbejä on useita. Esimerkkejä:

Minua naurattaa. = Tunnen, että voisin nauraa.

Minua itkettää. = Tunnen, että voisin itkeä.

Minua suututtaa. = Olen vihainen.

Minua pelottaa. = Pelkään.

Minua väsyttää. = Olen väsynyt.

Minua nukuttaa. = Olen uninen.

Minua janottaa. = Minulla on jano.

Minua palelee. = Minulla on kylmä.

Kysymys: Harmittaako sinua?
Kielteinen muoto: Minua ei harmita.

Nimeni

Possessiivisuffiksit

Teksteissä **Mikä teidän nimenne on?** ja **Anni unohti käsineensä johonkin** on possessiivisuffikseja eli omistusliitteitä.

Mikä Teidän nime**nne** on?
Minun pitäisi saada tukka**ni** leikatuksi.
Anni toisti nime**nsä**.
Ja saisinko puhelinnumero**nne**?
Anni sanoi puhelinnumero**nsa**.
Anni unohti käsinee**nsä** johonkin.
Hänen tukka**nsa** leikattiin.
– – ettei hänen lippu**nsa** olisi maanantaina enää voimassa.
– – hänen käsinee**nsä** olivat poissa.
Hän oli unohtanut käsinee**nsä** johonkin.
Olen unohtanut käsinee**ni** johonkin.

Anni päätti käydä torilla ostamassa ruokaa perheelle**en**.
Hänen oli palattava asemalle kysymään käsineitä**än**.
Huomaa myös:
Kävellessä**än** torille päin hän huomasi, – – .

• Possessiivisuffiksit eli omistusliitteet:
-ni, -si, -nsa/-nsä
-mme, -nne, -nsa/-nsä

Possessiivisuffikseja käytetään persoonapronominien genetiivin kanssa tai sen sijasta.
Esimerkkejä:

Onko polkupyöräsi rikki? Lainaa minun pyörääni!

Onko tämä sinun sanakirjasi? Oletko unohtanut sanakirjasi tänne?

Onko teidän talossanne sauna? Meidän talossamme on.

Saisinko puhelinnumeronne? Puhelinnumeroni on ...

Tuolla tulevat Tuula ja hänen miehensä Jorma.

Tuolla tulevat Tuula ja Jorma ja heidän lapsensa.

Tuula ja Jorma ovat ottaneet lapsensa mukaan.

• Possessiivisuffiksia käytetään vain silloin, kun sanan edessä on tai voisi olla
persoonapronominin genetiivi.

minun	-ni	meidän	-mme
sinun	-si	teidän	-nne
hänen	-nsa/-nsä	heidän	-nsa/-nsä

• Jos sanan edessä on jonkin muun pronominin genetiivi tai nimen tai muun substantiivin
genetiivi, sanaan ei tule possessiivisuffiksia. Esim.

Kenen käsineet nämä ovat?

Täällä on jonkun käsineet.

Annin käsineet löytyivät kampaamosta.

Asiakkaan käsineet löytyivät kampaamosta.

Mutta:

Hänen käsineensä löytyivät kampaamosta.

Mihin vartaloon possessiivisuffiksi liitetään?

Yks. nom.	Yks. gen.	Vartalo + poss.suffiksi
äiti	äidin	äitini
lapsi	lapsen	lapseni
poika	pojan	poikani
tytär	tyttären	tyttäreni
sisar	sisaren	sisareni
veli	veljen	veljeni
rakas	rakkaan	rakkaani
perhe	perheen	perheeni
sukulainen	sukulaisen	sukulaiseni

• Possessiivisuffiksi liitetään yksikön genetiivin vartaloon. Mutta jos genetiivissä on konsonantti-
vaihtelun heikko vartalo, ei käytetä sitä, vaan vartaloon tulee **vahva konsonantti**.

• Huomaa erikoisesti sanat, jotka ovat tyyppiä **käsi, nopeus, ystävyys**.

Yks. nom.	Yks. gen.	Yks. illatiivi	Vartalo + poss.suffiksi
käsi	käden	käteen	käteni
nopeus	nopeuden	nopeuteen	nopeuteni
ystävyys	ystävyyden	ystävyyteen	ystävyyteni

• Jos sanassa on monikon **t** ja siihen liitetään possessiivisuffiksi, **t** katoaa. Yksikön ja monikon nominatiivi ovat siis samanlaiset, jos sanassa on possessiivisuffiksi. Esim.

Veljeni on koulussa.
Veljeni ovat koulussa.

Tuleeko tyttäresi tänne?
Tulevatko tyttäresi tänne?

Hänen kätensä on kipeä.
Hänen kätensä ovat kipeät.

• Jos sanassa on yksikön genetiivin pääte **n** ja siihen liitetään possessiivisuffiksi, **n** katoaa. Yksikön genetiivi on siis samanlainen kuin nominatiivi, jos sanassa on possessiivisuffiksi. Esim.

Veljeni nimi on Matti.
Puhuitko tyttäresi kanssa?
Hänen toisen kätensä sormet ovat kipeät.

• Muoto, jossa on vartalo + possessiivisuffiksi, voi siis olla
– yksikön nominatiivi
– monikon nominatiivi
– yksikön genetiivi ja **n**-päätteinen objektin muoto.

Siksi subjekti ja tulosobjekti ovat samanlaiset, jos sanassa on possessiivisuffiksi. Esim.
Uusi **automme** on täällä.
Uudet **automme** ovat täällä.
Myymme uuden **automme**.
Myymme uudet **automme**.

• Jos sanassa on jokin muu sijapääte, possessiivisuffiksi tulee sen jälkeen. Sanan rakenne on siis tällainen:

Vartalo	(+ monikon tunnus)	+ sijapääte	+ poss.suffiksi
auto		ssa	ni
auto	i	ssa	ni
ystävä		lle	si
ystäv	i	lle	si
sisar		ta	nne
sisar	i	a	nne

Esim.
Autossani on neljä ovea.
Autoissani on uudet turvavyöt ja lasten turvaistuimet.
Kirjoititko kirjeen ystävällesi?
Soititko ystävillesi?
En tunne sisartanne.
En ole tavannut sisarianne.

• Illatiivin päätteen **n** ja monikon genetiivin päätteen **n** katoavat, jos niiden jälkeen tulee possessiivisuffiksi.
Vertaa:

Tutustuin Heikin **veljeen**.
Tutustuin sinun **veljeesi**.

Hän oli Heikin **veljien** hyvä ystävä.
Hän oli minun **veljieni** hyvä ystävä.

• Translatiivin pääte on -**kse**- (ei -**ksi**), jos sen jälkeen tulee possessiivisuffiksi.
Vertaa:
Kenet yhdistys valitsi **puheenjohtajaksi**?
Kenet yhdistys valitsi **puheenjohtajaksensa**?

• Kolmannen persoonan possessiivisuffiksilla (-**nsa**/-**nsä**) on toinenkin muoto: **vokaali + n**.
Sitä käytetään silloin, kun sanassa on sellainen sijapääte, jonka lopussa on lyhyt vokaali. Esim.

autossa	→	autossaan
lapsista	→	lapsistaan
pojalle	→	pojalleen
puheenjohtajaksi	→	puheenjohtajakseen
ystävänä	→	ystävänään

Jne.

• Huomaa: Jos partitiivissa on pitkä vokaali (jos vartalon vokaali + partitiivin pääte muodostavat pitkän vokaalin), possessiivisuffiksin täytyy olla -**nsa**/-**nsä**.

poikaa	→	poikaansa
kirjaa	→	kirjaansa
kynää	→	kynäänsä

Mutta:

taloa	→	taloaan
tyttöä	→	tyttöään

• Jos sana on nominatiivissa, genetiivissä tai illatiivissa, kolmannen persoonan possessiivisuffiksi on -**nsa**/-**nsä**.

Hänen **tyttärensä** asuu maalla. (Nominatiivi, subjekti.)
Hänen **tyttärensä** asuvat maalla. (Monikon nominatiivi, subjekti.)

Hän avasi **ovensa**. (Tulosobjekti. = oven/ovet.)
Koputin hänen **oveensa** ja **ikkunoihinsa**. (Illatiivi.)
Hän näytti minulle **tyttärensä** valokuvan. (Genetiivi.)
Hän näytti minulle kaikkien **tyttäriensä** valokuvat. (Monikon genetiivi.)

• **-nsa/-nsä**-suffiksia voidaan käyttää silloinkin, kun toinen suffiksityyppi on mahdollinen, mutta silloin se joskus tuntuu vanhanaikaiselta.

Puhekielessä kaikki eivät käytä possessiivisuffikseja, mutta kirjakielen asiallisessa tyylissä niitä käytetään.
Seuraavassa on esimerkkejä kirja- ja puhekielen eroista.

Kirjakielessä	Monien puhekielessä
(minun) kirjani	*mun kirja*
(sinun) kirjasi	*sun kirja(s)*
(hänen) kirjansa	*sen kirja; kirjansa, kirjasa*
(meidän) kirjamme	*meijän/meidän kirja*
(teidän) kirjanne	*teijän/teidän kirja*
(heidän) kirjansa	*niijen/niiden/niitten kirja*

Voitko antaa kirjani tuolta pöydältä?	*Voit sä antaa mun kirjan tuolt pöydältä?*
Olen unohtanut nimesi.	*Mä oon unohtanu sun nimes.*
Lainasin hänen sanakirjansa.	*Mä lainasin sen sanakirjan.*
Hän on maksanut laskunsa.	*Se on maksanu laskunsa.*
Meidän kirjassamme ei ole kuvia.	*Meijän kirjas ei oo kuvia.*
Mikä teidän osoitteenne on?	*Mikä teijän osote on?*
Pääsin heidän autossaan kotiin asti.	*Mä pääsin niitten autossa kotii asti.*

Puhutusta kielestä
Huomaa: Puhekielessä on monenlaista vaihtelua. Kaikki eivät puhu samalla tavalla. Eri puolilla Suomea puhutaan erilaisia murteita, ja kaupungeissa on erilaisia puhekieliä. Nuoret puhuvat eri tavalla kuin vanhat. Eri ammateissa olevat ihmiset puhuvat eri tavalla. Eri tilanteissa puhumme erilaista kieltä.

Opettele kirjakielen muodot! Mutta kuuntele myös, miten ihmiset puhuvat!
Vähitellen opit, missä tarvitset kirjakieltä ja missä puhekieltä.

Vielä vähän possessiivisuffikseista.

Milloin riittää possessiivisuffiksi, milloin mukana on myös persoonapronominin genetiivi?

• Jos possessiivisuffiksi viittaa lauseen subjektiin, ei tarvita pronominia.

Minä myyn autoni.	Me myymme automme.
Sinä myyt autosi.	Te myytte autonne.
Hän myy autonsa.	He myyvät autonsa.

Soitan sisarelleni.	Soitamme sisarellemme.
Soitatko sisarellesi?	Soitatteko sisarellenne?
Hän soittaa sisarelleen.	He soittavat sisarelleen.

• Jos possessiivisuffiksi ei viittaa lauseen subjektiin vaan johonkin toiseen henkilöön,
– kolmannessa persoonassa täytyy olla **hänen** tai **heidän**
– ensimmäisessä ja toisessa persoonassa voi olla pronominin genetiivi, mutta se ei ole pakollinen.

Hän ostaa autoni. / Hän ostaa minun autoni.
Minä ostan autosi. / Minä ostan sinun autosi.
Minä ostan hänen autonsa.
Kuka ostaa automme? / Kuka ostaa meidän automme?
Ostan autonne. / Ostan teidän autonne.
Ostamme heidän autonsa.

Jos 1. ja 2. persoonan pronomini ei ole painokas, se äännetään ilman painoa.
Hän ostaa minun autoni. (Ei erikoista painoa.)
Hän ostaa **minun** autoni. (Tarkoittaa: ei kenenkään muun autoa, vaan juuri minun.)

• Kolmannessa persoonassa täytyy olla tarkka.
Vertaa:

Kuka myi autonsa? (Oman autonsa.)
Kuka myi hänen autonsa? (Jonkun toisen henkilön auton.)

Matti soitti sisarelleen. (Omalle sisarelleen.)
Matti soitti hänen sisarelleen. (Jonkun toisen sisarelle.)

Saanko istua teidän viereenne?

• Myös postpositioihin liitetään possessiivisuffiksi, jos niiden edessä on tai voisi olla persoonapronominin genetiivi.

Vertaa:
Kenen luona sinä kävit?
Kävin Tuulan luona.   Kävin hänen **luonaan**.
Mene lasten kanssa ulos.   Mene heidän **kanssaan** ulos.
Tule toisten kanssa ulos.   Tule meidän **kanssamme** ulos.
Tuon miehen takana on vapaa paikka.   Sinun **takanasi** on vapaa paikka.
Alli istuu Ellin vieressä.   He istuvat minun **vieressäni**.
Menen istumaan noiden opiskelijoiden viereen.   Saanko istua teidän **viereenne**?

Lapset pelastivat itse itsensä

Sari luki lehteä ja huomasi uutisen koulutaksille sattuneesta onnettomuudesta. Hän luki ääneen Mikalle:

– "Kaksitoista koululaista ja taksinkuljettaja pelastuivat kuin ihmeen kaupalla heidän autonsa suistuttua sohjoiselta tieltä kaiteen yli järveen. Auto painui katto edellä jään läpi, mutta toinen toistaan auttaen autossa olleet selviytyivät tilanteesta kylmin kylvyin." Mitä se tarkoittaa, että "kylmin kylvyin"?

Mika: Että ne kastuivat, mutta selviytyivät. Siis ne ei hukkuneet. Anna mä luen eteenpäin. Ne on osanneet toimia nopeasti. Siinä oli 16-vuotias tyttö, joka pääsi sivuikkunan kautta jäälle ja kiskoi ne muut ulos autosta. Ne oli kaikki likomärkiä.

Sari: Miten ne pääsi kotiin?

Mika: Ei ne heti päässeet kotiin, ne vietiin terveyskeskukseen. Siihen paikalle tuli toinen koulutaksi, ja se vei ne. Tässä sanotaan, että kenelläkään ei ollut vakavia vammoja, vain pieniä haavoja ja mustelmia.

Sari: Onneks ne pelastui!

Mika: Joo. Niillä oli onnea.

[Tällaisesta onnettomuudesta kirjoitettiin Ilta-Sanomissa 22.4.1986, ja sitaatti on siitä uutisesta.]

kuin ihmeen kaupalla = aivan ihmeellisesti

kylmin kylvyin = niin että he vain kastuivat ("saivat kylmän kylvyn")

toinen toistaan auttaen = sillä tavalla, että kaikki auttoivat kaikkia
Voimme sanoa myös: **toisiaan auttaen**.

Vertaa:
Jari ja Mika auttavat toisia. = Jari ja Mika auttavat muita.
Jari ja Mika auttavat toisiaan. = Jari auttaa Mikaa ja Mika auttaa Jaria.

Koulutyttö pelasti toiset.
Koululaiset pelastivat toisensa.

Lapsi auttoi toisia.
Lapset auttoivat toisiaan.

- **toiset +nsa**

Tätä pronominia käytetään monikossa. Sen muoto riippuu verbistä.

Esim.

Koululaiset pelastivat **toisensa**.	pelastaa + kenet?
Lapset auttoivat **toisiaan**.	auttaa + ketä?
He kirjoittivat **toisilleen**.	kirjoittaa + kenelle?
He tutustuivat **toisiinsa**.	tutustua + kehen?

- Samassa merkityksessä voidaan käyttää kaksoispronominia **toinen** + **toinen +nsa**. Se on yksikössä.

Esim.

Koululaiset pelastivat **toinen toisensa**.

Lapset auttoivat **toinen toistaan**.

He kirjoittivat **toinen toiselleen**.

He tutustuivat **toinen toiseensa**.

Jos lauseen subjekti on **me**, pronominiin tulee possessiivisuffiksi **-mme**:

Me pelastimme toisemme / toinen toisemme.

Me autoimme toisiamme / toinen toistamme.

Me kirjoitimme toisillemme / toinen toisellemme.

Me tutustuimme toisiimme / toinen toiseemme.

Jos lauseen subjekti on **te**, pronominiin tulee **-nne**:

Te pelastitte toisenne / toinen toisenne.

Te autoitte toisianne / toinen toistanne.

Te kirjoititte toisillenne / toinen toisellenne.

Te tutustuitte toisiinne / toinen toiseenne.

On hyvä, jos tunnet nämä molemmat pronominit, mutta riittää, jos osaat käyttää monikkomuotoista pronominia (toisemme, toisenne, toisensa, toisiamme, toisianne, toisiaan, toisillemme, toisillenne, toisilleen jne.).

Kieliopissa näiden pronominien nimi on resiprookkipronomini.

Kenelläkään ei ollut vakavia vammoja.

kenelläkään on **kukaan**-pronominin muoto.

(ei) kukaan on kielteisen lauseen pronomini.

Esim.

Kukaan ei lähde ulos, kun on niin huono ilma.

En tunne ketään.

En ole kysynyt keneltäkään.

Jne.

kukaan-pronominin sijamuotojen malliksi sopii **kuka**-pronomini:

Kuka puhuu ranskaa?	Ei kukaan. Kukaan ei puhu ranskaa.
Ketä sinä odotat?	En ketään. En odota ketään.
Kenelle sinä soitat?	En kenellekään. En soita kenellekään.
Kenestä hän pitää?	Ei kenestäkään. Hän ei pidä kenestäkään.
Kenen kanssa he puhuivat?	Eivät kenenkään. He eivät puhuneet kenenkään kanssa.

Jne.

Kehotuksia ja lupia

Auttakaamme toisiamme!

• Juhlallisessa tai virallisessa tyylissä voidaan käyttää monikon 1. persoonan imperatiivia (kehotusmuotoa), jonka tunnus on **-kaamme/-käämme**.
Tunnus liitetään samaan vartaloon kuin monikon 2. persoonan imperatiivin tunnus **-kaa/-kää**.

Esim.
Mon. 2. persoona: Auttakaa toisianne!
Mon. 1. persoona: Auttakaamme toisiamme!

Esimerkkejä mon. 1. persoonan imperatiivista:
  Siirtykäämme nyt mielikuvituksessamme kauas menneisyyteen.
  Muistakaamme velvollisuutemme.
  Seuratkaamme tilannetta.
  Rukoilkaamme.

Esimerkkejä kielteisestä muodosta:
  Älkäämme unohtako velvollisuuttamme.
  Älkäämme kostako pahaa pahalla.

Käyköön kuinka käy!

• Myös kolmatta persoonaa varten on oma imperatiivimuotonsa. Sen tunnus on yksikössä **-koon/-köön** ja monikossa **-koot/-kööt**. Tunnus liitetään samaan vartaloon kuin **-kaa /-kää**.
Esim.
Mon. 2. persoona: Auttakaa naapuria!
Yks. 3. persoona: Auttakoon naapuria!
Mon. 3. persoona: Auttakoot naapuria!

Kielteinen muoto:
Mon. 2. persoona: Älkää myöhästykö!
Yks. 3. persoona: Älköön myöhästykö!
Mon. 3. persoona: Älkööt myöhästykö!

Kolmannen persoonan imperatiivia käytetään harvoin käskynä tai kehotuksena. Useammin sitä käytetään ilmaisemaan sallimista tai myöntymistä.

Anni: Jorma tulee iltajunalla. Menetkö hakemaan hänet asemalta?
Raimo: En taida ehtiä. Ottakoon taksin. (Huom. Tulosobjektissa on pääte -**n**.)

Sari: Saako Leena tulla meille?
Tuula: Tulkoon vaan.

– Mika haluaisi mennä kaveriensa kanssa kalaan.
– No menköön nyt tämän kerran.

– Pojat haluaisivat mennä kaveriensa kanssa kalaan.
– No menkööt nyt minun puolestani. Ei minulla ole mitään sitä vastaan.

Tuula: Kuule, tuo vinttikomero pitäisi vielä imuroida. Jari voisi tulla imuroimaan, vai häiritsisikö se sinua?
Mummo: Imuroikoon vain. Ei se minua häiritse.

– Mitähän ihmiset tästä sanovat?
– Sanokoot mitä tahansa. Se ei minua liikuta. Minä en välitä siitä, mitä ihmiset sanovat.

– Kuinkahan tässä käy? Uskallammeko yrittää?
– Käyköön kuinka käy! Nyt mennään!

Huomaa toivotukset:
Onneksi olkoon!
Eläköön!

Kielioppia

Sijamuodot

	Yksikkö	Monikko
Nominatiivi	Kuka? Mikä? Millainen? hyvä ystävä pieni kaupunki	Ketkä? Mitkä? Millaiset? hyvät ystävät pienet kaupungit
Partitiivi	Ketä? Mitä? Millaista? hyvää ystävää pientä kaupunkia	Keitä? Mitä? Millaisia? hyviä ystäviä pieniä kaupunkeja
Genetiivi	Kenen? Minkä? Millaisen? hyvän ystävän pienen kaupungin	Keiden? Minkä? Millaisten? hyvien ystävien pienten kaupunkien
Inessiivi	Kenessä? Missä? Millaisessa? hyvässä ystävässä pienessä kaupungissa	Keissä? Missä? Millaisissa? hyvissä ystävissä pienissä kaupungeissa
Elatiivi	Kenestä? Mistä? Millaisesta? hyvästä ystävästä pienestä kaupungista	Keistä? Mistä? Millaisista? hyvistä ystävistä pienistä kaupungeista
Illatiivi	Kehen? Mihin? Millaiseen? hyvään ystävään pieneen kaupunkiin	Keihin? Mihin? Millaisiin? hyviin ystäviin pieniin kaupunkeihin
Adessiivi	Kenellä? Millä? Millaisella? hyvällä ystävällä pienellä kaupungilla	Keillä? Millä? Millaisilla? hyvillä ystävillä pienillä kaupungeilla
Ablatiivi	Keneltä? Miltä? Millaiselta? hyvältä ystävältä pieneltä kaupungilta	Keiltä? Miltä? Millaisilta? hyviltä ystäviltä pieniltä kaupungeilta
Allatiivi	Kenelle? Mille? Millaiselle? hyvälle ystävälle pienelle kaupungille	Keille? Mille? Millaisille? hyville ystäville pienille kaupungeille
Translatiivi	Keneksi? Miksi? Millaiseksi? hyväksi ystäväksi pieneksi kaupungiksi	Keiksi? Miksi? Millaisiksi? hyviksi ystäviksi pieniksi kaupungeiksi
Essiivi	Kenenä? Minä? Millaisena? hyvänä ystävänä pienenä kaupunkina	Keinä? Minä? Millaisina? hyvinä ystävinä pieninä kaupunkeina
Akkusatiivi	Kenet? minut, sinut, hänet, meidät, teidät, heidät, kenet	
Abessiivi	Ketä ilman? Mitä ilman? paperitta	papereitta
Instruktiivi	Millä tavalla? käsin	
Komitatiivi	Kuka/Mikä mukana? perheineen	

Sijamuotojen käyttöä

Kysymys	Sijamuoto	Funktio
Kuka? Mikä?	Nominatiivi Opiskelija lukee ja kirjoittaa. Ovi on kiinni. Talossa on kaunis ovi.	Subjekti
	Minun täytyy tavata eräs opiskelija. Avatkaa ovi! Kirja lainattiin kirjastosta.	Objekti
Ketkä? Mitkä?	Monikon nominatiivi Opiskelijat lukevat ja kirjoittavat. Ovet ovat kiinni. Talossa on isot ikkunat.	Subjekti
	Haluan tavata kaikki opiskelijat. Avatkaa ovet! Kirjat lainattiin kirjastosta.	Objekti
Ketä? Mitä?	Partitiivi En tavannut opiskelijaa. Älä avaa ovea! Etkö tunne minua? Puhun suomea ja ruotsia. Ostan kukkia. Rakastan sinua. Odotan ystäviäni. En voi tulla puhelimeen, pesen tukkaani.	Objekti
Mitä ainetta? Mitä esineitä?	Partitiivi Lasissa on vettä. Kupissa on kahvia. Pöydällä on kirjoja. Kassissa on omenoita. Asemalla on junia. Lattialla ei ole mattoa. Naapurilla on hevosia. Minulla ei ole koiraa eikä kissaa.	Subjekti
Kenet?	Akkusatiivi Näen sinut. Tunnen hänet. Tapasitko heidät? Kenet tapasit?	Objekti
Kenet? Minkä?	Genetiivi Tapasin opiskelijan. Avasin oven.	Objekti

Kenen? Minkä?	Genetiivi	
	Opiskelijan sanakirja on kallis.	Omistaja ym.
	Sanakirjan hinta on 40 euroa.	
	Keskustelen naapurien kanssa.	Genetiivi + postpositio
	Minun täytyy lukea paljon.	Subjekti
	Oven täytyy olla kiinni ja ikkunoiden auki.	
Missä?	Inessiivi	Paikan adverbiaali
	Asun kaupungissa.	
	Hän opiskelee yliopistossa.	
	Sanakirja on kassissa.	
Milloin?	Inessiivi	Ajan adverbiaali
	Kurssi alkaa syyskuussa ja päättyy joulukuussa.	
Mistä?	Elatiivi	Paikan adverbiaali
	Hän on kotoisin Ranskasta.	
	Tulen Tukholmasta.	
	Tulen kaupasta.	
	Otan sanakirjan kassista.	
	Ostan kirjat kaupasta ja lehdet kioskista.	
	Katson uudet sanat sanakirjasta.	
Mihin?	Illatiivi	Paikan adverbiaali
	Matkustan Tukholmaan.	
	Menen kauppaan.	
	Laitan sanakirjan kassiin.	
Mistä mihin?	Elatiivi ja illatiivi	Ajan adverbiaali
	Olemme työssä maanantaista perjantaihin, kahdeksasta neljään.	
	Kurssi kestää syyskuusta joulukuuhun.	
Kenestä? Mistä?	Elatiivi	Aiheen adverbiaali
	Puhumme uusista kirjoista.	
	Lehdessä oli kirjoitus musiikkikoulusta.	
	Pidän sinusta.	
	Kiitos kaikesta!	
Mistä aineesta?	Elatiivi	Alkuperän, materiaalin adverbiaali
	Tämä talo on rakennettu puusta.	
	Jäästä voi tehdä kauniita veistoksia.	
Missä? Millä paikalla?	Adessiivi	Paikan adverbiaali
	Asun Vantaalla.	
	Hän asuu Tampereella.	
	Näillä hyllyillä on sanakirjoja.	
	Millä kadulla sinä asut?	
	Asemalla on paljon junia.	
	Olemme kurssilla.	

Mistä? Miltä paikalta?	Ablatiivi Hän tulee Tampereelta. Otan sanakirjat hyllyiltä. Bussi kääntyy pois Rantakadulta. Tulen kurssilta.	Paikan adverbiaali
Mihin? Mille paikalle?	Allatiivi Matkustan Tampereelle. Muutan maalle. Panen sanakirjat hyllyille. Bussi kääntyy Koivutielle. Menen kurssille.	Paikan adverbiaali
Millä?	Adessiivi Tulen junalla. Matkustan maalle bussilla. Kirjoitan kynällä ja koneella.	Välineen adverbiaali
Kenellä on?	Adessiivi Minulla on hyvä sanakirja. Naapureillani on pieniä lapsia. Kirahvilla on pitkä kaula. Huomaa: Jos omistaja on esine (ei ihminen tai eläin), käytetään inessiiviä: Autossa on neljä ovea. Kirjassa on kauniit kannet.	Omistaja
Keneltä?	Ablatiivi Sain kirjeen ystävältä. Pyydän häneltä apua. Opettaja kysyi opiskelijoilta, mistä he ovat kotoisin.	Antajan tai lähettäjän adverbiaali
Kenelle?	Allatiivi Kirjoitin viestin ystävälle. Vastasin hänelle. Opettaja antoi opiskelijoille paljon kotitehtäviä.	Saajan tai vastaanottajan adverbiaali
Milloin?	Adessiivi Herään aamulla aikaisin. Talvella hiihdetään ja luistellaan. Mitä aiot tehdä lomalla? Missä olet ensi viikolla?	Ajan adverbiaali
Milloin?	Essiivi Mitä teitte viikonloppuna? Missä olet jouluna? Oletko täällä maanantaina? Mitä teet ensi kesänä? Onko vaikea herätä aikaisin talviaamuina?	Ajan adverbiaali

Ennen mitä aikaa? Mitä aikaa varten?	Translatiivi Menen työhön kello kahdeksaksi. Matkustan kotiin jouluksi.	Ajan adverbiaali
Keneksi? Miksi? Mihin tehtävään? Mihin tarkoitukseen?	Translatiivi Hän lähti turistien oppaaksi. Voitko sinä tulla kokoukseen tulkiksi? Sopiiko tämä iso lasi kukkamaljakoksi? Ilma on muuttunut kylmäksi. Tämä puu kasvaa nopeasti isoksi. Maalasin pöydän valkoiseksi. Jos emme puhu ongelmasta, se voi tulla liian suureksi. Mistä sinä tulet iloiseksi ja mistä surulliseksi?	Muutoksen adverbiaali
Missä työssä? Missä tehtävässä?	Essiivi Hän toimii oppaana. Kuka kokouksessa on tulkkina? Nuorena asuin maalla. Käytän tätä isoa lasia kukkamaljakkona.	Olotilan adverbiaali
Mitä ilman?	Abessiivi Löysitkö perille vaikeuksitta? Joka syyttä suuttuu, se lahjatta leppyy. (Sananlasku.)	Adverbiaali
Millä keinolla tai välineellä? Millä tavalla?	Instruktiivi Näin tapauksen omin silmin. Kävelen kesällä usein paljain jaloin. Hän on auttanut minua monin tavoin.	Adverbiaali
Minkä kanssa? Kenen kanssa? Mikä/Kuka mukana?	Komitatiivi Valokuvassa on Jorma Virtanen perheineen. Pojat lähtivät tovereineen pyöräretkelle. Kaupunki kuuluisine nähtävyyksineen houkuttelee tuhansia turisteja.	Adverbiaali / Attribuutti

Nominityypit (Yksikön vartalot)

1. maa, voi, tie, työ
   Vartalo on samanlainen kuin nominatiivi.
   Genetiivi: maan, voin, tien, työn.
   Partitiivi: maata, voita, tietä, työtä.
   Illatiivi: maahan, voihin, tiehen, työhön.

2. talo, koulu, pöllö, hylly
   Vartalo on samanlainen kuin nominatiivi.
   Genetiivi: talon, koulun, pöllön, hyllyn.
   Partitiivi: taloa, koulua, pöllöä, hyllyä.
   Illatiivi: taloon, kouluun, pöllöön, hyllyyn.
   Konsonanttivaihtelu! lakko – lakon, kylpy – kylvyn, hattu – hatun jne.

3. kala, kissa, koira, metsä, ravintola, ystävä
   Vartalo on samanlainen kuin nominatiivi.
   Genetiivi: kalan, kissan, koiran, metsän, ravintolan, ystävän.
   Partitiivi: kalaa, kissaa, koiraa, metsää, ravintolaa, ystävää.
   Illatiivi: kalaan, kissaan, koiraan, metsään, ravintolaan, ystävään.
   Konsonanttivaihtelu! kukka – kukan, tapa – tavan, setä – sedän jne.

4. itse, kolme, nalle
   Vartalo on samanlainen kuin nominatiivi.
   Genetiivi: itsen, kolmen, nallen.
   Partitiivi: itseä, kolmea, nallea.
   Illatiivi: itseen, kolmeen, nalleen.
   Konsonanttivaihtelu! nukke – nuken.

5. tuoli, väri, paperi
   Vartalo on samanlainen kuin nominatiivi.
   Genetiivi: tuolin, värin, paperin.
   Partitiivi: tuolia, väriä, paperia.
   Illatiivi: tuoliin, väriin, paperiin.
   Konsonanttivaihtelu! pankki – pankin, äiti – äidin, greippi – greipin.

6. nimi, sormi, järvi, kivi
   Vartalossa e.
   Genetiivi: nimen, sormen, järven, kiven.
   Partitiivi: nimeä, sormea, järveä, kiveä.
   Illatiivi: nimeen, sormeen, järveen, kiveen.
   Konsonanttivaihtelu! lehti – lehden, lahti – lahden, joki – joen, happi – hapen jne.

7. kieli, tuli, veri, uni
   Kaksi vartaloa: -e-vartalo ja konsonanttivartalo.
   Genetiivi: kielen, tulen, veren, unen.
   Partitiivi: kieltä, tulta, verta, unta.
   Illatiivi: kieleen, tuleen, vereen, uneen.

8. perhe, terve, kirje
   Kaksi vartaloa: -ee-vartalo ja -t-vartalo.
   Genetiivi: perheen, terveen, kirjeen.
   Partitiivi: perhettä, tervettä, kirjettä.
   Illatiivi: perheeseen, terveeseen, kirjeeseen.
   Erikoinen konsonanttivaihtelu! osoite – osoitteen, sade – sateen, aie – aikeen jne.

9. sisar, kyynel
   Kaksi vartaloa: -e-vartalo ja konsonanttivartalo.
   Genetiivi: sisaren, kyynelen.
   Partitiivi: sisarta, kyyneltä.
   Illatiivi: sisareen, kyyneleen.
   Erikoinen konsonanttivaihtelu! tytär – tyttären, kannel – kantelen, manner – manteren.

10. jäsen, paimen, höyhen
    Kaksi vartaloa: -e-vartalo ja konsonanttivartalo.
    Genetiivi: jäsenen, paimenen, höyhenen.
    Partitiivi: jäsentä, paimenta, höyhentä.
    Illatiivi: jäseneen, paimeneen, höyheneen.
    Erikoinen konsonanttivaihtelu! ien – ikenen jne.

11. avain, eläin, sydän
    Kaksi vartaloa: -me-vartalo ja konsonanttivartalo.
    Genetiivi: avaimen, eläimen, sydämen.
    Partitiivi: avainta, eläintä, sydäntä.
    Illatiivi: avaimeen, eläimeen, sydämeen.
    Erikoinen konsonanttivaihtelu! leivänpaahdin – leivänpaahtimen, levysoitin – levysoittimen jne.

12. suomalainen, ihminen
    Kaksi vartaloa: -se-vartalo ja -s-vartalo.
    Genetiivi: suomalaisen, ihmisen.
    Partitiivi: suomalaista, ihmistä.
    Illatiivi: suomalaiseen, ihmiseen.

13. lämmin
    Kaksi vartaloa: lämpimä- ja lämmin-.
    Genetiivi: lämpimän.
    Partitiivi: lämmintä.
    Illatiivi: lämpimään.

14. työtön, rahaton
    Kaksi vartaloa: -ttoma-/-ttömä- ja -ton-/-tön-.
    Genetiivi: työttömän, rahattoman.
    Partitiivi: työtöntä, rahatonta.
    Illatiivi: työttömään, rahattomaan.

15. lounas, raskas, kallis
    Kaksi vartaloa: vartalo, jossa on pitkä vokaali, ja konsonanttivartalo.
    Genetiivi: lounaan, raskaan, kalliin.
    Partitiivi: lounasta, raskasta, kallista.
    Illatiivi: lounaaseen, raskaaseen, kalliiseen.
    Erikoinen konsonanttivaihtelu! hidas – hitaan, rakas – rakkaan, opas – oppaan jne.

16. vastaus, kysymys, kiitos, jänis
    Kaksi vartaloa: -kse-vartalo ja -s-vartalo.
    Genetiivi: vastauksen, kysymyksen, kiitoksen, jäniksen.
    Partitiivi: vastausta, kysymystä, kiitosta, jänistä.
    Illatiivi: vastaukseen, kysymykseen, kiitokseen, jänikseen.

17. rakkaus, yhteys, lapsuus, köyhyys
    Kolme vartaloa: -ude-/-yde-vartalo, t-vartalo ja –ute-/-yte-vartalo.
    Genetiivi: rakkauden, yhteyden, lapsuuden, köyhyyden.
    Partitiivi: rakkautta, yhteyttä, lapsuutta, köyhyyttä.
    Illatiivi: rakkauteen, yhteyteen, lapsuuteen, köyhyyteen.

18. kolmas, neljäs jne.
    Kolme vartaloa: -nne-vartalo, t-vartalo ja -nte-vartalo.
    Genetiivi: kolmannen, neljännen.
    Partitiivi: kolmatta, neljättä.
    Illatiivi: kolmanteen, neljänteen.

19. mies
    Kaksi vartaloa: miehe- ja mies-.
    Genetiivi: miehen.
    Partitiivi: miestä.
    Illatiivi: mieheen.

20. olut, lyhyt
    Kaksi vartaloa: -e-vartalo ja -t-vartalo.
    Genetiivi: oluen, lyhyen.
    Partitiivi: olutta, lyhyttä.
    Illatiivi: olueen, lyhyeen.

21. kevät
    Kaksi vartaloa: kevää- ja kevät-.
    Genetiivi: kevään.
    Partitiivi: kevättä.
    Illatiivi: kevääseen.

22. tuhat
    Kolme vartaloa: tuhanne-, tuhat- ja tuhante-.
    Genetiivi: tuhannen.
    Partitiivi: tuhatta.
    Illatiivi: tuhanteen.

23. kiinnostunut, väsynyt
    Kaksi vartaloa: -nee-vartalo ja -nut-/-nyt-vartalo.
    Genetiivi: kiinnostuneen, väsyneen.
    Partitiivi: kiinnostunutta, väsynyttä.
    Illatiivi: kiinnostuneeseen, väsyneeseen.

"Erikoinen konsonanttivaihtelu" tarkoittaa sitä, että sanan yksikön nominatiivissa ja partitiivissa on heikko konsonantti ja genetiivissä ja muissa sijamuodoissa vahva konsonantti.

Nominityyppien monikko (Vartalo, genetiivi, partitiivi, illatiivi ja inessiivi.)

1. maa – maan – mai-: maiden, maita, maihin, maissa.
    tie – tien – tei-: teiden, teitä, teihin, teissä.
2. talo – talon – taloi-: talojen, taloja, taloihin, taloissa.
    kylpy – kylvyn – kylvyi-/kylpyi-: kylpyjen, kylpyjä, kylpyihin, kylvyissä.
3. kissa – kissan kissoi-: kissojen, kissoja, kissoihin, kissoissa.
    koira – koiran – koiri-: koirien, koiria, koiriin, koirissa.
    metsä – metsän metsi-: metsien, metsiä, metsiin, metsissä.
    kukka – kukan – kuki-/kukki-: kukkien, kukkia, kukkiin, kukissa.
4. kolme – kolmen – kolmi-: kolmien, kolmia, kolmiin, kolmissa.
    nukke – nuken – nukei-/nukkei-: nukkejen, nukkeja, nukkeihin, nukeissa.
5. tuoli – tuolin – tuolei-: **tuolien**, tuoleja, tuoleihin, tuoleissa.
    pankki – pankin – pankei-/pankkei-: **pankkien**, pankkeja, pankkeihin, pankeissa.
6. järvi – järven – järvi-: järvien, järviä, järviin, järvissä.
    lehti – lehden – lehdi-/lehti-: lehtien, lehtiä, lehtiin, lehdissä.
7. kieli – kielen – kieli-: kielien/kielten, kieliä, kieliin, kielissä.
    käsi – käden – käsi-: käsien, käsiä, käsiin, käsissä.
8. perhe – perheen – perhei-: perheiden/perheitten, perheitä, perheisiin, perheissä.
    osoite – osoitteen – osoittei-: osoitteiden, osoitteita, osoitteisiin, osoitteissa.
9. sisar – sisaren – sisari-: sisarien, sisaria, sisariin, sisarissa.
    tytär – tyttären – tyttäri-: tyttärien, tyttäriä, tyttäriin, tyttärissä.
10. jäsen – jäsenen – jäseni-: jäsenien, jäseniä, jäseniin, jäsenissä.
    ien – ikenen – ikeni-: ikenien, ikeniä, ikeniin, ikenissä.
11. avain – avaimen – avaimi-: avaimien, avaimia, avaimiin, avaimissa.
    soitin – soittimen – soittimi-: soittimien, soittimia, soittimiin, soittimissa.
12. hevonen – hevosen – hevosi-: hevosien/hevosten, hevosia, hevosiin, hevosissa.
13. lämmin – lämpimän – lämpimi-: lämpimien, lämpimiä, lämpimiin, lämpimissä.
14. työtön – työttömän – työttömi-: työttömien, työttömiä, työttömiin, työttömissä.
15. lounas – lounaan – lounai-: lounaiden/lounaitten, lounaita, lounaisiin, lounaissa.
    opas – oppaan – oppai-: oppaiden/oppaitten, oppaita, oppaisiin, oppaissa.
16. vastaus – vastauksen – vastauksi-: vastauksien/vastausten, vastauksia, vastauksiin, vastauksissa.
17. yhteys – yhteyden – yhteyksi-: yhteyksien, yhteyksiä, yhteyksiin, yhteyksissä.
    onnettomuus – onnettomuuden – onnettomuuksi-: onnettomuuksien, onnettomuuksia, onnettomuuksiin, onnettomuuksissa.
18. kolmas – kolmannen – kolmansi-: kolmansien, kolmansia, kolmansiin, kolmansissa.
19. mies – miehen – miehi-: miehien/miesten, miehiä, miehiin, miehissä.
20. olut – oluen – olui-: oluiden/oluitten, oluita, oluisiin, oluissa.
21. kevät – kevään – keväi-: keväiden/keväitten, keväitä, keväisiin, keväissä.
22. tuhat – tuhannen – tuhansi-: tuhansien, tuhansia, tuhansiin, tuhansissa.
23. väsynyt – väsyneen – väsynei-: väsyneiden/väsyneitten, väsyneitä, väsyneisiin, väsyneissä.

Verbityypit

I. ostaa, lukea, sopia, sanoa, puhua, parantua, kysyä, kyllästyä, säilöä, tietää
Infinitiivin tunnus: a/ä.
Infinitiivin vartalon lopussa lyhyt vokaali: osta-, luke- jne.
Preesensvartalon lopussa lyhyt vokaali: osta-, luke- jne.
Konsonanttivaihtelu! luke-/lue-, tietä-/tiedä-, kirjoitta-/kirjoita-, parantu-/parannu-,
erehty-/erehdy- jne.

II. saada, voida, tupakoida, luennoida, syödä, esitelmöidä
Infinitiivin tunnus da/dä.
Infinitiivin vartalon lopussa pitkä vokaali tai diftongi: saa-, voi-, tupakoi- jne.
Preesensvartalon lopussa pitkä vokaali tai diftongi: saa-, voi-, tupakoi- jne.

III. tulla, opiskella, työskennellä, panna, mennä, surra, nousta, ratkaista, pestä
Infinitiivin tunnus: la/lä, na/nä, ra/rä tai (s:n jäljessä) ta/tä.
Infinitiivin vartalon lopussa l, n, r tai s: tul-, men-, sur-, nous- jne.
Preesensvartalon lopussa lyhyt e: tule-, mene-, sure- nouse- jne.
Erikoinen konsonanttivaihtelu! ajatella – ajattele-, työskennellä – työskentele-.
Huomaa:
olla – olen, olet, on, olemme, olette, ovat.
tehdä – teen, teet, tekee, teemme, teette, tekevät.
nähdä – näen, näet, näkee, näemme, näette, näkevät.
juosta – juoksen, juokset, juoksee, juoksemme, juoksette, juoksevat.

IV. vastata, ruveta, selvitä, siivota, haluta, pölytä, herätä
Infinitiivin tunnus: ta/tä.
Infinitiivin vartalon lopussa lyhyt vokaali + t (joka infinitiivimuodossa sulautuu
tunnukseen): vastat-, ruvet- jne.
Preesensvartalon lopussa pitkä vokaali tai kaksi lyhyttä vokaalia: vastaa-, herää-, rupea-,
selviä- jne.
Erikoinen konsonanttivaihtelu! ruveta – rupea-, kerrata – kertaa-, vallata – valtaa-,
mitata – mittaa-, poiketa – poikkea-, pelätä – pelkää-.

V. tarvita, harkita, häiritä, merkitä
Infinitiivin tunnus: ta/tä.
Infinitiivin vartalon lopussa i + t (joka infinitiivimuodossa sulautuu tunnukseen): tarvit-,
häirit-.
Preesensvartalon lopussa -itse: tarvitse-, häiritse- jne.

VI. paeta, vanheta, kuumeta, kylmetä, lämmetä
Infinitiivin tunnus: ta/tä.
Infinitiivin vartalon lopussa e + t (joka infinitiivimuodossa sulautuu tunnukseen): paet-,
kylmet- jne.
Preesensvartalon lopussa -ene: pakene-, vanhene-, kylmene- jne.
Erikoinen konsonanttivaihtelu! paeta – pakene-, lämmetä – lämpene-.

"Erikoinen konsonanttivaihtelu" tarkoittaa, että infinitiivissä on heikko konsonantti ja esim. preesensin
kaikissa persoonissa vahva konsonantti.

Verbin persoonamuodot

Aktiivi

<u>Indikatiivi</u>
Preesens: luen, luet, lukee, luemme, luette, lukevat; en lue, et lue, ei lue, emme lue, ette lue, eivät lue
Imperfekti: luin, luit, luki, luimme, luitte, lukivat; en lukenut, et lukenut, ei lukenut, emme lukeneet, ette lukeneet, eivät lukeneet
Perfekti: olen lukenut, olet lukenut, on lukenut, olemme lukeneet, olette lukeneet, ovat lukeneet; en ole lukenut, et ole lukenut, ei ole lukenut, emme ole lukeneet, ette ole lukeneet, eivät ole lukeneet
Pluskvamperfekti: olin lukenut, olit lukenut, oli lukenut, olimme lukeneet, olitte lukeneet, olivat lukeneet; en ollut lukenut, et ollut lukenut, ei ollut lukenut, emme olleet lukeneet, ette olleet lukeneet, eivät olleet lukeneet

<u>Konditionaali</u>
Preesens: lukisin, lukisit, lukisi, lukisimme, lukisitte, lukisivat; en lukisi, et lukisi, ei lukisi, emme lukisi, ette lukisi, eivät lukisi
Perfekti: olisin lukenut, olisit lukenut, olisi lukenut, olisimme lukeneet, olisitte lukeneet, olisivat lukeneet; en olisi lukenut, et olisi lukenut, ei olisi lukenut, emme olisi lukeneet, ette olisi lukeneet, eivät olisi lukeneet

<u>Potentiaali</u>
Preesens: lukenen, lukenet, lukenee, lukenemme, lukenette, lukenevat; en lukene, et lukene, ei lukene, emme lukene, ette lukene, eivät lukene
Perfekti: lienen lukenut, lienet lukenut, lienee lukenut, lienemme lukeneet, lienette lukeneet, lienevät lukeneet; en liene lukenut, et liene lukenut, ei liene lukenut, emme liene lukeneet, ette liene lukeneet, eivät liene lukeneet

<u>Imperatiivi</u>
lue, lukekoon, lukekaamme, lukekaa, lukekoot; älä lue, älköön lukeko, älkäämme lukeko, älkää lukeko, älkööt lukeko

Huomaa:
Passiivin preesensin muotoa käytetään aktiivin monikon 1. persoonan imperatiivina: luetaan; ei lueta.

Passiivi

<u>Indikatiivi</u>
Preesens: luetaan; ei lueta
Imperfekti: luettiin; ei luettu
Perfekti: on luettu; ei ole luettu
Pluskvamperfekti: oli luettu; ei ollut luettu

<u>Konditionaali</u>
Preesens: luettaisiin; ei luettaisi
Imperfekti: olisi luettu; ei olisi luettu

<u>Potentiaali</u>
Preesens: luettaneen; ei luettane
Perfekti: lienee luettu; ei liene luettu

<u>Imperatiivi</u>
Preesens: luettakoon; älköön luettako

Verbin persoonamuotojen käyttö

Tapahtuu nyt, tällä hetkellä: Luen lehteä. Talossa pestään ikkunoita.

Tapahtuu toistuvasti: Luen lehden joka aamu. Ikkunat pestään pari kertaa vuodessa.

Tapahtuu myöhemmin (futuuri): Luen lehden huomenna. Ikkunat pestään ensi viikolla.

Tapahtuivat yhtä aikaa ennen tätä hetkeä: Luin lehteä, kun puhelin soi. Kun ikkunoita pestiin, huoneessa oli kylmä.

Tapahtui tiettyyn aikaan ennen tätä hetkeä: Luin lehden eilen. Ennen luin lehden joka aamu; nyt minulla ei ole aikaa lukea. Ikkunat pestiin viime viikolla.

On tapahtunut joskus ennen tätä hetkeä: Olen jo lukenut lehden, en tarvitse sitä enää. Milloin ikkunat on viimeksi pesty?

On alkanut tapahtua ennen tätä hetkeä ja jatkuu vielä: Olen lukenut lehteä jo puoli tuntia, mutta en anna sitä vielä sinulle, jatkan vielä. Talossa on paljon ikkunoita; niitä on nyt pesty jo kaksi päivää, mutta työ jatkuu vielä.

On tapahtunut ennen tätä hetkeä, ja vaikutus tuntuu tällä hetkellä: Olen lukenut lehden; siksi tiedän, mitä maailmalla on tapahtunut. Ikkunat on pesty; ne ovat puhtaat ja kirkkaat.

On tapahtunut, ennen kuin toinen asia tapahtuu: Kun olen lukenut lehden, annan sen naapurille. Kun ikkunat on pesty, aletaan pestä lattioita.

Oli tapahtunut, ennen kuin toinen asia tapahtui: Kun olin lukenut lehden, annoin sen naapurille. Kun ikkunat oli pesty, alettiin pestä lattioita.

Tapahtuu vain, jos jokin muu asia ensin tapahtuu: Lukisin lehden, jos minulla olisi aikaa. Talossa pestäisiin ikkunat, jos olisi kaunis ilma.

Olisi tapahtunut, jos jokin asia olisi ollut toisin: Olisin mielelläni lukenut tämän kirjan, mutta minulla ei ollut aikaa. Ikkunat olisi pesty jo eilen, jos olisi ollut kaunis ilma.

Tapahtuu mahdollisesti: Kaikki lukenevat tämän artikkelin. Ikkunat pestäneen huomenna.

On ehkä tapahtunut: Kaikki lienevät lukeneet tämän artikkelin. Ikkunat lienee jo pesty.

Käsky tai kehotus: Lue tämä artikkeli! Lukekaa tämä artikkeli! Pestään ikkunat!

Toivomus tai suostumus: Lukekoon jokainen tämän artikkelin itse. Pestäköön ensin ikkunat ja sitten lattiat.

Kohtelias kysymys, pyyntö, ehdotus ym.: Lukisitko tämän tekstin minulle, kun en itse näe? Lukisinko teille jotakin? Lukisimme mielellämme nämä kirjat; voisimmeko lainata ne? Jospa pestäisiin ikkunat.

Verbin nominaalimuodot

Infinitiivit
a/ä-infinitiivi: lukea
a/ä-infinitiivin translatiivi: lukeakseni, lukeaksesi, lukeakseen jne.
e-infinitiivin inessiivi: lukiessa, luettaessa
e-infinitiivin instruktiivi: lukien
ma/mä-infinitiivi: lukemassa, lukemasta, lukemaan, lukemalla, lukematta

Partisiipit
va/vä-partisiippi (aktiivi): lukeva
tava/tävä, ttava/ttävä-partisiippi (passiivi): luettava
nut/nyt-partisiippi (aktiivi): lukenut
tu/ty, ttu/tty-partisiippi (passiivi): luettu
agenttipartisiippi: lukema

Verbin nominaalimuotojen käyttö

Infinitiivit
a/ä-infinitiivi objektina: Haluan lukea tämän kirjan.
a/ä-infinitiivi subjektina: On tärkeää lukea tämä kirja.
a/ä-infinitiivi attribuuttina: Onko sinulla aikaa lukea tämä kirja?
a/ä-infinitiivi *täytyy*-ilmauksissa: Sinun täytyy/pitäisi lukea tämä kirja.
a/ä-infinitiivi *antaa/sallia*-ilmauksissa: Annatko hänen lukea tämän kirjan?
a/ä-infinitiivin translatiivi ilmaisemassa tarkoitusta: Ostin tämän kirjan lukeakseni sen ääneen lapsille.
e-infinitiivin inessiivi *kun*-lauseen vastineena: Lukiessani mielenkiintoista kirjaa en huomaa, mitä ympäril-
läni tapahtuu. Kurssikirjoja luettaessa tehdään muistiinpanoja.
e-infinitiivin instruktiivi ilmaisemassa tapaa/samanaikaista tekemistä: Hän loikoi sohvalla lukien kirjaa.
ma/mä-infinitiivin inessiivi, elatiivi ja illatiivi adverbiaalina: Olin kirjastossa lukemassa. Tulen kirjastosta
lukemasta. Menen kirjastoon lukemaan. Minkäikäisenä opit lukemaan? Hän kielsi minua lukemasta tätä
kirjaa.
ma/mä-infinitiivin adessiivi ja abessiivi ilmaisemassa tapaa: Opitko paremmin lukemalla vai kuuntelemal-
la? En osaa juoda aamukahvia lukematta samalla lehteä.

Partisiipit
Partisiippi attribuuttina: Katso tuota lehteä lukevaa miestä. Tässä ovat kaikki tenttiin
   luettavat kirjat. Aamulla sanomalehden lukeneet ihmiset keskustelivat junassa uutisista.
   Luetut lehdet viedään paperinkeräykseen. Vein lukemani lehdet paperinkeräykseen.
tava/tävä, ttava/ttävä-partisiippi ilmaisemassa pakkoa: Minun on luettava tämä kirja.
tava/tävä, ttava/ttävä -partisiippi substantiivina: Minulla ei ole mitään luettavaa.
Partisiippi objektina olevan *että*-lauseen vastineena: Toivon sinun lukevan tämän kirjan.
   Luulin sinun lukeneen koulussa ranskaa. Tiedän koulussa luettavan englantia. Tiedän
   ennen luetun nykyistä enemmän latinaa.
Partisiippi verbien *näkyä, näyttää, tuntua* kanssa: Hän näyttää lukevan. Hän kuuluu lukeneen
   kirjan yhtenä iltana. (=Hän on kuulemma lukenut kirjan yhtenä iltana.)
tu/ty, ttu/tty-partisiippi *kun*-lauseen vastineena: Luettuani kirjan annoin sen lainaksi naapurilleni.

Konsonanttivaihtelu (Astevaihtelu)

		"Tavallinen vaihtelu"		"Erikoinen vaihtelu"	
kk	**k**	kukka	kukan	rakas	rakkaan
		nukkua	nukun	pakata	pakkaan
pp	**p**	lippu	lipun	opas	oppaan
		hyppiä	hypin	siepata	sieppaan
tt	**t**	tyttö	tytön	vaate	vaatteen
		auttaa	autan	mitata	mittaan
k	**–**	reikä	reiän	aie	aikeen
		lukea	luen	maata	makaan
p	**v**	lupa	luvan	turve	turpeen
		saapua	saavun	tavata	tapaan
t	**d**	katu	kadun	sade	sateen
		pitää	pidän	haudata	hautaan
nk	**ng**	kaupunki	kaupungin	rengas	renkaan
		tunkea	tungen	hangata	hankaan
mp	**mm**	kampa	kamman	lumme	lumpeen
		empiä	emmin	kammata	kampaan
lt	**ll**	ilta	illan	puhallin	puhaltimen
		säveltää	sävellän	vallata	valtaan
nt	**nn**	ranta	rannan	ranne	ranteen
		kääntää	käännän	rynnätä	ryntään
rt	**rr**	parta	parran	porras	portaan
		kertoa	kerron	verrata	vertaan
k	**j**	jälki	jäljen	hylje	hylkeen
		kulkea	kuljen	rohjeta	rohkenen
k	**v**	suku	suvun		

Pronomineja

Persoonapronominit

Nominatiivi	minä, sinä, hän, me, te, he
Akkusatiivi	minut, sinut, hänet, meidät, teidät, heidät
Partitiivi	minua, sinua, häntä, meitä, teitä, heitä
Genetiivi	minun, sinun, hänen, meidän, teidän, heidän
Inessiivi	minussa, sinussa, hänessä, meissä, teissä, heissä
Elatiivi	minusta, sinusta, hänestä, meistä, teistä, heistä
Illatiivi	minuun, sinuun, häneen, meihin, teihin, heihin
Adessiivi	minulla, sinulla, hänellä, meillä, teillä, heillä
Ablatiivi	minulta, sinulta, häneltä, meiltä, teiltä, heiltä
Allatiivi	minulle, sinulle, hänelle, meille, teille, heille
Translatiivi	minuksi, sinuksi, häneksi, meiksi, teiksi, heiksi
Essiivi	minuna, sinuna, hänenä, meinä, teinä, heinä

Demonstratiivipronominit

Nominatiivi	tämä, tuo, se; nämä, nuo, ne
Partitiivi	tätä, tuota, sitä; näitä, noita, niitä
Genetiivi	tämän, tuon, sen; näiden, noiden, niiden
Inessiivi	tässä, tuossa, siinä; näissä, noissa, niissä
Elatiivi	tästä, tuosta, siitä; näistä, noista, niistä
Illatiivi	tähän, tuohon, siihen; näihin, noihin, niihin
Adessiivi	tällä, tuolla, sillä; näillä, noilla, niillä
Ablatiivi	tältä, tuolta, siltä; näiltä, noilta, niiltä
Allatiivi	tälle, tuolle, sille; näille, noille, niille
Translatiivi	täksi, tuoksi, siksi; näiksi, noiksi, niiksi
Essiivi	tänä, tuona, sinä; näinä, noina, niinä

Kysymyspronominit *kuka* ja *mikä* (yksikkö ja monikko)

Nominatiivi	kuka, ketkä	mikä, mitkä
Akkusatiivi	kenet	
Partitiivi	ketä, keitä	mitä, mitä
Genetiivi	kenen, keiden	minkä, minkä
Inessiivi	kenessä, keissä	missä, missä
Elatiivi	kenestä, keistä	mistä, mistä
Illatiivi	kehen/keneen, keihin	mihin, mihin
Adessiivi	kellä/kenellä, keillä	millä, millä
Ablatiivi	keltä/keneltä, keiltä	miltä, miltä
Allatiivi	kelle/kenelle, keille	mille, mille
Translatiivi	keneksi, keiksi	miksi, miksi
Essiivi	kenenä, keinä	minä, minä

Kysymyspronomini *kumpi* (yksikkö ja monikko)

Nominatiivi	kumpi, kummat
Partitiivi	kumpaa, kumpia
Genetiivi	kumman, kumpien
Inessiivi	kummassa, kummissa
Elatiivi	kummasta, kummista
Illatiivi	kumpaan, kumpiin
Adessiivi	kummalla, kummilla
Ablatiivi	kummalta, kummilta
Allatiivi	kummalle, kummille

Translatiivi	kummaksi, kummiksi
Essiivi	kumpana, kumpina

Huomaa:
Persoonapronomineilla ja *kuka*-pronominilla on erityinen akkusatiivimuoto (tulosobjektissa). Muiden pronominien tulosobjektimuoto on genetiivi tai nominatiivi, niin kuin substantiivien.

kumpi-pronominin monikkomuotoja käytetään sellaisten sanojen kanssa, jotka ovat aina monikossa, esim. *saappaat, housut, sakset* jne. Esimerkiksi: Kummat saappaat minä laitan jalkaan, talvisaappaat vai kumisaappaat? Täällä on kahdet sakset; kummilla on parempi leikata kangasta?

Relatiivipronomini *joka* (yksikkö ja monikko)

Nominatiivi	joka, jotka
Partitiivi	jota, joita
Genetiivi	jonka, joiden/joitten
Inessiivi	jossa, joissa
Elatiivi	josta, joista
Illatiivi	johon, joihin
Adessiivi	jolla, joilla
Ablatiivi	jolta, joilta
Allatiivi	jolle, joille
Translatiivi	joksi, joiksi
Essiivi	jona, joina

Indefiniittipronomineja (yksikkö ja monikko)

Nominatiivi	eräs, eräät
Partitiivi	erästä, eräitä
Genetiivi	erään, eräiden/eräitten
Inessiivi	eräässä, eräissä
Elatiivi	eräästä, eräistä
Illatiivi	erääseen, eräisiin
Adessiivi	eräällä, eräillä
Ablatiivi	eräältä, eräiltä
Allatiivi	eräälle, eräille
Translatiivi	erääksi, eräiksi
Essiivi	eräänä, eräinä

joku ja *jokin* (yksikkö ja monikko)

Nominatiivi	joku, jotkut	jokin, jotkin
Partitiivi	jotakuta, joitakuita	jotakin/jotain, joitakin/joitain
Genetiivi	jonkun, joidenkuiden	jonkin, joidenkin
Inessiivi	jossakussa, joissakuissa	jossakin/jossain, joissakin/joissain
Elatiivi	jostakusta, joistakuista	jostakin/jostain, joistakin/joistain
Illatiivi	johonkuhun, joihinkuihin	johonkin, joihinkin
Adessiivi	jollakulla, joillakuilla	jollakin/jollain, joillakin/joillain
Ablatiivi	joltakulta, joiltakuilta	joltakin/joltain, joiltakin/joiltain
Allatiivi	jollekulle, joillekuille	jollekin, joillekin
Translatiivi	joksikuksi, joiksikuiksi	joksikin, joiksikin
Essiivi	jonakuna, joinakuina	jonakin/jonain, joinakin/joinain

Huomaa:
Pronominia *joku* käytetään ihmisestä, *jokin*-pronominia esineistä, paikoista ym.

Kun pronomini on substantiivin edessä (attribuuttina), käytetään ihmisestäkin *jokin*-pronominia, paitsi nominatiivissa ja yksikön genetiivissä:

joku ihminen	jokin paikka
jotakin ihmistä	jotakin paikkaa
jonkun ihmisen	jonkin paikan
jossakin ihmisessä	jossakin paikassa
jostakin ihmisestä	jostakin paikasta
johonkin ihmiseen	johonkin paikkaan
jollakin ihmisellä	jollakin paikalla
joltakin ihmiseltä	joltakin paikalta
jollekin ihmiselle	jollekin paikalle
joksikin ihmiseksi	joksikin paikaksi
jonakin ihmisenä	jonakin paikkana

Monikko:

jotkut ihmiset	jotkin paikat
joitakin ihmisiä	joitakin paikkoja
joidenkin ihmisten	joidenkin paikkojen
joissakin ihmisissä	joissakin paikoissa
Jne.	

jokainen
jokainen, jokaisen, jokaista, jokaisessa, jokaisesta, jokaiseen, jokaisella, jokaiselta, jokaiselle, jokaiseksi, jokaisena

kaikki (yksikkö)
kaikki, kaikkea, kaiken, kaikessa, kaikesta, kaikkeen, kaikella, kaikelta, kaikelle, kaikeksi, kaikkena

kaikki (monikko)
kaikki, kaikkia, kaikkien, kaikissa, kaikista, kaikkiin, kaikilla, kaikilta, kaikille, kaikiksi, kaikkina

ei kukaan
ei kukaan, ei ketään, ei kenenkään, ei kenessäkään, ei kenestäkään, ei keneenkään/ei kehenkään, ei kenelläkään/ei kellään, ei keneltäkään/ ei keltään, ei kenellekään/ei kellekään, ei keneksikään, ei kenenäkään

eivät ketkään, ei keitään, ei keidenkään, ei keissään jne. (Katso *kuka*-pronominin monikkomuodot.)

ei mikään
ei mikään, ei mitään, ei minkään, ei missään, ei mistään, ei mihinkään, ei millään, ei miltään, ei millekään, ei miksikään, ei minään

eivät mitkään, ei mitään, ei minkään, ei missään jne.

ei kumpikaan
ei kumpikaan, ei kumpaakaan, ei kummankaan, ei kummassakaan, ei kummastakaan, ei kumpaankaan, ei kummallakaan, ei kummaltakaan, ei kummallekaan, ei kummaksikaan, ei kumpanakaan

eivät kummatkaan, ei kumpiakaan, ei kumpienkaan, ei kummissakaan jne. (Katso *kumpi*-pronominin monikkomuodot.)

Lausetyyppejä

Predikaatti ilman subjektia
Sataa. On syksy. On tiistai. Oli ilta. Nyt on kylmä.

Subjekti ja intransitiiviverbi (+ adverbiaali)
Lapset nukkuvat. Perhe asuu maalla. Juna lähtee pian.

Subjekti + transitiiviverbi (+ objekti)
Minä syön. Minä syön keittoa. Maksamme laskun.

Subjekti + *olla*-verbi + predikaatti
Kirja on paksu. Silmät ovat siniset. Kukat ovat kalliita.

Paikan adverbiaali + predikaatti + subjekti
Pöydällä on maljakko. Maljakossa on ruusuja. Meille tulee vieraita.

Omistajan adverbiaali + *olla*-verbi + subjekti
Hänellä on vauva. Vauvalla on kaksi hammasta. Autossa on neljä ovea.

Konjunktioita

ja, sekä, sekä – että, -kä
 Jorma ja Tuula asuvat maalla.
 Talossa on alakerta ja yläkerta sekä suuri kellari.
 Erik on opiskellut suomea sekä omassa maassaan että Suomessa.
 En osaa ranskaa enkä espanjaa.
 Hän ei halua tavata minua eikä puhua minun kanssani.
eli, tai, vai, joko – tai
 Näitä kyniä on tusina eli 12 kappaletta.
 Haluaisin teetä tai kahvia.
 Otatko teetä vai kahvia?
 Menen kesällä joko maalle tai ulkomaille.
mutta, vaan
 On kylmä ilma, mutta menen kuitenkin ulos.
 En ole vielä lukenut tätä kirjaa, mutta luen sen pian.
 Tarjoilija! En tilannut kahvia, vaan teetä.
sillä
 En mene tänään työhön, sillä olen sairas.
että
 Tiedätkö, että hän on sairaalassa?
 Hän ei pidä siitä, että minä puhun niin paljon.
 Hän on jo niin iso, että voi mennä yksin ulos.
 Hän käy kurssilla siksi, että hän haluaa oppia suomea.
koska, kun
 En mene tänään työhön, koska olen sairas.
 Ostin tämän kirjan, kun (= koska) se oli niin halpa.
kun, kunnes, ennen kuin
 Kun juon aamukahvia, luen sanomalehteä.
 Kun kaikki olivat syöneet, lähdimme ulos.
 Odotan tässä, kunnes sinä tulet takaisin.
 Älä lähde, ennen kuin minä tulen takaisin.

jos
    Jos huomenna sataa, emme lähde maalle.
    Mitä sinä tekisit, jos saisit miljoona euroa?
vaikka
    Menen ulos, vaikka on kylmä ilma; se ei häiritse minua.
    En muista hänen nimeään, vaikka olen kuullut sen monta kertaa.
kuin, niin kuin, kuten
    Hän on yhtä pitkä kuin minä.
    Hän on pitempi kuin sinä.
    Ota niin monta kuin haluat.
    Niin kuin sinä tiedät, minä en osaa ranskaa.
    Kuten tiedät, minä en osaa ranskaa.
-ko/-kö
    En tiedä, tuleeko hän.
    Kysytään häneltä, lähteekö hän mukaan.

Sanasto

Numero viittaa kappaleeseen, jossa sana esiintyy ensimmäisen kerran.

liristä 53
lista 22
lisä 26
lisäksi (adv.) 21
lisäksi (postp.) 40
lisälukemista < lisälukeminen
  31
lisäosa 26
lisätä 29
lisää 13
lohduttaa 46
loistaa 31
loisti < loistaa 31
loistohotelli 32
lokakuu 4
loma 4
loma-aika 31
lomake 26
lomalla < loma 4
lomamatka 13
lomapaikka 21
lopettaa 19
loppu 8
loppu: käydä koulu loppuun 43
loppu: loppujen lopuksi 53
loppua 54
loppukuu 36
loppupuoli 36
lopputulos 26
lopuksi 5
lopulta < loppu 26
lopussa < loppu 8
loput < loppu 20
loukata 35
lounas 36
lounastunti 36
luemme < lukea 5
luen < lukea 7
luento 9
luet < lukea 10
luetaan < lukea 22
luettelo 6
luettu < lukea 49
luin < lukea 25
luistaa 37
luistimet < luistin 52
luistin 52
lukea 2
lukee = on kirjoitettu 14
lukeminen 42
lukemista < lukeminen: jotakin
  lukemista 42
lukevat < lukea 2
lukija 18
lukio 16
luku: 1500-luvulla 29
lukukausi 8
lumeton 52

lumi 5
lumisade 36
lumisateet < lumisade 36
lunta < lumi 5
luokka: koululuokka 25
luokka: luokkatoveri 9
luokkahuone 46
luokkatoveri 9
luokse 15
luona 3
luonnon < luonto 20
luonnonkatastrofi 53
luonnonkukka 20
luonnonsuojelu 28
luonnonsuojelualue 28
luonto 20
luontokerho 28
luontoretki 25
lupa 26
lupaamasi < luvata 52
lusikka 22
luulen < luulla 28
luuletko < luulla 25
luulla 25
luullakseni 46
luultava 54
luultavasti 46
luvata 52
luvulla < luku 29
lyhenne 31
lyhennettäisiin < lyhentää 37
lyhenteen < lyhenne 31
lyhentää 37
lyhyempi < lyhyt 37
lyhyen < lyhyt 18
lyhyt 5
lyhyttä < lyhyt 20
lyödä 5
lähde 36
lähde < lähteä 22
lähdet < lähteä 7
lähdin < lähteä 14
lähdössä < lähtö: olla lähdössä
  18
läheinen 16
läheisessä < läheinen 16
lähelle 14
lähellä (postp.) 3
lähellä (adv.) 13
lähettäjä 52
lähettää 17
lähetään = lähdetään < lähteä
  34
lähinnä 47
lähiravintola 38
lähtee < lähteä 15
lähteen < lähde (vesi) 30

lähteet < lähde (kirjallinen
  lähde) 30
lähtekää < lähteä 22
lähtevät < lähteä 5
lähteä 5
lähtö 18
läjä 50
läksy 15
lämmin 5
lämmin: lämmin ruoka 38
lämmittää 36
lämpimämpi < lämmin 17
lämpimät < lämmin 31
lämpötila 36
länsi 8
länsirannikko 8
läpi 56
läpi: käydä läpi 50
lääke 36
lääkäri 11
löi < lyödä 5
löydetty: ei löydetty < löytää 31
löydän < löytää 14
löytyy < löytyä 17
löytyä 14
löytää 14
maa (valtio) 1
maa: maa kohosi 31
maa: maa on märkä 28
maa: maalla 15
maa: maalle 15
maa: maalta 11
maa: painua kohti maata 30
maa: pudota maahan 49
maa: viljellä maata 16
maailma 13
maalaamaton 52
maalaiskunta 16
maalaistalo 16
maalata 25
maalaus (maalaaminen) 40
maalaus (taulu) 51
maali 26
maaliskuu 4
maalla 15
maalle 15
maalta 11
maanantai 4
maantie 31
maantiede 28
maanviljelijä 16
maanviljelijäperhe 21
maapinta-ala 22
maassa < maa: missä maassa 3
maasto 46
maata 24
maatila 21
mahdollinen 54

mahdollisesti < mahdollinen 54
mahdollisuus 34
mahdoton 32
mahtua 22
maisema 13
maissa < maa: kolmen maissa = noin kello kolme 28
maistua 15
maito 18
maitokannu 51
maitorahka 18
maitotila 21
maja: retkeilymaja 27
makaa < maata 30
makaronilaatikko 15
makasi < maata 46
makasin < maata 24
makkara 15
makkaranpala 46
maksaa: kuinka paljon lippu maksaa 14
maksaa (antaa rahaa) 27
maksoin < maksaa 27
maksuton 46
makuuhuone 17
maljakko 17
malli 56
mannapuuro 18
mannaryyni 18
mannasuurimo 18
mansikka 18
margariini 18
marja 21
marja-aika 21
marjapensas 38
marjasato 54
marraskuu 4
masentunut 24
matala 22
matematiikka 7
materiaali 52
matka 12
matka (välimatka) 14
matka: matkalla = menossa 27
matka: olla matkoilla 36
matkailija 21
matkailu 21
matkailuliitto 36
matkailupalvelu 21
matkakirja 28
matkalaukku 50
matkamuisto 50
matkaopas 31
matkasuunnitelma 35
matkatoimisto 50
matkatoveri 32
matkustaa 12

matkustaja 24
matkustaminen 42
matkustella 24
matkustus 42
matsi = ottelu 20
matto 17
mauste 34
me 2
mehu 15
meidän 17
meijeri 16
meille: tulette meille 19
meinata = aikoa 39
melkein 16
melko 1
melu 51
mene < mennä 20
menee < mennä 15
menee: ne menee = he menevät 18
meneminen 42
menemään: heittää menemään 52
menet < mennä 5
meni < mennä 4
menneen < mennyt 23
menneisyys 56
mennä 4
mennä: meni väärin 4
mennä: mennä nukkumaan 25
mennään < mennä 5
meno: olla menossa 18
merelle < meri 13
merenpinnan < merenpinta 13
meri 13
merkitä (= laittaa merkki) 49
metri 34
metro 13
metsikkö 46
metsä 16
miehenä < mies 44
miehestä < mies 20
miekka 46
mielelläni 49
mielellään 21
mielenkiintoinen 32
mielestä < mieli: isän mielestä 31
mielestäni 45
mieli: eri mieltä 50
mieli: ilomielin, raskain mielin 53
mieli: mitä mieltä 32
mieli: paha mieli 47
mieli: samaa mieltä 34
mieli: sitä mieltä 38
mieli: tehdä mieli 23
mieli: tuli mieleen 34

mielikuvitus 56
mielipide 32
mielipuuro 18
mieliruoka 15
mieltä < mieli 32
mieluummin 34
mies 20
miettiä 21
mihin 12
mihin: mihin aikaan 14
mihinkään: ei mihinkään 22
miinus 4
miksei = miksi ei 15
miksi 10
mikä 1
mikäli 46
mikäpä siinä 37
mikäs siinä 26
mikään: ei mitään 5
millainen 16
millaista < millainen 21
milloin 4
millä < mikä: millä kadulla 3
millään: ei millään 52
ministeri 22
minkä < mikä 6
minkä takia? 19
minkälainen 20
minne 5
minulla: minulla on 5
minun < minä 1
minun: minun täytyy 5
minuutti 9
minä 1
missä 3
missä < mikä: missä maassa 3
missä: missä päin 14
missään: ei missään 24
mistä 11
mistä: mistä tiedämme = kuinka tiedämme 50
mistään: ei mistään 49
mitata 30
miten 8
miten: miten niin? 54
mitenkään: ei mitenkään 46
mitkä < mikä 6
mittailla < mitata 38
mittari 17
mitä 4
mitä: mitä jos 34
mitä: mitä kello on? 5
mitä: mitä kuuluu? 5
mitä: mitä ruokaa < mikä ruoka 5
mitäs tässä = ei mitään erikoista 15
mitään 29

todennäköinen 54
todennäköisesti 54
todeta 46
toimi: tuumasta toimeen 41
toimia 19
toiminta 26
toimittaja 36
toinen (toinen kahdesta) 5
toinen (lukusana) 8
toinen: toinen toistaan 56
toipilas 51
toipuminen 51
toisaalta 47
toiseksi < toinen: toiseksi paras
  20
toiset (= muut) 35
toisin 53
toisin < tuoda 38
toista < toistaa 5
toistaa 5
toiste 18
toitte < tuoda 23
toive 31
toivoa 28
toivoakseni 46
toivomus 34
toivottavasti 29
toivotus 22
tori 11
torni 13
torstai 4
torstaina < torstai 4
tosi 31
tosi: tosi paljon 25
tosiaan 29
totesi < todeta 46
totta 5
totta kai (= tietysti) 23
tottua 24
totuus 31
toukokuu 4
T-paita 27
tuhannen < tuhat 27
tuhannes 36
tuhansia < tuhat 22
tuhansien < tuhat 22
tuhat 22
tuhota 46
tuhoutua 31
tukka 17
tukki 23
tulee < tulla 5
tulevaisuudensuunnitelma 31
tulevaisuus 31
tuli 39
tuli < tulla 5
tuliainen 30
tuliaisiksi < tuliainen 30

tulin < tulla 9
tulipalo 29
tulkaa < tulla 5
tulla 5
tulla: mikä sinusta tulee 31
tulla: tulla sairaaksi 30
tulo: olla tulossa 41
tuloksesta < tulos 26
tulos 26
tulot 50
tulppaani 20
tulva 53
tulvia 36
tumma 17
tummanruskea 51
tummatukkainen 17
tummempi < tumma 17
tunne 55
tunnelma 49
tunne: en tunne < tuntea 5
tunnen < tuntea 5
tuntea 5
tuntea: tuntea itsensä yksinäi-
  seksi 43
tuntematon 21
tuntemattomia < tuntematon
  49
tunti 10
tunti: täysin tunnein 53
tuntua: miltä tuntuu 30
tunturi 34
tunturijärvi 36
tuo 12
tuo < tuoda 17
tuoda 17
tuoksua 30
tuoli 17
tuolla 14
tuomiokirkko 29
tuossa 10
tuota (tuota...) 28
tuota < tuo 26
tuote 18
tuotenimi 18
tuotetaan < tuottaa 21
tuottaa 21
tuotteita < tuote 27
tuotu < tuoda 49
tupakka 28
tupakoimaton 52
tupakoiminen 42
tupakointi 39
turisti 18
turistimatka 24
turistiopas 24
turkki 1
turkkia < turkki 1
turkkilainen 1

turva 53
turkulainen 27
turvaan < turva 53
turvaistuin 55
turvavyö 55
tuska 53
tuskin 53
tutkimus 53
tutkimusalue 53
tuttava 9
tuttavallinen 15
tuttu 45
tuttu = tuttava 25
tutustua 21
tuulee < tuulla 5
tuuletetaan < tuulettaa 29
tuulettaa 29
tuuli 17
tuulla 5
tuuma: tuumasta toimeen 41
tyhjentää 50
tyhjä 29
tykkään < tykätä 17
tykätä 15
tyttö 10
tyyli 38
tyyny 17
tyynyliina 23
tyyppi 55
tyytymättömiksi < tyytymä-
  tön 31
tyytymätön 31
tyytyväinen 5
työ 4
työhevonen 16
työhön < työ 17
työkalu 38
työkaveri 32
työmatka 13
työnantaja 29
työntekijä 26
työpaikka 5
työpäivä 4
työskennellä 8
työssä < työ: olen työssä 4
työtoveri 31
työtön 11
tähän 17
tähän < tämä 3
tällainen 18
tälle < tämä 20
tällä < tämä: tällä bussilla 14
tämä 2
tänne 9
tänä < tämä: tänä iltana 28
tänään 5
tärkeiden < tärkeä 22
tärkein < tärkeä 27

varovasti 35
varsa 33
varsi: teiden varsille 46
varsinainen 45
varsinkin 45
varten 18
vasemmalla 14
vasemmalle 14
vasta 23
vastaa < vastata 19
vastaan 34
vastaan < vastata 7
vastaan: mennä vastaan 46
vastaan: tulla vastaan 15
vastapäätä 16
vastassa: olla vastassa 23
vastata 3
vastata (olla vastaava) 51
vastaus 3
vastauspaperi 46
vatsa 30
vaunu 18
vauva 27
WC 17
vedettävä < vetää 53
vehnä 18
vehnäjauho 18
veli 13
veljen < veli 16
veljiä < veli 22
velvollisuus 56
vene 24
venäjä 1
venäjää < venäjä 1
venäläinen 1
veressä < veri 46
verho 17
veri 46
verran: jonkin verran 42
verrata 8
verstas 29
vertaa < verrata 8
vesi 18
vesilammikko 31
vesipullo 46
vettä < vesi 18
vetää 50
vie < viedä 26
viedä 22
viedään < viedä 22
vielä: vielä pahemmin 35
vielä: yksi lasku vielä 7
vielä: älä mene vielä 5
vieraaseen < vieras 22
vierailla 48
vieraille < vieras 29
vierailu 23
vierailu 48

vierailupäivä 48
vieraita < vieras 21
vieras (adj.) 22
vieras (subst.) 38
viereen 17
vierekkäin 25
vieressä 14
viesti 27
vietto 24
viettää 21
vietäisiin < viedä 37
vietävä < viedä 50
vihainen 32
vihanneksia < vihannes 21
vihannes 21
vihko 46
vihreä 6
viideltä = kello viisi 25
viiden < viisi 9
viides 14
viides 8
viidessätoista < viisitoista 14
viihtyä 25
viikko 5
viikonloppu 5
viikossa < viikko 9
viime 19
viime: viime kesänä 39
viime: viime viikolla 34
viime: viime vuonna 28
viimeinen 10
viimeisessä < viimeinen 10
viimeksi 28
viineri 27
viinimarja 21
viinimarjapensaita < viinimar-
   japensas 21
viipyä 25
viisi 4
viisitoista 14
viisivuotias 44
viisumi 24
viitata 26
viiva 22
vika 32
vilja 18
viljelivät < viljellä 16
viljellä 16
vilkaista 46
vilkas (lapsi) 23
vilkas (asema) 29
vintti 52
vinttikomero 52
virallinen 18
viranomainen 26
virhe 52
viro 1
virolainen 1

virran < virta 53
virrata 27
virta 53
virtaa < virrata 27
voi 18
voi < voida 5
voi < voida: ei voi mitään 30
voi: no voi! 24
voi: voi kun olisi 34
voi: voi olla 17
voi: voi raukka! 7
voi: voi voi 5
voida 9
voida: ei voi mitään 30
voida: voi olla 17
voida: voikaa hyvin! 9
voide 37
voidella 37
voikaa < voida 9
voimassa: olla voimassa 50
voimistella 40
voimistelu 40
voisi < voida 17
voisin < voida 15
voiteen < voide 37
voittaa 20
voittaja 22
voitti < voittaa 20
vuode 41
vuoden < vuosi 19
vuodenaika 4
vuodesta < vuosi 37
vuokralainen 43
vuoksi: varmuuden vuoksi 42
vuonna < vuosi 13
vuori 30
vuoro 8
vuorotellen 21
vuosi 4
vuosi: tänä vuonna 40
vuosi: täyttää pyöreitä vuosia
   37
vuosi: viime vuonna 24
vuosisata 29
vuoteen < vuode 41
vuoteen < vuosi: moneen
   vuoteen 37
vuotiaana < vuotias 31
vuotias: 18-vuotias 31
vuotta < vuosi 13
vyö 55
vähitellen 9
vähäinen 53
vähän 1
vähän: vähän aikaa 15
vähän: vähän matkaa 14
väittää 47
väki 21

Kieliopin termejä

Nimiä